2025年度版

福井県の家庭科

過去問

協同教育研究会 編

協同出版

本書には，福井県の教員採用試験の過去問題を収録しています。各問題ごとに，以下のように5段階表記で，難易度，頻出度を示しています。

難易度

非常に難しい　☆☆☆☆☆
やや難しい　☆☆☆☆
普通の難易度　☆☆☆
やや易しい　☆☆
非常に易しい　☆

頻出度

◎　ほとんど出題されない
◎◎　あまり出題されない
◎◎◎　普通の頻出度
◎◎◎◎　よく出題される
◎◎◎◎◎　非常によく出題される

※本書の過去問題における資料，法令文等の取り扱いについて

本書の過去問題で使用されている資料や法令文の表記や基準は，出題された当時の内容に準拠しているため，解答・解説も当時のものを使用しています。ご了承ください。

はじめに～「過去問」シリーズ利用に際して～

教育を取り巻く環境は変化しつつあり，日本の公教育そのものも，教員免許更新制の廃止やGIGAスクール構想の実現などの改革が進められています。また，現行の学習指導要領では「主体的・対話的で深い学び」を実現するため，指導方法や指導体制の工夫改善により，「個に応じた指導」の充実を図るとともに，コンピュータや情報通信ネットワーク等の情報手段を活用するために必要な環境を整えることが示されています。

一方で，いじめや体罰，不登校，暴力行為など，教育現場の問題もあいかわらず取り沙汰されており，教員に求められるスキルは，今後さらに高いものになっていくことが予想されます。

本書の基本構成としては，出題傾向と対策，過去5年間の出題傾向分析表，過去問題，解答および解説を掲載しています。各自治体や教科によって掲載年数をはじめ，「チェックテスト」や「問題演習」を掲載するなど，内容が異なります。

また原則的には一般受験を対象としております。特別選考等については対応していない場合があります。なお，実際に配布された問題の順番や構成を，編集の都合上，変更している場合があります。あらかじめご了承ください。

最後に，この「過去問」シリーズは，「参考書」シリーズとの併用を前提に編集されております。参考書で要点整理を行い，過去問で実力試しを行う，セットでの活用をおすすめいたします。

みなさまが，この書籍を徹底的に活用し，教員採用試験の合格を勝ち取って，教壇に立っていただければ，それはわたくしたちにとって最上の喜びです。

協同教育研究会

CONTENTS

第１部

福井県の
家庭科
出題傾向分析

福井県の家庭科　傾向と対策

福井県では，中高一括選考であるため中高共通問題になっている。2024年度の問題数は，大問8問で，2023年度と同じ問題数である。解答形式は大半が記述式で，用語の記入および理由や説明を問う問題が多い。記述式であるにもかかわらず，試験時間は60分なので，効率的に解答する必要がある。難易度は総じて高等学校の教科書レベルであるが，これに難易度の高い生活の基盤となる生活関連の法律および時事問題，2024年度は出題されなかったが地域に関わる問題が加わっている。

専門分野の出題であるが，例年同様「消費生活と環境」分野からの出題が目立つ。例年出題の多かった「子ども・高齢者と家族」分野は，2024年度は多くはなかった。具体的には，「消費生活と環境」分野では，契約，未成年者取消権，消費者市民社会，特定商取引法，消費者庁，消費者基本法，生涯三大支出，金融商品の3つの指標，キャッシュレス社会，四者間契約などが出題された。また，過去には頻出であったが2022年度，2023年度には出題がなかった「お金の管理・カード・家計」が出題されている。「子ども・高齢者と家族」分野では，こども基本法，こども家庭庁，児童の権利に関する条約，身かけの判断，リプロダクティブ・ヘルス／ライツ，ヤングケアラー，ノーマライゼーション，地域包括ケアシステムなどが出題された。「食生活」分野では，食中毒，出汁の取り方，うまみ成分，ほうれん草のゆで方，炭水化物などが出題された。福井県の郷土食として「すこ」，「打ち豆」，「さばのへしこ」が出題されたこともある。「衣生活」分野では，織物の三原組織，取り扱い表示，天然繊維，エシカルファッションなどが出題された。「住生活」分野では，シェアハウス，コレクティブハウス，コーポラティブハウス，フレックスタイム制，住居の働き，住居表示，住居内の事故などが出題された。

学習指導要領については，例年，空欄補充の形での出題である。2019年度より，新学習指導要領から出題されており，2024年度は高等学校学習指導要領解説，ホームプロジェクト，実験・実習に関わる配慮事項から出題された。2023年度は中学学習指導要領のコンピュータや情報通信ネットワークの活用に関する項目からの出題であった。2022年度は高等学校学習指導要領の家庭基礎における人の一生と家族・家庭及び福祉，2021年度は実習の指導と高等学校の目標，2020年度は，高等学校新学習指導要領の共通科目家庭と専門科目家庭の目標の比較などが出題された。2023年度は出題されなかった過去頻出の学習指導法は，2024年度は主体的な資金管理のあり方やリスク管理の考え方を導入した経済計画の重要性についての高等学校家庭科の学習活動についてと，効率よく調理するための実習中の指導について出題された。2022年度は各科目における指導計画の作成と内容の取扱い，2021年度は生活の課題と実践，2020年度には高齢期の授業展開などの出題である。

対策としては，記述式の設問方式が多いことから，用語の意味や背景などを正確に把握するような学習を心がけたい。さらに，生活をめぐる社会の動きが重視されていることから，法律や近年において社会に流布した用語については教科書の範囲を超えて確認しておきたい。生活に関する最近の動向には注意を払い，時事問題や地域の動向を整理しておく必要がある。2023年度に出題されているウェルビーイングやSDGs未来都市は福井県にも関係している。2022年4月1日から成年年齢が18歳に引き下げられ，若年者の消費者被害防止・救済のためにも消費者教育の指導の重要性が求められており，消費生活・環境分野については詳細な内容把握が必要である。学習指導要領については，小学校から高等学校までの一連の系統的な流れを理解し，改訂の重要なポイントや変更点を押さえておきたい。学習指導要領解説を重点的に理解しておくとよい。一次試験では，調理実習と被服実習に関する実技試験が課せられることから，日常生活の中で生徒に指導することを念頭において研鑽を積んでおく必要がある。

過去5年間の出題傾向分析

分　類	主な出題事項	2020年度	2021年度	2022年度	2023年度	2024年度
子ども・高齢者と家族	子どもへの理解	●		●	●	●
	子育て支援の法律・制度・理念	●	●		●	
	児童福祉の法律・制度	●	●	●		●
	家族と家庭生活	●	●	●		●
	高齢者の暮らし	●	●	●	●	
	高齢者への支援	●	●	●	●	
	福祉と法律・マーク	●	●		●	●
	その他					●
食生活	栄養と健康	●	●	●		●
	献立	●		●		
	食品	●	●		●	●
	食品の表示と安全性				●	●
	調理	●	●	●	●	●
	食生活と環境		●			
	生活文化の継承		●	●		
	その他					
衣生活	衣服の材料		●	●		●
	衣服の表示	●			●	●
	衣服の手入れ	●			●	
	製作				●	
	和服		●			
	衣生活と環境	●	●	●	●	●
	生活文化の継承		●			
	その他			●		
住生活	住宅政策の歴史・住宅問題	●	●		●	
	間取り，平面図の書き方					●
	快適性（衛生と安全）		●	●		●
	住まい方（集合住宅など）		●		●	●
	地域社会と住環境	●	●	●	●	
	生活文化の継承					
	その他	●	●	●		●
消費生活と環境	消費者トラブル	●		●	●	●
	消費者保護の法律	●	●	●	●	●
	お金の管理，カード，家計	●			●	●
	循環型社会と3R					
	環境問題と法律	●	●	●		
	消費生活・環境のマーク		●			
	その他					
学習指導要領に関する問題		●	●	●	●	●
学習指導法に関する問題		●	●	●		●

第2部

福井県の
教員採用試験
実施問題

2024年度　実施問題

【中高共通】

【1】消費生活に関する次の文章を読んで，以下の問いに答えなさい。

2018年6月13日，民法の成年年齢を20歳から18歳に引き下げること等を内容とする民法の一部を改正する法律が成立し，2022年4月1日に施行された。民法第4条が定めている成年年齢は，単独で$_{\text{a}}$契約を締結することができる年齢という意味と，$_{\text{b}}$親権に服することがなくなる年齢という意味を持つ。国民生活センターの2020年度統計では，全相談件数93.9万件のうち，20歳未満2.9%，20歳代9.4%と20歳代の相談件数は20歳未満と比べて多くなっている。未成年者が親の同意を得ずに契約した場合には，民法で定められた$_{\text{c}}$「(　　)」によってその契約を取り消すことができ，未成年者の消費トラブルの「後戻りの橋」「防波堤」になっていることから，成年年齢引き下げにより18歳・19歳のトラブルが増加することが懸念された。実際に，2022年11月30日，国民生活センター発表の「成年年齢引下げ後の18歳・19歳の消費者トラブルの状況」によると，同年同時期の相談内容も変化が見られ，相談内容の傾向として，「脱毛エステ」「出会い系サイト・アプリ」「商品一般」「他の内職・副業」が上位となっている。このことからも，より一層の$_{\text{d}}$消費者教育の充実が求められている。

2022年度から年次進行で実施されている高等学校学習指導要領(家庭)においては，小・中・高等学校の系統性や成年年齢の引き下げを踏まえ，「家庭基礎」「家庭総合」ともに，「持続可能な消費生活・環境」を新たに大項目として位置付け，契約の重要性や$_{\text{e}}$消費者保護のしくみを充実させ，消費者被害の未然防止に資する内容の充実を図っている。「生活における経済の計画」について，「家庭基礎」では，「将来にわたるリスクを想定して，不測の事態に備えた対応などについても触れること」とし，生活の基盤としての家計管理の重要性や家計と経済との関わりを理解するとともに，収入と支出のバランスの重要性や$_{\text{f}}$リスク管理の必要性を踏まえたうえで，将来にわたる不測の事態に備えた経済計画も考察できるようにすることをねらいとしている。「家庭総合」ではさらに$_g$キャッシュレス社会が家計に与える利便性と問題点を扱うこととされ，「不測の事態に備えた対応などについて具体的な事例にも触れること」とし，生活と経済のつながりについて，家計の構造や経済全体のしくみとの関わりを理解し，$_h$主体的な資金管理のあり方やリスク管理の考え方を導入した経済計画の重要性について考察し，工夫できるようにすることをねらいとしている。

『高等学校家庭科における金融教育』(2022.1国民生活　独立行政法人国民生活センター)から一部抜粋　修正して作成

(1)　下線部$_a$契約に関して，生徒から次のような相談を受けた。生徒は成年年齢に達している。どのように回答するか。理由も含め簡潔に答えなさい。

> お店に気に入ったワンピースがあり，お金が足りなかったので取り置きしてもらった。その後，別の店で購入したので取りに行かなかったら『早く取りにきて代金を払ってほしい』と電話があった。契約書を交わしていないのに，支払わないといけないのか。

(2)　下線部$_b$親権について，簡潔に説明しなさい。

(3)　下線部$_c$「(　　)」に入る適切な語句を答えなさい。

(4)　下線部$_d$消費者教育に関して，消費者教育推進法(平成24年施行)において示された「消費者市民社会」とは消費者がどのような社会形成に参画すると定義されているか，次の空欄に合うように答えなさい。

(　　)で(　　)な社会形成

(5)　下線部$_e$消費者保護のしくみに関して，次の①～③の文章は消費に関わるさまざまな法律や組織について説明したものである。法律名及び組織名を答えなさい。

①　訪問販売や電話勧誘販売など，消費者が特に被害の遭いやすい

取引を対象とした法律。

② 2009年に設立された消費者行政を一元化した省庁。

③ 2004年に制定された消費者の権利の尊重と消費者の自立の支援を中心とした法律。

(6) 下線部$_{f}$リスク管理の必要性に関して，①，②の問いに答えなさい。

① 生涯三大支出といわれる支出を全て答えなさい。

② 普通預金の特徴を金融商品の3つの指標を用いて説明しなさい。

(7) 下線部$_{g}$キャッシュレス社会が家計に与える利便性と問題点について，①，②の問いに答えなさい。

① 利便性と問題点についてそれぞれ1つずつあげ，具体的に述べなさい。

② 消費者に対してカードを発行するクレジット会社と加盟店に対する業務を行うクレジット会社があり，さらに国際ブランドが間に入る仕組みは何か，答えなさい。

(8) 下線部$_{h}$主体的な資金管理のあり方やリスク管理の考え方を導入した経済計画の重要性について，高等学校家庭科の授業において，どのような学習活動が考えられるか，答えなさい。

(☆☆☆◎◎◎◎)

【２】子どもの生活と保育について，各問いに答えなさい。

(1) 令和4年6月に成立し，令和5年4月に施行された子どもに関する法律名を答えなさい。

(2) (1)と同日に発足した組織名を答えなさい。

(3) (1)の法律は「日本国憲法と(　　)に関する条約の精神にのっとり，全てのこどもが，将来にわたって幸福な生活を送ることができる社会の実現を目指し，こども政策を総合的に推進することを目的」とされている。(　　)に入る適切な語句を答えなさい。

(4) 子どもによる「見かけの判断」の特徴について，図示し，説明しなさい。

(☆☆☆◎◎◎◎)

【3】次の(1)，(2)の語句について説明しなさい。

(1)　リプロダクティブ・ヘルス／ライツ

(2)　ヤングケアラー

(☆☆☆◎◎◎◎)

【4】共生社会について，各問いに答えなさい。

共生社会とは，私たちが多様性を発揮して，共に豊かに暮らせる社会といえる。その土台となるのが，a「障がいのある人もない人も区別なく同じように生活を送ることがノーマルであるという」考え方である。例えば，介護を必要とする人が住み慣れた町で暮らし続けるための制度として，b地域包括ケアシステムがある。

(1)　下線部a「障がいのある人もない人も区別なく同じように生活を送ることがノーマルであるという」考え方を何というか，適切な語句を答えなさい。

(2)　下線部b地域包括ケアシステムについて，次図は地域包括ケアシステムの関係性を示した図である。以下の①～③に当てはまるものを，語群から全て選び記号で答えなさい。

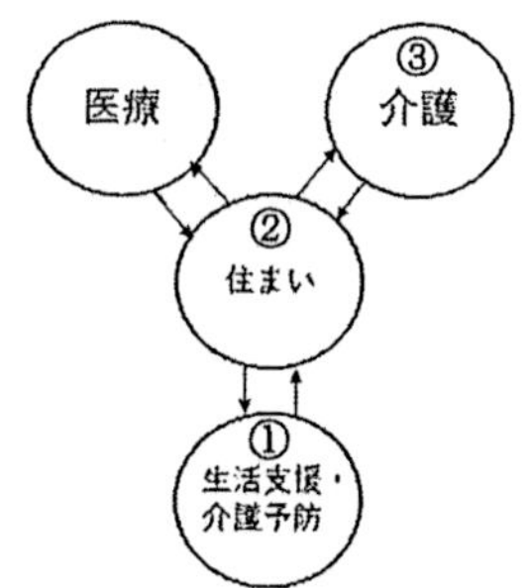

①　生活支援・介護予防　　②　住まい　　③　介護

＜語群＞

ア　在宅医療　　イ　老人クラブ

ウ　訪問看護　　エ　ケア付き高齢者住宅

オ　通院	カ　ショートステイ
キ　自治会	ク　デイサービス

(☆☆☆◎◎◎◎)

【5】被服生活について，次の問いに答えなさい。

(1)　織物の三原組織について次表の(　①　)～(　⑤　)の空欄に適する語句を答えなさい。また，表の生地名に分類されているものには1種類誤りがある。誤りである生地名を答え，正しい分類をA～Cで答えなさい。

	A	B	C
種類	（ ① ）	（ ② ）	（ ③ ）
組織図			
特徴	たて糸とよこ糸の交差点をできるだけ少なくする織り方。表面が滑らかで（ ④ ）が出る。	たて糸とよこ糸が１本ずつ互い違いに組み合わされる織り方。	１本の糸が２本以上の糸をまたいで交差する織り方。斜めの方向に（ ⑤ ）が現れる。
生地名	サテン ドスキン ツイード	ギンガム ブロード 金巾	サージ デニム

(2)　次の繊維製品の取り扱い表示について，(　①　)～(　⑤　)の空欄に適する語句・数値を答えなさい。

	（ ① ）乾燥がよい	F	（ ② ）によるドライクリーニングができる
	底面温度（ ③ ）℃を限度としてアイロン仕上げができる		（ ④ ）の使用はできるが、 （ ⑤ ）は使用禁止

(3)　次の写真は天然繊維の写真である。写真が示す繊維名を答えなさい。

①

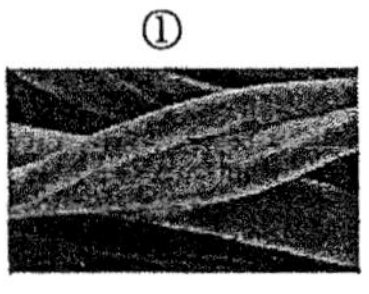

②

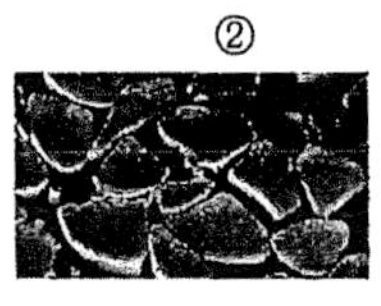

③

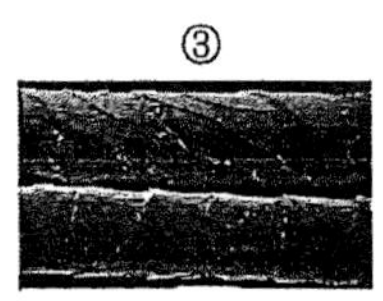

(4)　エシカル・ファッションといえる例を2つ答えなさい。(例：アップサイクル&リサイクル)

(☆☆☆◎◎◎◎)

【6】住生活に関する次の文章を読んで，以下の問いに答えなさい。

・ライフスタイルの変化に伴い，現在の日本では住まい方が多様化している。一人暮らしや夫婦のみ世帯の増加，aと血縁や婚姻などの関係性がない者同士が同居する住まい方，b住生活の一部を共同化する住まい方，c住居者が計画段階から自分達だけの集合住宅づくりに参画する住まい方など多様なスタイルが生まれ定着している。

・新型コロナウイルス感染症拡大に伴うテレワーク経験等を踏まえ，地方移住にも関心が高まっている。この背景には，個人の意識の変化のほかに，大企業を中心にd柔軟な勤務体系を導入・推進する企業も多くでてきたことがあげられる。住まいを考える上では，e住居の機能や，ライフステージごとの住要求の特徴を理解しながら，より良い住まい方とはどのようなものかを考え，優先順位を決めて要求を満たしていく必要がある。

・f住居内の事故にも注意が必要である。誰もが安全に暮らせるよう，住居内の動線を整理し，床や家具周りの整理整頓を心がけ，火気や暖房器具の取り扱いには十分注意したい。

(1)　下線部a，b，cを何というか答えなさい。

(2)　下線部d柔軟な勤務体系について，次の文章が示す制度の名称を答えなさい。

・あらかじめ定めた総労働時間の範囲内で，労働者が日々の始業・終業時刻，労働時間を自ら決めることのできる制度

(3)　下線部e住居の機能について，次の①，②に答えなさい。

①　いくつかある住居の働きについて，そのうちの2つを答えなさい。

②　「3LDK」の住居表記のうち，「3」は何を示しているか答えなさい。

(4)　下線部f住居内の事故について，「家庭内における不慮の死亡事故」(厚生労働省「平成29年度人口動態統計」)のうち，「高齢者」で最も多い死亡原因は何か，「窒息」「転倒・転落」「火災・火・

煙」「溺死」「中毒」のうちから1つ選びなさい。

(☆☆☆◎◎◎◎)

【７】調理実習について次の献立で計画をしている。以下の問いに答えなさい。

献立：親子丼・ほうれん草の胡麻和え・じゃがいもとわかめの味噌汁

(1) 食中毒予防の観点から注意しなければならないことを「鶏肉」「じゃがいも」それぞれの食材について説明しなさい。また，それぞれの食材において食中毒になると考えられる原因菌または物質について1つ答えなさい。

(2) 「親子丼」「じゃがいもとわかめの味噌汁」の出汁は「かつお節」と「昆布」を使用する。混合出汁をとるにあたり「昆布」を沸騰直前に取り出す理由を答えなさい。また，「かつお節」と「昆布」に含まれるうまみ成分を答えなさい。

(3) ほうれん草を色よくゆでるための方法について説明しなさい。

(4) 上記献立を生徒に効率よく調理させるためには，あなたは実習中，教師としてどのような声かけをしますか。2つ答えなさい。

(5) 米に多く含まれる炭水化物について説明した，次の文章において(①)～(⑤)の空欄に適する語句を答えなさい。

エネルギー源となる(①)と，エネルギー源にほとんどならないが体の機能を調整する(②)に分類される。(①)にはでんぷんなどの多糖類，麦芽糖・しょ糖・(③)などの二糖類，(④)・果糖・ガラクトースなどの単糖類に分類される。(②)は野菜や海藻などに多く含まれ，小腸の運動を促進して便秘を予防したり，大腸では体に有害な物質を吸着して排泄したりすることにより，大腸がんの予防や血中(⑤)値の低下などに役立っている。

(☆☆☆◎◎◎)

【8】次の文章は,「高等学校学習指導要領(平成30年告示)解説　家庭編」について述べられているものである。文章を読んで,以下の問いに答えなさい。

> 「家庭基礎」は,内容を「A　人の一生と家族・家庭及び福祉」,「B　衣食住の生活の自立と設計」,「C　持続可能な消費生活・環境」,「D　ホームプロジェクトと学校(　①　)」の四つとし,家族や生活の営みを人の一生との関わりの中で捉え,(　②　),家族や家庭生活の在り方,子供と高齢者の生活と福祉,生活の自立と健康のための衣食住,消費生活・環境などに関する基礎的・基本的な知識と技能を習得し,男女が協力して家庭や地域の生活の充実向上を図る能力と実践的な態度を養うことをねらいとしている。特に,生活をする上での様々な課題を主体的に解決する能力の育成を目指して,aホームプロジェクトと学校(　①　)の指導を充実することが重要である。今回の改訂においては,家庭科の特質である実践的・体験的な学習活動を充実させることを目標の柱書に位置付け,明確にしている。家庭科の学習は,生活の中から生徒自身が見いだした問題についてその解決を図る過程を重視しており,その際,例えば,b実験・実習の(　③　)を持ったり,結果を検証したりすることなどによって,生活についての(　④　)を深めていくことが大切である。また,(　②　)を本科目の(　⑤　)として位置付けるとともに,各内容と関連付けて扱うことを踏まえ,人の一生を(　⑥　)として捉えたり,生活の営みに必要な金銭,生活時間,人間関係などの生活資源や,衣食住,保育,消費などの生活活動に関わる事柄を,人の一生との関わりの中で(　⑦　)において捉えたりすることができるよう指導を工夫することとしている。

(1)　(　①　)~(　⑦　)の空欄に適する語句を答えなさい。

(2)　下線部aホームプロジェクトとはどの様な学習活動か説明しなさい。

(3)　下線部$_b$実験・実習に関わる配慮事項において，「第3章　各科目にわたる指導計画の作成と内容の取扱い」記載の次の文章において(　①　)～(　④　)の空欄に適する語句を答えなさい。

> 実験・実習を行うに当たっては，被服実習室，食物実習室，家庭総合実習室などにおける施設・設備の定期点検及び整備を行い，(　①　)や衛生管理を徹底するとともに，生徒の学習意欲を喚起するよう，資料，模型，視聴覚機器，情報通信機器などを整備し，学習環境を整えることが必要である。
>
> また，電気，ガスなどの火気，薬品，針，刃物などの安全に配慮した取扱いや，特に，食材，調理器具などの衛生的な管理と取扱いについての指導を徹底し，事故や(　②　)等の防止に努める。
>
> また，(　③　)については，生徒の(　③　)に関する正確な情報の把握に努め，発症の原因となりやすい食物の管理や，発症した場合の緊急時対応について各学校の基本方針等を基に事前確認を行うとともに，保護者や関係機関等との情報共有を確実に行い，事故の防止に努めるようにする。(中略)食品によっては直接口に入れなくても，手に触れたり，調理したときの蒸気を吸ったりすることで発症する場合もあるので十分配慮する。
>
> なお，校外で実習などを行う際においても，対象が乳幼児や高齢者など人である場合には，(　④　)等を含む相手に対する配慮や安全の確保などに十分配慮するとともに，指導計画を綿密に作成し，生徒が高校生としての自覚と責任をもって行動し，所期の目的が効果的に達成されるよう十分留意する。

(☆☆☆◎◎◎◎◎)

解答・解説

【中高共通】

【1】(1) 契約書がなくても口頭での意思表示の合致で契約は成立する。取り置きは購入の意思があり，契約は成立しているため，支払わないといけない。 (2) 子の監護と教育，財産管理に対する権利と義務 (3) 未成年者取消(権) (4) 公正(で)持続可能(な社会形成) (5) ① 特定商取引法 ② 消費者庁 ③ 消費者基本法 (6) ① 教育資金，住宅資金，老後資金 ② 安全性，流動性は高いが，収益性は低い。 (7) ① 利便性…消費者にとって小銭を持つ必要がなく，支払いにかかる時間も短くなる。十分な現金を持っていなくても日常生活を送れるようになる。 問題点…浪費につながりやすいこと，プライバシーの侵害やハッキングなどのリスク，デジタル決済手段を持たない(持てない，使いこなせない)人との公平性の問題，災害などのインフラ障がいに弱い。 ② 四者間契約 (8) 様々なライフイベント(進学，結婚，出産，子育て，住宅購入，老後など)にかかる費用調べ

〈解説〉(1) 買い手の「買います」と売り手の「売ります」という口頭による合意(口約束)でも契約は成立する。生徒は成年年齢に達しているため，未成年者取消権により契約を取消すこともできない。 (2) 親権は子どもの利益のために行使することとされている。父母の婚姻中は父母の双方が親権者とされており，父母が共同して親権を行使することとされている。父母が離婚をする場合には，父母のうち一方を親権者と定めることとされており，離婚後は，その者が親権を行使することとなる。 (3) 未成年者取消権は未成年者を保護するためのものであり，未成年者の消費者被害を抑止する役割を果たしてきた。成年年齢が18歳に引き下げられたことにより，18・19歳の者は未成年取消権を行使することができなくなった。 (4) 消費者市民社会については，消費者教育推進法で定義されている。消費者市民社会における具体的

な行動例としては，商品のラベル・説明書をよく読んで使用する。周りの人が誤った使い方をしていれば注意すること，環境や社会に配慮された商品やサービスを選択すること，商品情報，市町村や消費生活センターなどの発信する消費者情報，被害情報等を収集するように努め，情報共有することなどがあげられる。　(5)　①　特定商取引法では，訪問販売や通信販売など消費者トラブルを生じやすい取引類型を対象に，事業者が守るべきルールと，クーリング・オフなど消費者を守るルールなどを定めている。　②　2000年代半ば以降，食品偽装問題など消費者の身近なところで大きな不安をもたらす消費者問題が多発し，国民の安全・安心を確保するために消費者行政の在り方を大きく転換することが求められ，消費者庁が設立された。　③　2004年に消費者保護基本法が改正され消費者基本法となった。消費者政策の基本となる事項を定めた法律である。　(6)　①　教育資金とは，子どもの授業料や入学金，習い事の月謝などの資金である。住宅資金とは，マイホームの新築や購入の費用のための資金である。老後資金とは，老後の生活費のための資金である。　②　金融商品について，3つの特性をもとに種類を確認しておくこと。　(7)　①　キャッシュレス社会についての問題は近年頻出である。利便性と問題点は記述できるようにしておくこと。　②　クレジットカードのしくみの基本は三者間契約である。三者間契約のしくみとしては，消費者が販売業者で購入した商品等の代金をクレジット会社が立て替えて販売業者に支払い，後日，消費者がクレジット会社に支払うというものである。これに国際ブランドが間に入ることで，四者間契約となる。　(8)　様々なライフイベントにかかる費用を調べるとともに，将来を見通して，事故や病気，失業，災害などの不可避なリスクや，年金生活へのリスクに備えた経済的準備としての資金計画を具体的な事例を通して考察できるようにする。

【2】(1) こども基本法　(2) こども家庭庁　(3) 児童(子ども)の権利

(4) 図示

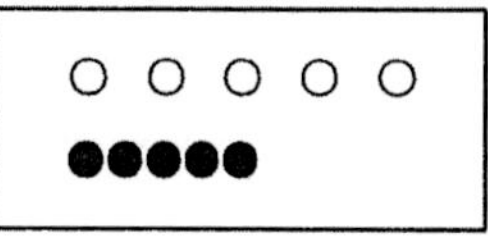

説明…同じ数量の物でも，見かけが違うと数量も違うと考える。

〈解説〉(1) こども基本法では，こども施策の基本理念のほか，こども大綱の策定やこどもの意見の反映などについて定めている。 (2) 常にこどもの最善の利益を第一に考え，こどもに関する取組・政策を社会の真ん中に据えて(こどもまんなか社会)，こどもの視点で，こどもを取り巻くあらゆる環境を視野に入れ，こどもの権利を保障し，こどもを誰一人取り残さず，健やかな成長を社会全体で後押しするための司令塔として，こども家庭庁が創設された。 (3) 児童の権利に関する条約は，世界の多くの児童(児童については18歳未満の全ての者と定義)が，今日なお，飢え，貧困等の困難な状況に置かれている状況にかんがみ，世界的な観点から児童の人権の尊重，保護の促進を目指したものである。前文は特に確認しておきたい。 (4) 保存の概念を理解できるようになるまでの子どもは，直感的思考であり，中心化という思い込みの特性を有している。同じ量の水でも，口径が狭く高さのある容器と口径の広い高さのない容器に入れたものでは，高さのある方が多くの水が入っていると思い込むことも，見かけの判断である。

【3】(1) 性と生殖に関する健康／権利。誰もが性的な関係，妊振，避妊，中絶，出産について自分自身で決めることができ，その選択が守られる権利をもっていること。 (2) 家族にケアを必要とする人がいる場合に，大人が担うようなケア責任を引き受け，家事や家族の世話，介護，感情面のサポートなどを行っている18歳未満の子どもをさす。

〈解説〉(1)　リプロダクティブ・ヘルス／ライツの意識が浸透するには，避妊の方法や不妊治療について知ること，生殖器のがんや感染症の予防や治療について知ること，そして母子保健や育児支援などが重要である。　(2)　無償で介護，看護，日常生活の世話を行う人をケアラーと呼ぶが，その中でも18歳未満の人はヤングケアラーと定義されている。ヤングケアラーは，状況がつかみにくく，ケアしている本人が無自覚の場合もある。こども家庭庁の行っているヤングケアラーについての調査の内容を確認しておきたい。

【４】(1)　ノーマライゼーション　(2)　①　イ，キ　②　エ　③　ウ，カ，ク

〈解説〉(1)　ノーマライゼーションには，標準化，正常化という意味があり，それまで特別に行われていたものを一般化していくという考え方を示す。障がい者や高齢者といった社会的な弱者に対して特別視せず，誰もが社会の一員であるといった捉え方をすることである。　(2)　厚生労働省は，団塊の世代が75歳以上となる2025年を目途に，重度な要介護状態となっても住み慣れた地域で自分らしい暮らしを人生の最後まで続けることができるよう，住まい・医療・介護・予防・生活支援が一体的に提供される地域包括ケアシステムの構築を推進している。ウは，③に含めても含めなくても正答としている。

【５】(1)　①　朱子織　②　平織　③　綾織(斜文織)　④　光沢　⑤　うね　生地名…ツイード　記号…C　(2)　①　ぬれ平干し　②　石油系溶剤　③　200　④　酸素系漂白剤　⑤　塩素系漂白剤　(3)　①　綿　②　絹　③　毛　(4)　有機栽培(オーガニック)，自然素材，フェアトレード，ソーシャルプログラム，産地支援，伝統技術の継承　から2つ

〈解説〉(1)　朱子織は，糸の上下する部分が少なく，たて糸またはよこ糸が長い浮き糸となったもので，摩擦には弱いがすべりがよく光沢に富むので，外出着や裏地に用いられる。平織は，たて糸とよこ糸が1本ずつ

交互に上下しているもので，平滑かつ丈夫で薄地のものをつくることができ，下着や実用的な布として用いられる。綾織(斜文織)は，布面に連続した斜めの綾目があらわれたもので，柔軟で光沢があり摩擦に強いので，外衣や作業着，学生服などの材料となる。 (2) ① 取扱い表示の四角のマークは乾燥のしかたについて表す表示である。中の縦線はつり干し，横線は平干しを表す。左上に斜線があると陰干しを表す。
② 丸はクリーニングの種類を表す表示である。中のFは，石油系溶剤を表す。Pの場合はパークロロエチレン及び石油系溶剤を表す。
③ アイロンの形の表示では，アイロンのかけかたを表し，中の点の数が1つだと低温，2つだと中温，3つだと高温でアイロンがけができることを表す。 ④，⑤ 三角は漂白について表す表示である。三角のみは塩素系及び酸素系の漂白剤を使用できる，×がしてある表示は塩素系及び酸素系漂白剤の使用禁止を表す。 (3) ①は，繊維によじれがあり，綿の側面図である。②は三角形のような形が並んでおり，絹の断面図である。③は繊維表面が鱗状になっており，毛の側面図である。
(4) エシカル・ファッションとは，エシカル消費に基づいた衣服の選び方のことである。エシカル消費とは倫理的消費ともいわれる。消費者それぞれが各自にとっての社会的課題の解決を考慮し，そうした課題に取り組む事業者を応援しながら消費活動を行うことである。

【6】(1) a シェアハウス b コレクティブハウス c コーポラティブハウス (2) フレックスタイム制 (3) ① ・身体を保護する役割 ・家族の心身の安らぎや健康維持 ・子どもを育てる場 から2つ ② 個室数(個室が3部屋ある) (4) 溺死

〈解説〉(1) a シェアハウスには，家賃などの費用が安く抑えられるというメリットもあるが，共有空間が多くあるため，プライバシーの確保は課題となる。 b コレクティブハウスにはそれぞれの独立した住空間があるため，プライバシーが確保しやすい。また，共有空間もあるため，良好なコミュニティが形成しやすい。 c コーポラティブハウスは，設計段階から関わることができるため，自分の理想に沿った住宅に住むことができる。　(2)　フレックスタイム制は，1日の労働時間帯を，必ず勤務すべき時間帯(コアタイム)と，その時間帯の中であればいつ出社または退社してもよい時間帯(フレキシブルタイム)とに分け，出社，退社の時刻を労働者の決定に委ねる制度である。(3)　①　住居の機能を果たすため，住空間は，睡眠，勉強，趣味などの個人的行為を行う個人生活空間，排せつ，入浴，歯を磨くなどの生理的行為を行う生理衛生空間，食事，団らん，テレビを見るなどの共同的行為を行う共同生活空間，調理，洗濯，掃除などのサービス的行為を行う家事労働空間などに分けられる。　②　3LDKのLはリビング(居間)，Dはダイニング(食事室)，Kはキッチン(台所)を示している。(4)　人口動態統計によると，家庭内における不慮の事故死の原因は多いものから，不慮の溺死及び溺水，その他の不慮の窒息，転倒・転落・墜落である。死因として最も多い不慮の溺死及び溺水は，家庭内事故の約4割を占めている。これには浴室内外の気温差が引き起こすヒートショックで溺死に至るケースが含まれる。乳幼児と高齢者の家庭内事故に関する問題は頻出である。グラフなどを確認しておくこと。

【7】(1)　・鶏肉…鶏肉を切った包丁まな板は，洗剤を使って洗う。加熱の際には中心部分まで火を通す。　原因…サルモネラ菌，カンピロバクター　・じゃがいも…じゃがいもについている土を流水で洗い流す。皮をむく際には芽(緑部)があれば取り除く。　原因…ソラニン　(2)　昆布について…ぬめりを出さないようにするため　・かつお節…イノシン酸　・昆布…グルタミン酸　(3)　たっぷりのお湯が沸騰したところにほうれん草を入れ，ゆであがったら水にとって冷ます。(4)　・出汁を一度にとってしまうように声をかける　・ほうれん草をゆでるためのお湯をあらかじめ沸すよう声をかける　(5)　①　糖質　②　食物繊維　③　乳糖　④　ブドウ糖　⑤　コレステロール

〈解説〉(1)　サルモネラ菌は鶏卵や鶏肉が原因食品となる食中毒の原因菌である。カンピロバクターは，特に鶏肉の刺身やタタキ，レバーな

ど生や加熱不十分で摂取する料理が原因食品となる食中毒の原因菌である。じゃがいもの芽や，光が当たって緑色になった皮の部分には天然毒素であるソラニンが多く含まれている。　(2)　昆布のぬめり成分はアルギン酸という食物繊維であり，風味を損なう。イノシン酸は，魚や肉類に多く含まれるうまみ成分である。かつおぶし，煮干しの他に，牛肉，豚肉，鶏肉などにも含まれている。昆布や野菜などに多く含まれるうまみ成分はグルタミン酸である。　(3)　ほうれん草などの葉物野菜は火が通りやすく，沸騰した湯からゆでると良い。また，緑色の野菜は，塩を加えてゆでることで緑の色が鮮やかになる。さらにゆでた後はすぐに水につけて色を安定させる。これを色止めという。(4)　親子丼とじゃがいもとわかめの味噌汁は両方とも出汁が必要なため，一度にとってしまうと効率が良い。ほうれん草はたっぷりのお湯でゆでるため，お湯が沸くのに時間がかかる。よってあらかじめ沸しておくと効率が良い。　(5)　炭水化物は，易消化性の糖質と難消化性の食物繊維とに分けられる。糖質は単糖類，少糖類，多糖類に分類される。乳糖は，ブドウ糖とガラクトースが結合した二糖類である。食物繊維には，血清コレステロール値を正常化し，動脈硬化を予防する効果がある。たんぱく質と脂質についてもこの程度の説明ができるように学習しておくこと。

【8】(1)　①　家庭クラブ活動　　②　生涯の生活設計　　③　見通し　④　科学的な理解　　⑤　導入　　⑥　時間軸　　⑦　空間軸
(2)　自己の家庭生活の中から課題を見いだし，課題解決を目指して主体的に計画を立てて実践する問題解決的な学習活動　　(3)　①　安全管理　　②　食中毒　　③　食物アレルギー　　④　プライバシー

〈解説〉(1)「第2章　家庭科の各科目」の「第1節　家庭基礎」の「1　科目の性格と目標」より「(2)目標」の解説部分から語句の穴埋め記述式の問題である。高等学校学習指導要領の問題で，学校家庭クラブ活動と，ホームプロジェクトに関する問いは頻出なので必ず理解しておくこと。また改訂のポイントについても，確認しておくこと。今回の

改訂では，空間軸と時間軸の視点からの小・中・高等学校における学習対象を明確にしている。空間軸の視点では，家庭，地域，社会という空間的な広がりから，時間軸の視点では，これまでの生活，現在の生活，これからの生活，生涯を見通した生活という時間的な広がりから学習対象を捉え，学習段階を踏まえて指導内容を整理している。高等学校における空間軸の視点は，主に地域と社会，時間軸の視点は，主に生涯を見通した生活であり，家庭生活や地域の社会と関連付けて生活上の課題を設定し，解決方法を考え，計画を立て実践することが求められる。　(2)　ホームプロジェクトと学校家庭クラブ活動の違いを説明できるようにしておくこと。　(3)　①　被服実習室にはミシン，アイロン，針，ハサミなど，食物実習室には，包丁，ガスなど危険を伴う用具が多くあるため，安全管理が重要である。　②　調理実習での食中毒を防ぐためには，食材や調理器具などの衛生的な管理や，手指の衛生についての指導，調理方法について，十分に加熱するなどの指導などが必要である。　③　食物アレルギーについては，学校生活管理指導票などを確認し，養護教諭と連携し個別の対応が求められる。④　幼稚園・保育園や，高齢者施設などを訪問する場合には，そこで知り得たことを口外しないようにするなどの事前・事後指導も重要である。指導計画の作成と内容の取扱いから，今回は実験・実習に関わる配慮事項から出題されたが，指導計画作成上の配慮事項，内容の取扱いについての配慮事項も重要で具体的な内容なので文言を覚えるだけでなく，理解を深めておきたい。

2023年度　実施問題

【中高共通】

【1】青年期の自立と家族・家庭について，次の文章を読み，下線部a～hに関する問いに答えなさい。

・人の一生は，年齢や成長・発達の様子から見て，いくつかの段階(ライフステージ)に分かれている。一般的にライフステージは，胎児期，a乳児期，幼児期，b児童期，青年期，壮年期，c高齢期に分かれており，それぞれの時期には身につけなければならない能力や解決すべき課題がある。人が課題を達成し次のステージに進み，生涯にわたり成長していくことを生涯発達という。人生は意思決定の連続である。生き方や生活のしかた，時間の使い方，どんな職業に就くか，誰と暮らすか，など多様な価値観と習慣が反映される。家庭科の授業では，どのような生き方をしたら，dよりよく生きていくことができるか，について考えさせていく必要がある。

・1985年の女子差別撤廃条約の批准を機に，国内では男女雇用機会均等法など，e法律が整備され，女性の社会における待遇を改善する取り組みが進められてきた。その結果，男女が協力をして職業労働・家事労働をこなすことは当たり前という意識は社会に定着しつつある。しかし，職場においては女性の管理職への登用が諸外国に比べて進んでいないなど，男女共同参画が実現されていない側面もある。f職業生活における女性の活躍の実現についても個人，国，地方自治体，企業におけるそれぞれの積極的な取り組みが必要とされている。

・妊娠・出産，子育てでは，仕事を休業したり，g保育所等の保育料を支払ったり，子どもの急な病気や行事で休暇がいつも以上に必要になったりする。そうした事態に対応できるよう，母子保健法，労働基準法，h育児・介護休業法などでは，家庭や地域，企業，自治体，国のそれぞれが，子育てと仕事の両立を支援するための役割を定めて，子どもの成長・発達を連携して守っていくことを義務づけている。

(1)　下線部a乳児期に関連する次の文章の(　①　)～(　⑥　)の空欄に適する語句を入れなさい。

> 乳児期のうち，誕生から4週目までを(　①　)という。この時期に，子どもは母体から離れた生活に適応する。生後1週間で体重が1割ほど減少する(　②　)や，生後3，4日頃から皮膚が黄色になる(　③　)といった独特の現象も現れる。また，生まれつきもっている刺激に対する反射的な反応として，手のひらに触れたものをつかむ(　④　)反射，大きな音に対して，両腕を広げ抱きつくような動作をする(　⑤　)反射などがある。これらをまとめて(　⑥　)反射といい，脳の発達とともに，徐々に見られなくなる。

(2)　下線部b児童期の発達課題について述べているものを2つ選び，記号で答えなさい。

ア　家族の一員として協力し，自分の役割を分担する。

イ　親や兄弟姉妹など，身近な人との間で基本的な信頼関係をつくる。

ウ　基本的生活習慣や社会的生活習慣を身につける。

エ　社会にはさまざまな仕事があることを知る。

オ　いろいろな遊びを経験する。

(3)　下線部c高齢期について説明した次の文章の空欄(　①　)～(　④　)に適する語句や数字を答えなさい。

> ・年を重ねていくことにより感覚機能や身体機能が低下していくことを老化という。老化は個人差が大きくすべての人が同じように老化していくわけではない。(　①　)機能や免疫機能・消化機能は加齢とともに低下していくが，知識や経験によって対応する結晶性知能は年齢を重ねても著しく低下する

ことはない。
・(②)歳以上の後期高齢者になる頃には，介助が必要になる人や脳の疾患などで(③)にかかる人も増加する。
・個人差を無視して，高齢者は一様に機能が低下した存在であると固定的にとらえることを(④)という。

(4) 下線部d<u>よりよく生きていく</u>について，もともとの直訳は「幸福」のことで，一人一人の多様な幸せと社会全体の幸せを意味する概念を何というか答えなさい。

(5) 下線部e<u>法律が整備</u>について，1999年に制定された男女平等に関する法律名を答えなさい。

(6) 下線部f<u>職業生活における女性の活躍</u>に関連して，女性が職場で活躍できる社会の実現を目指して，2022年4月に対象企業の範囲が拡大された，その法律名を答えなさい。

(7) 下線部g<u>保育所</u>について，次のア～ウの説明にあう語句を答えなさい。

ア　保育所の拡充が追い付かず，保育所に入所できない子どもたちのことを何というか答えなさい。

イ　保育所より少人数の単位で，0～2歳児を保育する事業を総称して何というか答えなさい。

ウ　幼保連携型認定こども園における保育者は，保育士と幼稚園教諭の両方の資格を有する職員であり，そのような職員を何というか答えなさい。

(8) 下線部h<u>育児・介護休業法</u>による育児休業について，説明した次の文章の空欄(①)～(④)に適する数字を答えなさい。

・子が(①)歳になる誕生日の前日まで取得可能。
・父母が共に取得する場合は子が1歳(②)ヶ月になるまで取得可能。
・子の看護休暇を1年で(③)日を限度として取得できる。

(子が2人以上の場合は(　④　)日)

(☆☆☆◎◎◎◎)

【2】子どもの生活と保育について，次の問いに答えなさい。

(1)　乳幼児のからだの発達には一般的に順序性が見られる。次のア～エの動きについて，発達する順番に並び替えなさい。

粗大運動	ア　おすわりをする	イ　あごを上げる
	ウ　つかまり立ちをする	エ　はいはいをする
微細運動	ア　親指と人差し指でつまむ	
	イ　ものを熊手形でつかむ	
	ウ　指でものをつまむ	
	エ　手を握りしめている	

(2)　子どもの豊かな情操や健やかな発達を促すためにつくられた，文学，美術，音楽などの文化を伝える手段を何というか答えなさい。

(3)「命ないものでも，存在するものはすべて生きていると考える」といった，子どものものの捉え方を何というか答えなさい。

(4)　次のマークはどのようなものに付けられているマークか，簡潔に答えなさい。

(5)　子どもの食生活について説明したア～エの文章の下線部が，正しければ◯を，誤っていれば正しい語句を答えなさい。

ア　<u>人工栄養</u>は消化吸収がよく，免疫物質を含んでいるので病気になりにくいなどの利点がある。

イ　<u>乳幼児用粉ミルク</u>は，備蓄のしやすさや海外での高い普及率などを受け，日本でも2018年から販売できるようになった。

ウ　生後5～6か月になると乳汁だけでは栄養が不足するため，幼児食を与えて必要な栄養を確保する。

エ　幼児期は運動量が多く新陳代謝が盛んで，胃の容量が小さいため，3回の食事以外に間食によって栄養を補う必要がある。

(☆☆◎◎◎◎)

【3】消費生活に関する次の文章を読んで，以下の問いに答えなさい。

・事故や病気，失業，けが，災害，死亡など予期せぬ事態に備えるのが保険である。a保険にはさまざまな種類があり，加入の必要性や保障内容などをよく理解しライフステージや家計の状況によって選択していく必要がある。またb金融商品についても，様々な商品の特徴を理解し，活用を選択できるようにすることが重要である。

・2022年4月1日から，成年年齢が18歳に引き下げられた。民法第5条では，未成年者は一人で契約行為ができない決まりになっている。c未成年者が法定代理人の同意を得ないで，単独で交わした契約は取り消すことができる。成年になることは契約を自由に決めることができる一方で，責任をともなうということを自覚し，慎重に行わなければならない。

・若者や高齢者をターゲットにした悪質商法もあとを絶たない。もし，被害にあってしまった場合は，消費者ホットライン「188」に相談したり，dクーリング・オフを利用するなどして契約解除の措置をとるなど，消費者として落ち着いた行動をとる必要がある。

(1)　下線部aについて，次より民間保険に該当するものをすべて選び記号で答えなさい。

ア　厚生年金　　イ　損害保険　　ウ　雇用保険

エ　国民健康保険　　オ　生命保険

(2)　下線部bについて，金融商品の特徴について考える際の，3つの特性を答えなさい。

(3)　下線部cの権利を何というか，答えなさい。

(4)　下線部dについて，クーリング・オフについて述べた文章のうち，誤っているものをすべて選び，記号で答えなさい。

ア　店舗での物品販売や通信販売は対象外である。

イ　代金額が4,000円以上である。

ウ　訪問販売，電話勧誘販売などは8日以内，マルチ商法は14日以内であればクーリング・オフができる。

エ　化粧品など，指定された消耗品であれば，使用した場合でもクーリング・オフができる。

オ　クーリング・オフの通知書を送る場合は，記録が残る「特定記録郵便」などの方法で郵送する。

(☆☆☆◎◎◎◎)

【４】高齢者の生活について，次の問いに答えなさい。

(1)　健康上の問題で日常生活に制限のない期間を何というか答えなさい。

(2)　介護休業制度において，下記文章の(　①　)～(　③　)に適する語句や数字を答えなさい。

・(　①　)状態にある対象家族を介護するための休業 ・対象家族1人につき通算(　②　)日まで，3回まで分割取得可能 ・休業中は(　③　)保険から賃金の67％が給付される

(3)　1991年に国連で採択された，自立，参加，ケア，自己実現，尊厳の5観点から高齢者の人権擁護を取り上げた原則を何というか答えなさい。

(4)　全ての人々を孤独や孤立，排除や摩擦から援護し，健康で文化的な生活の実現につなげるよう，社会の構成員として，包み支えあう概念を何というか答えなさい。

(☆☆☆◎◎◎◎)

【5】次の資料1は，中学校家庭科の肉の調理で取り扱う「ハンバーグ」の材料と分量について示したものである。ハンバーグの調理について，次の問いに答えなさい。

資料1　ハンバーグの材料と分量

材料	分量（4人分）	材料	分量（4人分）
合い挽き肉①	240g	塩	小さじ1／3
玉ねぎ	120g	こしょう	少々
パン粉	20g	サラダ油④	大さじ1
卵②	1個	トマトケチャップ	大さじ2
牛乳③	40g	ウスターソース	大さじ2

(1)　下線①合い挽き肉とはどのような肉か，説明しなさい。また，その他の肉と比べて腐敗しやすい理由も答えなさい。

(2)　下線②卵は，つなぎの役割をするが，卵のどのような性質を利用したものか，答えなさい。

(3)　下線②卵と③牛乳は，食物アレルギーを引き起こす物質であり，表示義務のある特定原材料7品目に該当する。その他えび，かに，そば以外で2品目答えなさい。

(4)　下線④サラダ油の大さじ1杯は，重量にすると何グラムになるか，答えなさい。

(5)　ハンバーグを適切な分量で成形し，焼いたが，ひびが入って形が崩れてしまった。ひっくり返す回数が多かった以外に考えられる理由を2つ答えなさい。

(6)　付け合わせに「さつまいもとブロッコリーの蒸し野菜サラダ」を調理する場合，環境に配慮した調理方法としてどのような調理方法があるか説明しなさい。

(7)　デザートに「奶豆腐」を調理する際，水，アーモンドエッセンス以外に必要な材料を3つ答えなさい。また，「奶豆腐」のように材料を冷やし固め，風味や口当たりの良さを出す調理方法を何というか，答えなさい。

(☆☆☆◎◎◎◎)

【6】被服の製作について，次の文章を読んで，以下の問いに答えなさい。

> 高校家庭科のホームプロジェクトにおいて，アップサイクルを取り入れ，父親のワイシャツを妹(小4)のエプロンにリメイクすることにした。ワイシャツは，ブロード生地で衣服には資料2の表示(部分抜粋)がある。

資料2
衣服の表示(部分抜粋)

(1)　資料2の表示にある体型区分は何か，アルファベットで答えなさい。

(2)　資料2について，綿の布地は，洗濯による縮みが大きいため，水に1時間ほど浸けておくと布のゆがみを整えることができる。これを何というか，答えなさい。

(3)　ブロード生地を取り扱う際に使用する針の種類，アイロンの設定温度において適切な組み合わせを次の(ア)～(エ)から選びなさい。

	(ア)	(イ)	(ウ)	(エ)
ミシン針	14番	11番	14番	11番
アイロン設定温度（上限）	110°C	200°C	200°C	110°C

(4)　エプロンの首ひもはボタンで留め，妹が自分で長さを調節できるようにひもの部分にボタンホールを数箇所作りたい。直径30mm，厚み3mmのボタンを付ける場合，1箇所のボタンホールの長さは何mmにすればよいのか，答えなさい。

(5) エプロンにポケットをミシンで縫い付ける際，ポケット口を丈夫にする縫い方として縫い始めと縫い終わりを返し縫いする方法があるが，それ以外の縫い方について次の図に実線で書き入れなさい。

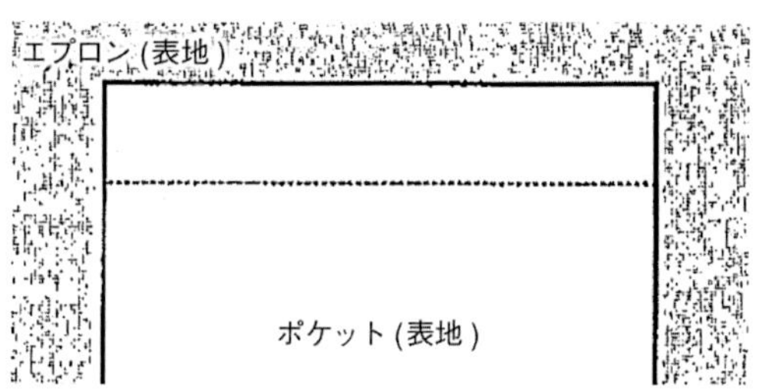

(6) 次の文章①②は，ミシンで調子よく縫えない様子を説明したものである。主な原因として考えられる理由をそれぞれ答えなさい。

①電源は入っており，針は上下に動くが，布が進まない。 ②電源は入っており，稼働する音がするが，てんびんや針は動かず，縫えない。

(7) 出来上がった作品にすり切れている箇所が見つかった。補修用の布やアップリケが利用できるが，最近では糸を使って装飾的に補修する方法が注目されている。その名称を答えなさい。

(☆☆☆◎◎◎◎)

【7】住生活に関する次の文章を読んで，以下の問いに答えなさい。

日本の住環境をめぐる新たな問題として，家族の小規模，少子高齢化などが進み，全国的な$_{a}$<u>空き家の増加</u>が挙げられる。「空家等対策の推進に関する特別措置法」が公布され，$_{b}$<u>空き家の適正な管理と活用</u>が促されるようになった。また，自宅から徒歩圏内に食料品店がなく，公共交通の不便な地域では，$_{c}$<u>日常生活の買い物に困る者</u>が増加しており，特に高齢者にとっては健康にかかわる重大問題であるため，移動手段の確保などの対策が課題となっている。国は，$_{d}$<u>住生活の質を向上させるために様々な政策</u>を行っており，近年では，環境や高齢化など$_e$人類共通の課題に対応した持続可能なまちづくりに向けての支援が注目を浴びている。

(1) 下線$_a$空き家の増加について，地域の住環境に与える影響について2つ述べなさい。

(2) 下線$_b$空き家の適正な管理と活用について，空き家を住まいとしてだけでなく，他の用途に変えて再生し，地域の財産として有効活用する取り組みも行われている。その具体的な事例を1つ挙げなさい。

(3) 下線$_c$日常生活の買い物に困る者を別名で何というか，答えなさい。

(4) 下線$_d$住生活の質を向上させるために様々な政策について，2006年に良質な住宅の供給，良好な居住環境の形成，居住の安定の確保などを目的として制定された法律を何というか，答えなさい。

(5) 下線$_e$人類共通の課題に対応した持続可能なまちづくりについて，国は，地方創生分野における日本のSDGsモデル構築に向けて，優れた取り組みを提案する自治体をある名称で選定し，支援を行っている。その都市の名称を何というか，答えなさい。

(☆☆☆◎◎◎◎)

【8】次の文章は，中学校学習指導要領(平成29年告示)解説にある「コンピュータや情報通信ネットワークの活用」について述べられているものである。文章を読んで，以下の問いに答えなさい。

> 今回の学習指導要領で求められる主体的・対話的で深い学びを実現するためには，コンピュータや情報通信ネットワークを，生徒の思考の過程や結果を(　①　)化したり，大勢の考えを瞬時に(　②　)化したり，情報を収集し(　③　)することを繰り返し行い試行錯誤したりするなどの学習場面において，積極的に活用することが求められる。～中略～
>
> 家庭分野では，課題解決に向けて計画を立てる場面において，

情報通信ネットワークを活用して調べたり，実践を評価・改善する場面において，コンピュータを活用して結果をまとめ，(④)したりする活動が考えられる。

(1) (①)～(④)の空欄に適する語句を答えなさい。

(2) 次のア～エは家庭科の特質を踏まえてICTを活用した場面である。資料3「技術・家庭(家庭分野)における学習過程の参考例」において，ア～エが最も効果的な活用となるのはA～Dのどの過程のときか選びなさい。ただし，同じアルファベットを複数回答しても構わない。

ア　過去の作品や事例集からデザイン等の製作に関する情報を収集する。

イ　自然災害による家屋の被害について，前後の様子を写真で比較する。

ウ　まつり縫いの工程をタブレット型の学習者用コンピュータを用いて動画で確認し，自分のまつり縫いと比べてどこが違うのかを考え，何度も確認しながら練習する。

エ　調理において，注目したいプロセスや完成した料理などを動画や写真として撮影する。

資料3「技術・家庭科（家庭分野）の学習過程の参考例」

生活の課題発見	解決方法の検討と計画		課題解決に向けた実践活動	実践活動の評価・改善		→	家庭・地域での実践
既習の知識及び技能や生活経験を基に生活を見つめ、生活の中から問題を見いだし、解決すべき課題を設定する。	生活に関わる知識及び技能を習得し、解決方法を検討する。	解決の見通しをもち、計画を立てる。	生活に関わる知識及び技能を活用して、調理・製作等の実習や、調査、交流活動などを行う。	実践した結果を評価する。	結果を発表し、改善策を検討する。	→	改善策を家庭・地域で実践する。
A	B		C	D			

(☆☆◎◎◎◎◎)

解答・解説

【中高共通】

【1】(1) ①　新生児期　②　生理的体重減少　③　生理的黄疸　④　把握　⑤　モロー　⑥　原始　(2)　ア，エ　(3) ①　運動　②　75　③　認知症　④　エイジズム　(4)　ウェルビーイング　(5)　男女共同参画社会基本法　(6)　女性活躍推進法

(7)　ア　待機児童　イ　地域型保育　ウ　保育教諭

(8)　①　1(2)　②　2　③　5　④　10

〈解説〉(1)　妊娠8週目から出産までを胎児期，出生から1歳までを乳児期，小学校就学までを幼児期，小学生の間を児童期と分けている。生理的体重減少は乳汁の摂取量よりも汗，尿，便の排泄など排出量が多いため起きる。黄疸とはビリルビンという物質による皮膚の黄染である。胎児のうちは胎盤を通して母体でビリルビンの処理をしていた。新生児は肝機能が未発達でビリルビンの排泄が不十分なため黄疸の症状が出るが1～2週間で消失する。原始反射は乳児期早期に見られる反射で，他にも探索反射，吸綴反射，自動歩行，バビンスキー反射などがある。　(2)　イ，ウ，オは乳幼児期の発達課題についてである。

(3)　①　骨や関節，神経，筋肉などの運動器の障害によって，立つ・歩くといった移動するための能力が衰えた状態をロコモティブシンドロームという。　②　高齢者とは65歳以上であるが65～74歳を前期高齢者，75歳以上を後期高齢者という。　③　認知症は，脳の病気や障害など様々な原因により認知機能が低下し，日常生活全般に支障が出てくる状態をいう。認知症にはいくつかの種類があり，アルツハイマー型認知症，脳血管性認知症，レビー小体型認知症，前頭側頭型認知症といったものがあり，それぞれ症状にも違いが見られる。　④　年齢差別のことで，特に高齢者に対する偏見と差別をいう。セクシズム(性差別)，レイシズム(人種差別)と並ぶ主要な差別問題の一つとされている。　(4)　ウェルビーイング(well-being)とは，身体的・精神的・社

会的に良好な状態にあることを意味する概念で，実感としての幸せ，心の豊かさなどを表す言葉として，国内外で注目が高まっている。福井県長期ビジョンは日本一のウェルビーイング社会の実現を目指すと掲げている。　(5)　男女共同参画社会基本法は男女の人権の尊重(第3条)，社会における制度又は慣行についての配慮(第4条)，政策・方針の立案・決定への共同参画(第5条)，家庭生活における活動と他の活動の両立(第6条)，国際的協調(第7条)の5つの基本理念を掲げている。

(6)　2016年に施行された女性活躍推進法では，「働きたい女性が個性と能力を十分に発揮できる社会」の実現を目的として，事業主に「女性活躍推進法に基づく一般事業主行動計画の策定・届出」および「女性活躍推進に関する情報公表」を義務付けている。義務の対象が「常時雇用する労働者が301人以上の事業主」であったが，2022年から「常時雇用する労働者数が101人以上300人以下の事業主」も義務の対象になった。　(7)　ア　待機児童は減少傾向にある。これは保育の受け皿の拡大，子どもの数の減少，新型コロナの影響による利用控え，在宅勤務の増加などが関係しているといわれている。　イ　地域型保育事業は，2015年に子ども・子育て支援新制度が始まり，それにより市町村が取り組んでいる認可保育事業で「小規模保育事業」「家庭的保育事業」「事業所内保育事業」「居宅訪問型保育事業」の4つに分類される。　ウ　幼保連携型認定こども園の増加により保育教諭が不足しており，保育士・幼稚園教諭の片方しか資格を持たない人のための，経過措置・特例制度が2024年末まで設けられている。　(8)　育児休業制度についての問題は頻出なので，詳細に学習しておくこと。2022年の改正で変更があった点を整理して覚えること。産後休暇，産後パパ育休についても確認しておきたい。

【2】(1)　粗大運動…イ→ア→エ→ウ　　微細運動…エ→イ→ウ→ア
(2)　児童文化財　　(3)　アニミズム　　(4)　聴覚に障がいのある子も遊べる玩具　　(5)　ア　母乳栄養　　イ　乳児用液体ミルク
ウ　離乳食　　エ　○

〈解説〉(1)　粗大運動とは歩く，走るなどの身体全体のバランスが関係する大きい運動のことである。微細運動とはつかむ，つまむ，水を注ぐなどの手先の細かい運動のことである。子どもの発達には順序性と方向性があり，方向性は「頭部から尾部へ」「中枢部から末梢部へ」がある。頻出事項なので覚えておくこと。　(2)　児童文化財にはおもちゃ，絵本，人形劇，紙芝居，歌など有形のものと無形のものがある。
(3)　アニミズムはピアジェによって論じられた，幼児の成長過程に見られる特徴である。2～7歳くらいの子どもは主観的正解と客観的世界を明確に区別できていない。あらゆるものに命があり人間のように感じたり考えたりすると思っている。　(4)　聴覚障害に配慮したおもちゃには「うさぎマーク」，視覚障害に配慮したおもちゃには「盲導犬マーク」がつけられている。これらは共有玩具マークと呼ばれている。
(5)　ア　母乳栄養，人工栄養，混合栄養，それぞれの利点を確認しておくこと。　イ　乳児用液体ミルクは，調乳済みですぐに飲めるので，水や熱源を必要としないので，災害時の活用なども期待されている。
ウ　離乳食は5～6か月頃から始め12～18か月に完了し，幼児食へ移行する。1日1回から始め，1日3回の食事のリズムを整えていく。
エ　幼児の間食は食事の一部であるので，過度な塩分や糖分を取りすぎないよう配慮したものを，決まった時間に一定量与えるのが望ましい。

【3】(1)　イ，オ　　(2)　流動性，収益性，安全性　　(3)　未成年者取消(未成年者取消権)　　(4)　イ，ウ，エ

〈解説〉(1)　民間保険に対し，公的保険は5種類あり国民健康保険，公的年金，介護保険，労災保険，雇用保険である。保険制度の種類は整理して覚えること。　(2)　安全性，流動性，収益性のすべてを満たす金融商品はない。　(3)　未成年契約の取消ができる場合とそうでない場合を整理して覚えておくこと。頻出問題である。　(4)　間違いのある選択肢について，イは4000円ではなく3000円，ウは14日ではなく20日，エは指定消耗品として定められているものは，使用すると適用外とな

る。

【4】(1)　健康寿命　(2)　①　要介護　②　93　③　雇用
(3)　高齢者のための国連原則　(4)　社会的包摂(ソーシャル・インクルージョン)

〈解説〉(1)　2022年の日本人の健康寿命は，男性は70.42歳，女性は73.62歳である。平均寿命との差は，男性で9.13年，女性は12.68年である。
(2)　介護休業は，負傷や疾病，身体もしくは精神の障害などの理由から2週間以上「常時介護」が必要な家族(配偶者，父母，配偶者の父母，子，祖父母，兄弟姉妹，孫)を介護する場合に取得できる休暇で，対象家族1人につき3回まで，通算93日休業できる。　(3)　高齢者のための国連原則を受け，2006年に高齢者本人だけでなく介護などに関わる人々の支援も含む高齢者虐待防止法が施行された。高齢者虐待防止法は，国民が高齢者虐待の防止，養護者に対する支援等の重要性に関する理解を深めることを努力義務として定めている。　(4)　他にも，ノーマライゼーション，ユニバーサルデザインについて学習しておきたい。

【5】(1)　説明…豚肉と牛肉を細かく挽いて合わせたもの　理由…空気に触れる面積が大きいため　(2)　熱凝固性　(3)　小麦，落花生(ピーナッツ)　(4)　12〔g〕　(5)　・こねる回数が不十分であったため　・空気を抜くのが不十分であったため　(6)　・電子レンジで蒸す　・節水する　・材料を無駄なく使う　(7)　材料…寒天，牛乳，砂糖　調理方法…寄せ物

〈解説〉(1)　違う種類の挽き肉を合わせるとそれぞれの肉質や風味を補い合う利点がある。挽き肉は表面積が大きいので空気に触れる面も大きく，空気中の雑菌が入り込みやすい。酸化が進みやすく，劣化やいたみも早い。　(2)　卵の調理特性は熱凝固性，起泡性，乳化性である。それぞれの特性について，理解し覚えておくこと。ハンバーグの調理では卵を加えることで熱により卵のたんぱく質が凝固し肉が崩れるの

を防ぐ。　(3)　アレルギーの表示義務食品は，えび，かに，小麦，そば，卵，乳，落花生である。表示推奨品目の21品目も覚えておきたい。(4)　水でいうと，大さじ1杯は15mL，小さじ1杯は5mLである。サラダ油は大さじ1杯12g，小さじ1杯は4gである。主な調味料の重量と容量を覚えておくこと。　(5)　ハンバーグのタネを粘り気が出るまでしっかり練り込むと，つなぎと肉の繊維が絡み合い，タネが割れるのを防ぐ効果がある。また，ハンバーグの成型で空気をしっかり抜かないと，焼いた時に空気が残っている部分から割れやすくなる。　(6)　電子レンジで蒸すと短時間で調理ができ，使う水も少なくてすむ。ブロッコリーの茎やさつまいもの皮も食べられるので，捨てずに調理すれば無駄なく使える。　(7)　奶豆腐(ないどうふ)は水，砂糖，牛乳を寒天で固めたものである。寄せ物を作るときに凝固剤として使われるのは，寒天，ゼラチン，アガー，葛などである。それぞれの特徴と，凝固温度，溶解温度などを整理して覚えておきたい。

【6】(1)　A　　(2)　地直し　　(3)　(イ)　　(4)　33〔mm〕

(5)

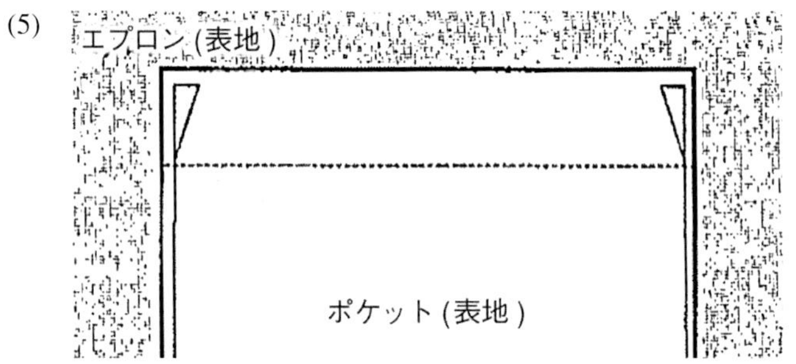

(6)　①　・送り調節ダイヤルのメモリがゼロになっている　　・送り歯の老朽化　　②　・下糸巻き軸の位置が正しくない(下糸巻き軸の位置を元に戻していない)　　(7)　ダーニング

〈解説〉(1)　体型区分は少年用，少女用，成人男子用，成人女子用に分けられている。この衣服は父親のワイシャツなのでチェストとウエストの寸法差が12cmの男性の体型区分はAになる。サイズ表示について詳細に学習しておくこと。　(2)　地直しは洗濯による縮みを防ぐために1時間ほど水につけ，軽く脱水後日陰干しをし，半乾きでアイロンをかけ，たて糸とよこ糸が直角に交わるように整えることである。

(3) ブロードは，平織り生地のことで，緻密に織られており耐久性が高く，アイロンの熱にも強い。さまざまな繊維に適した取扱いと，適した針と糸の番手を整理して覚えたい。 (4) ボタンホールはボタンの直径＋厚みで計算する。 (5) ポケットの縫い始めと縫い終わりの所は，力がかかってほつれたり生地が裂けやすかったりする所なので，補強のために三角形や四角形で縫い止める。 (6) ミシンの扱いについての問題は頻出である。この他にも，上糸や下糸が強すぎた場合の縫い目の状態や対処法も確認しておくこと。 (7) ダーニングは，イギリス発祥の修繕方法である。あえてカラフルな糸を使い装飾的にすることもある。画像で確認しておきたい。

【7】(1) ・防炎性の低下(倒壊，屋根・外壁の落下，火災発生) ・防犯性の低下(犯罪の誘発) ・ごみの不法投棄 ・衛生の悪化(悪臭の発生，野良猫・ネズミなどの発生) ・風景，景観の悪化 から2つ (2) ・古民家をカフェや個展ギャラリー，宿泊施設や商業施設などに活用 ・閉校した学校の校舎を地域コミュニティ活動の場として活用 から1つ (3) 買い物弱者 (4) 住生活基本法

(5) SDGs未来都市

〈解説〉(1) 空き家とは1年を通して人の出入りがなく，水道や電気，ガスなどのライフラインが止められており，誰にも使用されていない状態をいう。自治体の調査により，その空き家に危険性がある状態，衛生上有害となる恐れがある状態のように一定の要件を満たしていると「特定空家等」と認定され，自治体の指導を受けることになる。

(2) 2015年に施行された空き家対策特別措置法(空家等対策の推進に関する特別措置法)により，空き家の適正な管理と活用が促された。建物の使用用途を変更し，有効活用することをコンバージョンといい，カフェやギャラリーなど多くの事例がある。 (3) 日常の買い物に不便さを感じている買い物弱者あるいは買い物難民の問題の解決に向け

て，買い物の場を提供する，商品を届ける，買い物の場への移動を支援するなど全国各地で取り組みが始まっている。経済産業省は「買い物弱者応援マニュアル」を作成し，厚生労働省は市町村(地域福祉推進市町村)が地域の実情に応じた様々な手法で見守りや買物支援等を実施した場合に補助を行う「安心生活創造事業」を行っている。買い物弱者対策として，2022年1月福井県敦賀市の愛発地区でドローンで品物を届ける仕組みの実証実験が行われた。　(4)　住生活基本法の基本理念に対応した基本施策は「住生活基本計画」に掲げられ，2021年に見直されたものでは，3つの視点から8つの目標が設定されている。概要を確認しておくこと。　(5)　内閣府は，持続可能なまちづくりや地域活性化に向けた取り組みの推進に当たり，SDGsの理念を取り込むことで，政策の全体最適化，地域課題解決の加速化という相乗効果が期待できるため，SDGsを原動力とした地方創生(地方創生SDGs)を推進している。福井県は2021年度にSDGs未来都市に選定されている。

【8】(1)　①　可視　　②　共有　　③　編集　　④　発表

(2)　ア　B　　イ　A　　ウ　B　　エ　C

〈解説〉(1)　中学学習指導要領の内容の取扱いについての配慮事項の(2)について解説されたところから，語句の穴埋め記述式の問題である。指導計画の作成，内容の取扱いについての配慮事項については，文言を覚えるだけでなく，学習指導要領解説で理解を深めておきたい。

(2)　同項目について，具体的な内容が学習過程のどれに当てはまるのかは理解しておきたい。

2022年度　実施問題

【中高共通】

【1】家族・家庭生活について，次の文章を読み，下線部a～hに関する問いに答えなさい。

我が国では，戦前は a「家制度」を家族制度として制定していた。1947年，日本国憲法の制定に伴い「家制度」が廃止され，個人の尊厳と男女の本質的平等を原則として，婚姻の自由，夫婦の同権，配偶者相続権の承認，均等相続などを基調とする民法が定められた。しかし，現行民法が定められてから70年が過ぎ，私たちの意識や社会のあり方は大きく変化し，家族の形態や機能についても多様化が進んだ結果，社会の状況にそぐわないところもあり，b民法の改正が議論されてきた。このような議論を踏まえ，近年では「債権法」(民法の契約等に関する部分)が2020年4月1日から改正され，c2022年4月1日から成年年　齢が18歳に引き下げられることが決定している。私たちの多くは，初め d「出生家族」のなかで様々な生活習慣を身につけ e人間としての基礎が築かれる。結婚によって形成される家族は f「創設家族」である。これは結婚の時期やどのようなパートナーにするのか，家族運営など自らの意志やパートナーの意思を尊重して決定していく家族である。人によって，家族の捉え方は異なるが，個人の生活や意識に大きな影響を与える特別な存在である。家庭科においてこの内容を扱うときは，g様々な生活環境下における生徒がいることを念頭に置き，授業を組み立てていく必要がある。また，h労働のあり方が，家庭生活に大きな影響を与えていることも忘れてはならない。職業選択への見通しやその準備，固定的な役割分業意識の見直し，男女の平等と相互の協力などを取り上げ，生涯を見通した中で青年期をどのように生きるかについて理解を深めることができるようにしていきたい。

(1)　下線部 a「家制度」について定めた明治民法(1898年施行)について

述べた文章のうち間違っているものをすべて選び，記号で答えなさい。

ア　戸主は家族全員の扶養義務を負う。

イ　婚姻について，男35歳，女25歳までは親の同意が必要になる。

ウ　妻には，財産の管理権や運用権がない。

エ　親権について，未成年の子に対する権利と義務は夫婦にある。

オ　相続について，「家」を継いだ子どもだけが一括して遺産相続する。

(2)　下線部b民法の改正について，次の婚姻に関する法律(民法)の条文のうち，2022年4月1日に削除になるものをア～クからすべて選び，記号で答えなさい。

ア　第732条　配偶者のある者は，重ねて婚姻をすることができない。

イ　第733条　①女は，前婚の解消又は取消しの日から起算して100日を経過した後でなければ，再婚をすることができない。

ウ　第734条　①直系血族又は3親等内の傍系血族の間では，婚姻をすることができない。

エ　第737条　①未成年の子が婚姻をするには，父母の同意を得なければならない。

②父母の一方が同意しないときは，他の一方の同意だけで足りる。

オ　第739条　①婚姻は，戸籍法の定めるところにより届け出ることによって，その効力を生ずる。

カ　第750条　夫婦は，婚姻の際に定めるところに従い，夫又は妻の氏を称する。

キ　第753条　未成年者が婚姻をしたときは，これによって成年に達したものとみなす。

ク　第760条　夫婦は，その資産，収入その他一切の事情を考慮して，婚姻から生ずる費用を分担する。

(3) 下線部c2022年4月1日から成年年齢が18歳に引き下げられることに関連し，高等学校学習指導要領(平成30年告示)の家庭科において，「家庭基礎」「家庭総合」の「C持続可能な消費生活・環境」では，2022年度以降の入学生対象にどのような改正が行われたか，答えなさい。

(4) 下線部d「出生家族」について，日本には家族を定義する明確な範囲は示されていないが，親族の範囲については民法に示されている。次に示す範囲において，(①)～(③)に適する語句を入れなさい。

民法　第725条[親族の範囲] 次に掲げる者は，親族とする。 一　(①)親等以内の血族 二　(②) 三　3親等以内の(③)

(5) 下線部e人間としての基礎の習得に関連する次の文章の①～⑥の空欄に適する語句を入れなさい。

一人一人の発達は個性的で大きく異なっているが，誰にも共通する(①)がある。各(①)の課題を解決し乗り越えながら，人間は成長をしていく。乳幼児期の発達課題は食事・排泄など(②)を学び，自律性を身につけ，ルールなど(③)を学ぶことである。児童期の発達課題は，基礎的な学力を習得し多様な人との関わりの中で社会性や良心を身につけることがある。そして，青年期の発達課題には，心理的な葛藤や不安の中，自己を見つめ，自分らしさを模索し確立する(④ を確立する)こと，社会人として必要な知識や態度を身につけ，人間として成長していくことがあげられる。 青年期は大人として(⑤)していくための準備をする時期でもある。(⑤)とは，自分の力で考え，物事に対応することのできる状態をさす。それは生活的・(⑥)・精神的・社

会的・性的な側面から捉えることができる。周囲の環境に流されない生き方を意識させ，自己決定した自分の行動に責任をもち，主体的に生きようとすることが重要となってくる。

(6)　下線部f「創設家族」について，多様な家族形態，多様な生き方を認め合うことが大切になってくるが，次のア，イの説明に合う語句を答えなさい。

ア　1999年にフランスで制定された，性別に関係なく，既婚者と同等の権利(社会保障)が認められる制度。

イ　週末婚や通い婚なども含む別居婚のことで，お互いの仕事やライフスタイルを尊重して，相手を必要とするときに会うという結婚の形。

(7)　下線部g様々な生活環境下について，次のア～ウの説明にあう語句を答えなさい。

ア　本来大人が担うと想定されている家事や家族の世話などを日常的に行っている子どものこと。

イ　血縁関係にないものが法的な親子関係をつくる制度。

ウ　婚姻関係にない夫婦(事実婚の男女)の間に生まれた子どものこと。

(8)　下線部h労働について，現代の労働を説明したア～オの文章の下線部が，正しければ○を，誤っていれば正しい語句や数字を答えなさい。

ア　1975年の国際婦人年から始まった「国際婦人の10年」における性別役割分業見直しの取り組みを機に，男女が共に協力し合い，家庭・職業に関して責任を担っていくことが重要とされるようになった。

イ　1985年に日本が批准した女子差別撤廃条約を受けて，男女雇用機会均等法が1986年に施行された。1997年の改正で差別禁止の範囲が拡大し，同時に女性の保護規定は廃止され，2006年の改正では男性に対する差別禁止も追加された。

ウ　女性の年齢階級別労働力率の国際比較を見ると，欧米が台形型に対し，日本はM字型の就労傾向にある。日本では，結婚・出産を機に退職する人が依然として多いことを示している。

エ　労働基準法には，産前8週・産後8週の休業や妊産婦の時間外労働などの制限について規定されている。

オ　育児・介護休業法では，市区町村へ妊娠の届出を行った者に母子健康手帳を交付することが定められている。

(☆☆☆◎◎◎)

【2】高齢者の生活について，次の問いに答えなさい。

(1)　1991年に国連総会では高齢者の尊厳を保って生涯を全うするために5つの原則が採択された。「自立」「尊厳」「ケア」の他に何があるか，2つ答えなさい。

(2)　人生の終末期に備えて，自身の希望を書き留めておくノートを何というか，答えなさい。

(3)　物事を判断する能力が十分でない人に対して，本人の権利を守る援助者を選び，本人を法律的に支援する制度を答えなさい。

(4)　60歳で退職，65歳から年金受給という年齢を基準とした社会に対して，年齢を基準としない社会を何というか答えなさい。

(5)　新オレンジプラン(2015年)が策定された目的を答えなさい。

(6)　介護保険について，説明した次の文章の空欄①～⑤に適する語句や数字を答えなさい。

> 後期高齢者の増加に伴って，介護の社会化を目指す介護保険が(　①　)年から導入された。また，2005年の改正では(　②　)給付が追加され，各市区町村に(　③　)が創設された。介護サービスを利用したい場合は，介護保険被保険者証を添えて申請する。その後，訪問調査員が調査し，判定の結果，要介護度や家族の希望などを基に(　④　)が介護サービス計画を立てる。市区町村は要介護認定を行うが，サービスは厚生労働省の基準に

基づいて都道府県の指定を受けた民間企業，NPO(特定非営利活動)法人，医療機関などが提供する。利用者はケアプランに応じてこれらのサービスを組み合わせ，サービス提供者と契約を結ぶ。要介護度に応じて定められた給付額の範囲内ならば，最大(　⑤　)割の費用を自己負担することでサービスを利用できる。

(7)　老化が進んでも，過去に習得した知識や経験をもとにして対処する能力は低下しない。この能力を何というか答えなさい。

(8)　車椅子介助の際，段差のあるところで事故が起こらないようにするための事故防止策を1つ答えなさい。

(☆☆☆◎◎◎)

【3】消費生活と環境に関する次の文章を読んで，以下の問いに答えなさい。

消費者をめぐる$_a$トラブルは複雑化している。その背景には消費生活の多様化や無店舗販売において$_b$電子商取引，特に$_c$インターネットショッピングで商品を購入することが多くなっていることがあげられる。2004年には1968年に制定された(　①　)を改定することにより消費者基本法が制定された。これに伴い，消費者の権利が明確になった一方，責任も問われるようになった。2009年には消費者行政を一元化する(　②　)が設立された。都道府県・市区町村により設置される，消費に関する相談窓口や情報提供などを行うのは(　③　)である。

2015年国連サミットで$_d$SDGsが採択された。2016年から2030年までの国際的な目標として17分野のゴールが設定され，それらを達成するために具体的な169の達成基準も設定されている。

(1)　文中の空欄(　①　)～(　③　)に適する語句を入れなさい。

(2)　下線部$_a$トラブルについて，不適切な勧誘で消費者が「誤認」・「困惑」して契約した場合，契約の取消しができる法律名を答えなさい。

(3)　下線部$_b$電子商取引について，スマートフォンに専用のアプリケーションをインストールし，2次元コードで行う決済とは何か，答えなさい。

(4) 下線部$_{c}$<u>インターネットショッピング</u>について，次の問いに答えなさい。

ア クレジットカードの番号など，流出しては困る個人情報のやりとりを行う場合に，情報を暗号化して送信する仕組みをアルファベットで答えなさい。また，偽のメールやWebサイトを使って個人情報を不正に聞き出す詐欺の名称を答えなさい。

イ ウェブサイトに掲載されている広告を閲覧したり，商品を購入したりすると運営者に利益が入る仕組みを何というか，答えなさい。

(5) 次の資料は，下線部$_{d}$<u>SDGs</u>17の目標を示したものである。家庭科の授業でSDGsと関連させて授業を行う場合，あなたはどのSDGs目標を選び，どのような学習内容にするか具体的に答えなさい。ただしSDGs目標は2つ組み合わせて考えなさい。

① 貧困をなくそう
② 飢餓をゼロに
③ すべての人に健康と福祉を
④ 質の高い教育をみんなに
⑤ ジェンダー平等を実現しよう
⑥ 安全な水とトイレを世界中に
⑦ エネルギーをみんなにそしてクリーンに
⑧ 働きがいも経済成長も
⑨ 産業と技術革新の基盤をつくろう
⑩ 人や国の不平等をなくそう
⑪ 住み続けられるまちづくりを
⑫ つくる責任つかう責任
⑬ 気候変動に具体的な対策を
⑭ 海の豊かさを守ろう

⑮　陸の豊かさも守ろう
⑯　平和と公正をすべての人に
⑰　パートナーシップで目標を達成しよう

(☆☆☆◎◎◎)

【4】住生活に関する次の文章を読んで，以下の問いに答えなさい。

災害は，自然災害と人為災害に大別される。近年の自然災害には，地震だけでなく，台風・大雨による洪水・浸水，風害，土砂崩れが増加し，それらの災害への対応が，a国や自治体に強く求められるようになった。人為災害には，ガス爆発，地盤沈下，騒音公害，大気汚染などがある。これらの二次災害として，交通網の切断，b水道・電気・ガスなどの破壊，建物の崩壊，火災などが起こる。また，c住居における人為災害として，火災の他に空き巣や強盗などもあげられる。私たち一般市民が防災意識を高めることも求められており，住まいを選ぶ際や日常生活においても，d災害に備えるという視点が重要である。

(1)　下線部aについて，国や地方公共団体などの行政による支援のことを何というか，答えなさい。

(2)　下線部bのように生活に必要な供給のことを何というか，答えなさい。

(3)　下線部cのうち，家庭における電源プラグの周囲にほこりや湿気が付着することにより差し込み口から出火する現象を何というか，答えなさい。

(4)　下線部dに関する対策として，次の①～③の問いに答えなさい。

①　住まいの耐震性を高め，壁の補強をするために，図Aのように柱の間に入れるアの部分を何というか，答えなさい。

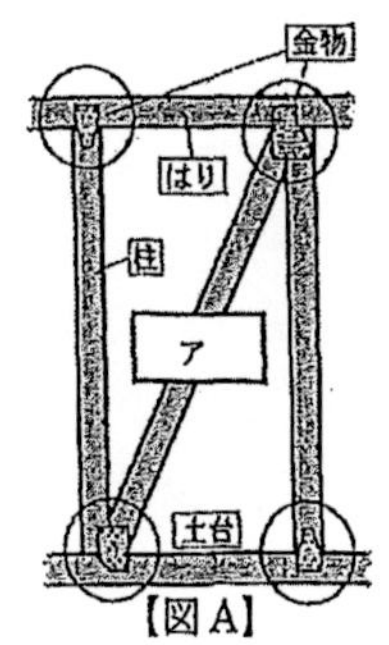

【図A】

② 災害用伝言サービスは，大きな災害が発生した時，電話で家族などの安否確認ができるサービスである。災害用伝言ダイヤルの番号を答えなさい。

③ 普段の食品を少し多めに買い置きし，賞味期限を考えて古いものから消費し，消費した分を買い足すことで，常に一定量の食品が家庭で備蓄されている状態を保つための方法を何というか，答えなさい。

(5) 中学校の家庭分野の住生活「家族の安全を考えた住空間の整え方」において，A「家族・家庭生活」の学習と関連を図るには，どのような内容が考えられるか，答えなさい。

(☆☆☆◎◎◎)

【5】食生活に関する次の文章を読んで，以下の問いに答えなさい。

日本には四季があり，国土が海に囲まれていることから豊かな海産物や農作物に恵まれ，山間部が多いことから$_a$良質な水が豊富に得られた。また，米をはじめとするほとんどの農作物は，古代以前から海外の影響を受けながら，日本独自のものに育ててきた。飯・汁・菜・(　①　)を基本形とする食事は，$_b$米や麦，雑穀などを主食とし，野菜類，(　②　)類，$_c$魚介類などを副食(主菜や副菜)とする伝統的な食事が日本固有の食文化として定着している。2013年には，ユネスコの無形文化遺産に「(　③　)：日本人の伝統的な食文化－正月を例として－」が登録された。(　③　)の特徴としては，$_d$各地で地域に根ざした多接な食材が用いられ，e素材の味わいを活かす調理技術・調理道具が発達していること，旬の食材を生かして，f「うま味」を上手に使うことでg健康的な食事であるということ，季節にあった調度品や器を利用して季節感を楽しむこと，h正月などの年中行事との密接な関わりといった要素があげられ，関心が高まっている。

(1)　文章中の空欄(　①　)～(　③　)に適する語句を入れなさい，

(2)　次の文章は，下線部aの日本の水の性質と日本独特の調理法を説明したものである。空欄(　ア　)～(　エ　)に適する語句をそれぞれ答えなさい。

日本の水は硬度が(　ア　)く，そのままでも飲用できる(　イ　)水である。この特徴を生かした日本の独特の調理方法として「ひたす」，「もどす」，「(　ウ　)を抜く」，「(　エ　)を取る」などがあげられる。

(3)　下線部bについて，玄米を精白米にする時に取り除かれる部分を2つ答えなさい。

(4)　下線部cは，米と一緒に摂取することで米の栄養価を高めることができる。このような効果を何というか，答えなさい。

(5)　下線部dについて，福井県でもそれらの食材を生かし，伝統食や加工品が工夫されてきた。それについて次の問いに答えなさい。

①　八ツ頭芋の主に茎部分を酢漬けにし，鮮やかな赤色が特徴の料理名。

②　大豆を水に浸して柔らかくしたものを叩いて潰し，再び乾燥させて仕上げた保存食品名。

③　福井県産の農林水産物を主原料に使用し，伝統技術により製造される特色ある加工食品に付けられる次図Bのマークの名称。

【図B】

(6) 下線部eのうち，中学校学習指導要領(平成29年告示)では，「材料に適した加熱調理の仕方」の「蒸す」調理が新設された。取り扱う調理内容として，茶碗蒸しやプリンが適さないのは，なぜか。その理由を答えなさい。

(7) 下線部fについて，次の①～③の食品に含まれる主なうまみ成分の名称を答えなさい。

① こんぶ　② かつお　③ しいたけ

(8) 下線部gとして，国民の健康維持・増進や生活習慣病の予防を目的に，一日に摂取することが望ましいエネルギーや栄養素の量を年齢別，性別，身体活動レベル別に示したものは何か，答えなさい。

(9) 下線部hにある行事食としておせち料理の「田つくり」があげられる。主な食品とその料理に込められている願いを説明しなさい。

(☆☆☆◎◎◎)

【6】衣生活について，次の問いに答えなさい。

(1) 次の文章の(①)～(③)の空欄に適する語句を答えなさい。

> 衣服を着ることによって，人体と環境との間には空気層がつくり出される。衣服によってつくられたこの空気層のことを(①)という。空気は，(②)率が小さく熱を伝えにくいので，空気を保持することで保温性が高まる。その快適範囲は，皮膚に最も近い最内空気層の温度が(③)±1℃，湿度が50±10%，気流25±15cm/秒であるといわれている。

(2) 界面活性剤の働きを調べるために，次のA，Bを用いて①～④の実験を行った。それぞれ何の作用を調べるものなのか答えなさい。

> A：水　B：0.1%の洗剤水溶液

① AとBの各ビーカーにカーボンブラックを少量入れ，ガラス棒で攪拌し，様子を観察する。

② AとBの各試験管にごま油を1滴ずつ入れ，ガラス棒で攪拌して，

様子を観察する。

③　AとBの各ビーカーに毛の布を1枚ずつ入れ，布の様子を観察する。

④　Bのビーカーにカーボンブラックを少量入れ，ガラス棒で攪拌し，白い綿の布を浸した後取り出して，布の様子を観察する。

(3)　次の性能をもつ繊維製品の加工の種類について答えなさい。

①　水蒸気は通すが，水をはじき，水滴は通さないので濡れない。主にレインコートやアウトドア用衣料などに用いられている。

②　絹のような光沢や接触感がよく，主にブラウスやワンピースに用いられている。

(4)　2015年に日本工業規格(JIS)において，子ども用衣料の安全性について，より安全な子ども服が流通するように年齢別，身体の部位別に要求された事項がある。その事項は何か，答えなさい。

(5)　着なくなった衣服をリメイクすることは，裁縫の技術を活用して，楽しみながら環境保全に貢献できる取り組みとして注目されている。リメイクによって価値を高めたり，新たな価値や有用性を生んだりすることを何というか，答えなさい。

(6)　次の文章は，中学校学習指導要領(平成29年告示)中学校家庭科の「B衣食住の生活」(4)「衣服の選択と手入れ」における「1内容」を示したものである。下線(ア)について，知識・技能の観点から内容のまとまりごとの評価規準を作成しなさい。

> (4)　衣服の選択と手入れ
>
> ア　次のような知識及び技能を身に付けること。
>
> (ア)衣服と社会生活との関わりが分かり，目的に応じた着用，個性を生かす着用及び衣服の適切な選択について理解すること。

(☆☆☆◎◎◎)

【7】高等学校学習指導要領(平成30年告示)について，次の問いに答えなさい。

(1) 次の(　①　)～(　④　)の空欄に適する語句を答えなさい。

【高等学校学習指導要領(平成30年告示)「第2章　家庭科の各科目　第1節　家庭基礎　2内容とその取扱い(一部抜粋)」】

> A　人の一生と家族・家庭及び福祉
>
> (1)　生涯の生活設計
>
> ア　人の一生について，自己と他者，社会との関わりから様々な(　①　)があることを理解するとともに，自立した生活を営むために必要な情報の収集・整理を行い，生涯を見通して，生活課題に対応し(　②　)をしていくことの重要性について理解を深めること。
>
> イ　生涯を見通した自己の生活について主体的に考え，(　③　)と将来の家庭生活及び(　④　)生活について考察し，生活設計を工夫すること。

(2) 「家庭基礎」,「家庭総合」ともに，小・中・高等学校の系統性を踏まえ，内容構成が4つに整理された。各科目における「衣食住」の内容の名称について，答えなさい。

(3) 各科目における指導計画の作成と内容の取扱いについて，ア～エのうち誤っているものを1つ選び，記号で答えなさい。

ア 「家庭基礎」は，原則として，同一年次で履修させること。

イ 「家庭基礎」,「家庭総合」及び「生活デザイン」の各科目に配当する総授業時数のうち，原則として10分の5以上を実験・実習に配当すること。

ウ 「家庭総合」を複数の年次にわたって分割して履修させる場合には，原則として連続する2か年において履修させること。

エ　中学校技術・家庭科を踏まえた系統的な指導に留意すること。また，高等学校公民科，数学科，理科及び保健体育科などとの関連を図り，家庭科の目標に即した調和のとれた指導が行われるよう留意すること。

(☆☆☆◎◎◎)

解答・解説

【中高共通】

【1】(1)　イ，エ　(2)　エ，キ　(3)　第1学年及び第2学年のうちに履修させることとした　(4)　①　6　②　配偶者　③　姻族　(5)　①　ライフステージ(発達段階)　②　基本的生活習慣　③　社会的生活習慣　④　自我同一性(アイデンティティ)　⑤　自立　⑥　経済的　(6)　ア　PACS(パクス・パックス)(連帯市民協約)　イ　オンデマンド婚　(7)　ア　ヤングケアラー　イ　養子縁組制度　ウ　嫡出でない子(非嫡出子)　(8)　ア　国連婦人の10年　イ　○　ウ　○　エ　6　オ　母子健康法

〈解説〉(1)　明治民法は1896年に施行された部分(第一編～第三編)と1898年に加えられた部分(第四編，第五編)で構成されている。第四編，第五編は，親族編，相続編となっており，家制度においてそれまで積み重ねられてきた親族的身分関係の諸規則が制度として再編成された色彩が強い。イの親の同意が必要なのは，男30歳，女25歳(第772条)。なお，婚姻には常に戸主の同意が必要であり(第750条)，婚姻適齢は，男17歳，女15歳であった(第765条)。エの親権については，「独立ノ生計ヲ立ツル成年者」以外は父親の親権に属するとされていた(第877条)。(2)　エについては，改正前までは婚姻適齢と成年年齢が異なっていたことから年齢によっては父母の同意が必要となるケースが生じたが，改正により成年年齢が18歳に引き下げられたこと，女性の婚姻適齢が18歳に引き上げられたことから，本条文は削除されることとなった。キについても，成年年齢と婚姻適齢(男女ともに)が同じ18歳となったことから，削除された。　(3)　文部科学省は，消費者教育の推進に関

する法律(2012年)，消費者教育の推進に関する基本的な方針 (2013年閣議決定，2018年変更)等に基づいて，消費者教育の推進に努めており，成年年齢の引き下げに伴い，2020年，2021年度入学生については，平成21年告示の学習指導要領において，「家庭基礎」，「家庭総合」の「2(3)生活における経済の計画と消費」，「生活デザイン」の「2(2)消費や環境に配慮したライフスタイルの確立」を，それぞれ第1学年及び第2学年のうちに履修させることとし，2022年度以降の入学生については，平成30年告示の学習指導要領において，「家庭基礎」，「家庭総合」の「C持続可能な消費生活・環境」を，それぞれ第1学年及び第2学年のうちに履修させることとしている。 (4) 民法725条では，親族は，6親等内の血族，配偶者，3親等内の姻族とされている。
(5) 高等学校学習指導要領(平成30年3月告示)の家庭科の目標では，「(1)人間の生涯にわたる発達と生活の営みを総合的に捉え，家族・家庭の意義，家族・家庭と社会との関わりについて理解を深め，家族・家庭，衣食住，消費や環境などについて，生活を主体的に営むために必要な理解を図るとともに，それらに係る技能を身に付けるようにする。」とし，人間は個々のライフステージにおける課題を達成しつつ発達するという生涯発達の考え方が示されている。 (6) 創設家族は，独立して結婚などによって生じた家族を指し，自分が生まれ育った家族は生育家族という。アのPACSは，フランスで導入された制度で，性別に関係なく成人である2人の個人が安定した持続的共同生活を営むために結ぶ契約のこと。イのオンデマンド婚は，お互いの仕事やライフスタイルなどを尊重し，必要なときに会うという新しい結婚の形である。 (7) アのヤングケアラーは，家族のケアに時間を取られることから，自分の時間が取れない，勉強する時間，睡眠時間が充分に取れない，ケアについて話せる人がいなくて孤独を感じる，ストレスを感じる，友人と遊ぶことができない，といった影響が生じている。イの養子縁組制度は民法に基づいて法的な親子関係を成立させる制度である。なお，養子縁組制度には，子どもの福祉の増進を図るために養子となる子ども(原則6歳未満)と実親(生みの親)との法的な親子関係を解消して実の子と同じ親子関係を結ぶ「特別養子縁組制度」もある。ウの非嫡出子は，2013年に民法が改正されたことにより，相続において嫡出子と同じ割合が認められた。しかし，父親に認知されているか否かによって，相続等の不利益を被ることがある。 (8) アは，1975年にメキシコシティで開催された国際婦人年世界会議において，国際婦人年の目標達成のためのその後の10年の行動指針「世界行動計画」が採択され，1985年までを「国連婦人の10年」とすることが宣言された。エの労働基準法の制限は「産前6週」である。オの母子健康手帳の交付は，育児・介護休業法ではなく，母子健康法の第16条に定められている。

【2】 (1) 自己実現，参加　(2) エンディングノート　(3) 成年後見制度　(4) エイジフリー社会　(5) 「認知症への理解を深めるための普及啓発の推進」「認知症の人を含む高齢者にやさしい地域づくりの推進」など　(6) ① 2000　② 介護予防　③ 地域包括支援センター　④ 介護支援専門員(ケアマネジャー)　⑤ 3 (7) 結晶性能力(結晶性知能)　(8) 段差を降りるときは後ろ向きに降りる

〈解説〉(1) 高齢者に関する国連の動きとしては，1982年に第1回高齢者問題世界会議(ウィーン)において「高齢化に関するウィーン国際行動計画」が採択された。行動計画では，高齢者を広範にわたる能力を持つが時には医療を必要とする多様かつ活動的な人口グループであるととらえている。また，1991年には国連総会で高齢者の地位について普遍的な基準として5つの原則が採択され，2002年の第2回高齢者問題世界会議(マドリッド)では「高齢化に関するマドリッド国際行動計画」が採択されている。 (2) エンディングノートを書くなど，人生の終焉に向けてその準備を進めることを終活という。 (3) 成年後見制度は，認知症や知的障害，精神障害などの理由で判断能力の不十分な人が生活をする上で不利益を被らないよう保護し，本人の代わりに適切な財産管理や契約行為の支援を行う制度である。 (4) エイジフリー

社会の構築には，雇用・就業における年齢制限の撤廃や社会保障制度の改革などの法整備・制度改革のほか，生涯現役で働くための職業教育の整備，社会的サポートの充実といった環境整備も必要となってくる。 (5) 新オレンジプラン(認知症施策推進総合戦略)は，認知症の人の意思が尊重され，できる限り住み慣れた地域のよい環境で自分らしく暮らし続けることができる社会の実現を目指して，2015年に厚生労働省が関係府省庁と共同で策定したものである。具体的な施策として，解答例のほか，「認知症の容態に応じた適時・適切な医療・介護等の提供」「若年性認知症施策の強化」「認知症の人の介護者への支援」「認知症の予防法，診断法，治療法，リハビリテーションモデル，介護モデル等の研究開発及びその成果の普及の促進」「認知症の人やその家族の視点の重視」がある。 (6) 介護保険制度は，要介護高齢者の増加，介護期間の長期化などの介護ニーズの増大や核家族化の進行，介護する家族の高齢化といった社会状況の変化を踏まえ，高齢者の介護を社会全体で支え合う仕組みとして創設されたもので，2000年には介護保険法が施行された。この制度の被保険者は，受給要件を満たしている65歳以上の人(第1号被保険者)と受給要件を満たしている40～64歳の人(第2号被保険者)となっており，相談窓口，サポートセンターとして，福祉・介護の専門家である保健師，社会福祉士，主任ケアマネジャーなどのスタッフがいる地域包括支援センターが各市区町村に設置されている。 (7) 結晶性能力(結晶性知能)には，言語能力や理解力，洞察力などが含まれる。これに対して，新しい環境に適応するために新しい情報を獲得したり，それを処理し操作していく能力を流動性能力(流動性知能)という。 (8) 車椅子で段差のあるところ(階段など)や急な坂などを移動する際には，登るときは前向きに車椅子を後ろから押し，降りるときは後ろ向きに車椅子を後ろから引く形を取る。また，砂利道なども後ろ向きに引いて進むとタイヤが埋まりにくい。

【3】(1) ① 消費者保護基本法 ② 消費者庁 ③ 消費生活センター (2) 消費者契約法 (3) QRコード決済 (4) ア 暗

号化送信する仕組み…SSL　詐欺の名称…フィッシング(詐欺)　イ　アフィリエイト　(5)　番号…①・⑯　学習内容…フェアトレードについて学び，自分の消費行動について考える。

〈解説〉(1)　消費者保護については，2004年に消費者保護基本法が改正され，「消費者の権利の尊重」と「消費者の自立支援」を基本理念とした消費者基本法が制定された。また，2009年には，消費者保護，安全の確保，消費者啓発を目的として消費者庁が設立された。　(2)　消費者庁では，消費者保護の観点から，消費者契約のルールや消費者被害の回復の制度等，消費生活に関する基本的な制度や環境づくりが進められている。関係する法律としては，悪質商法から消費者を守る特定商取引法やうその表示や誤解を招く不当な表示を規制する不当景品類及び不当表示防止法，不当な勧誘行為や契約から消費者を守る消費者契約法などがある。また，全国に消費生活センターが設けられ，消費生活全般に関する苦情や問い合わせへの対応を行っている。

(3)　スマートフォンによる電子決済には，非接触型決済(非接触IC決済)とよばれる無線通信系の技術を利用したもの(交通系ICカードや電子マネーカードなどを決済アプリに登録)と，スマートフォンにQRコードやバーコードを表示させて店側に読み取ってもらったり，店側のQRコードやバーコードをスマートフォンで読み取るQRコード決済がある。　(4)　アのインターネットで使われている暗号化の仕組みとして「SSL(Secure Socket Layer)」がある。SSLに対応したサイトには「https://～」で始まるアドレスにアクセスする。イの利益が入る仕組みは，アフィリエイト。成果報酬型の広告で，自分のサイトに掲載した広告を通して広告主の商品やサービスの購入・申込みがあると，一定の報酬が発生するものである。　(5)　「SDGs(Sustainable Development Goals)」は，2001年に策定された「ミレニアム開発目標(MDGs)」の後継として，2015年9月の国連サミットで加盟国の全会一致で採択された「持続可能な開発のための2030アジェンダ」に記載された，2030年までに持続可能でよりよい世界を目指す国際目標である。17のゴール・169のターゲットから構成され，地球上の「誰一人取り残さない

(leave no one behind)」ことを宣言している。SDGsは，発展途上国のみならず，先進国も取り組むべき目標となっている。

【4】(1) 公助　(2) ライフライン　(3) トラッキング現象

(4) ① 筋交い　② 171　③ ローリングストック法

(5) 幼児の発達や高齢者の身体的特徴との関連を図り，幼児や高齢者の家庭内の事故の防ぎ方について考えさせる。

〈解説〉(1) 災害の被害を最小限に抑えるためには，自助・共助・公助それぞれが必要とされる。「自助」とは，自分の命や財産等を守るために，自分自身で防災に取り組むこと。「共助」とは，災害に関連して，近所や地域においてお互いに助け合うこと。「公助」とは，市町村をはじめ，警察や消防等による公的な支援である。 (2) ライフラインは，日常生活に必須とされる社会インフラを指し，電気・ガス・水道(上水道・下水道)等や，電話やインターネット等の通信設備，人の移動手段である鉄道・バス等の交通システムがこれにあたる。

(3) 電源プラグとコンセントやテーブルタップの間にたまったほこりが空気中の湿気を吸収して通電しやすい状態となり，ショートして発火する現象をトラッキング現象という。冷蔵庫や洗濯機，テレビなど長年使用してプラグの抜き差しがほとんど発生しない家電製品ではほこりがたまりやすくなるため，定期的な掃除が必要となる。

(4) ① 耐震性を高める方策として，筋交いやブレースを入れたり，耐力面材を利用することが多い。 ② 災害時には被災地への通話が大量に生じ，回線が混雑して繋がりにくくなる。こうした混雑の影響を避け，安否確認や避難場所の連絡等をスムーズに行うために提供されているサービスが災害用伝言サービスである。通話機能を利用したもののほか，パソコンやスマートフォンからアクセスして情報の登録や確認ができる「web171」サービス(https://www.web171.jp/)も用意されている。 ③ 長期保存の可能な食品(レトルト食品や缶詰)でも賞味期限があるため，先に購入した賞味期限の短いものから先に消費して，その分を買い足す備蓄法のことをローリングストック法という。

外箱に賞味期限をわかりやすく書いておく，出し入れのしにくい場所には保存しないといったことをこころがけるとよい。　(5)　平成29年告示の中学校学習指導要領では，「B　衣食住の生活　(6)　住居の機能と安全な住まい方」において，小学校と中学校の内容の系統性を図り，幼児や高齢者の家庭内の事故を防ぎ，自然災害に備えるための住空間の整え方を重点的に扱い，安全な住まい方の学習の充実が図られている。また，住居の機能を考える上では，「A家族・家庭生活」の(1)の家族・家庭の基本的な機能と関連させ，健康・快適・安全，生活文化の継承などの視点から考えることが大切であることに気付くように指導するとされている。具体的には，「A家族・家庭生活」の「(2)幼児の生活と家族」の幼児の発達や，「(3)家族・家庭や地域との関わり」の高齢者の身体の特徴との関連を図り，幼児や高齢者の家庭内の事故の防ぎ方について考えることができるようにする。これらを踏まえて解答したい。

【5】(1)　①　漬物(香の物)　②　豆　③　和食　(2)　ア　低　イ　軟　ウ　灰汁　エ　出汁　(3)　ぬか層，胚芽　(4)　たんぱく質の補足効果　(5)　①　すこ　②　打ち豆　③　Eマーク　(6)　茶碗蒸しやプリンは，複雑な温度調整が必要になり，基礎的な調理の扱いとはならないため。　(7)　①　グルタミン酸　②　イノシン酸　③　グアニル酸　(8)　食事摂取基準　(9)　【食品】…カタクチイワシ(にぼし)　【願い】…五穀豊穣

〈解説〉(1)　平成29年告示の中学校学習指導要領では，日本の生活文化に関する内容の充実が謳われており，「B　衣食住の生活　(3)日常食の調理と地域の食文化　ア(エ)」において，地域の食文化，地域の食材を用いた和食の調理が扱われている。飯・汁・菜(主菜，副菜)・香物を基本形とする食事については，それぞれの配置も確認しておきたい。　(2)　軟水と硬水の区別は，WHOでは水1リットルあたりに含まれるミネラル(マグネシウムやカルシウム)量が120mg未満は軟水，以上は硬水とされている。　(3)　米の精白(精米)は，玄米の表面の薄皮である

ぬか層や胚芽を取り除くことで，玄米と精白米では，栄養価，炊飯時間，炊きあがりのやわらかさなどに違いがある。 (4) 人体に理想的な必須アミノ酸量を100とした場合の，それぞれの食品に含まれる必須アミノ酸の数値をアミノ酸価という。この数値が100に満たないアミノ酸を制限アミノ酸といい，制限アミノ酸のなかで最も価の低いアミノ酸の数値（第一制限アミノ酸）がアミノ酸価となる。アミノ酸価の低い食品でも，不足しているアミノ酸を多く含む食品をいっしょに摂取することでアミノ酸価が改善されることをたんぱく質の補足効果という。 (5) ①「すこ」は福井県において，浄土真宗の開祖である親鸞聖人の祥月命日に行われる報恩講に集まった人々に振る舞われた精進料理の一つで，現在では，葬式やおりのほか，寒い時期の保存食としても各家庭で作られている。 ②「打ち豆」も浄土真宗の仏事で振る舞われた精進料理で代表的な食材。多くの家庭で一般的な食材として利用されている。 ③ Eマークは，古くからある伝統的な製造方法による食品，特徴のある地元県産の原材料の良さを活かした食品など，定められた基準に適合する食品に与えられる認証マーク。3つのEは「優れた品質(Excellent Quality)」「正確な表示(Exact Expression)」「地域との調和(Harmony with Ecology)」を表し，食品の「品」に図案化されたものである。 (6) 中学校学習指導要領(平成29年3月告示)解説 技術・家庭編では，「蒸すについては，ゆでる，いためる調理などと比較することにより，水蒸気で加熱する蒸し調理の特徴を理解できるようにする。その際，野菜やいも類などを蒸したり，小麦粉を使った菓子を調理したりするなど，基礎的な調理を扱うようにする。」とされている。 (7) グルタミン酸はたんぱく質を構成する20種類のアミノ酸の一つで，イノシン酸，グアニル酸は核酸に分類される。うまみ成分は単独で使うよりも組み合わせることで相乗効果が発揮される。 (8) 現行の「日本人の食事摂取基準」は2020年版であり，2024年までこの基準が使用される。 (9) 田つくりのほかに，「黒豆」＝まめに働けるように，「数の子」＝子だくさん(子孫繁栄)などがある。

【6】(1)　①　被服気候(衣服気候)　②　熱伝導　③　32
(2)　①　分散作用　②　乳化作用　③　浸透作用　④　再付着防止作用(再汚染防止作用)　(3)　①　透湿防水加工　②　シルケット加工(マーセライズ加工)　(4)　ひも　(5)　アップサイクル
(6)　衣服と社会生活との関わりが分かり，目的に応じた着用，個性を生かす着用及び衣服の適切な選択について理解している。

〈解説〉(1)　人間が自力で体温を調整できるのは外気温が25～26℃といわれており，被服気候は31～33℃が最適とされる。また，0℃時の空気の熱伝導率は，0.0241(20℃時で0.0257)であり，10℃の水の熱伝導率は0.582となっている。　(2)　界面活性剤は，物質の境(界面)に作用し，性質を変化させる物質のこと。親水性と親油性の2つの性質をあわせ持っており，洗剤や医療品，化粧品，食品などで広く使われている。「浸透作用」は，界面張力を弱め，物質の表面と水の親和性を高める作用で，水が繊維などに浸透しやすくなる。「乳化作用」は，界面活性剤の親油基が油分を取り囲み，親水基が外側に並ぶことで水と油が均一に混ざり合うことができる。また，「分散作用」は，界面活性剤の分子が汚れなどの物質の表面を取り囲み，物質が水中に分散しやすくする作用である。「再付着防止作用」は，たとえば衣服から取り除かれた汚れを界面活性剤の分子が覆うことで，汚れが布地に再付着するのを防ぐ作用である。　(3)　繊維製品の加工には，透湿防水加工，シルケット加工のほかにも，形態安定加工，難燃加工，帯電防止加工，抗菌防臭加工などがある。　(4)　近年の子ども服のひもが原因で起きる事故に対して，2015年に経済産業省はメーカーや消費者と協力して子ども服のひもの安全基準を定めたJIS規格(JIS L4129)を制定した。ただし，JIS規格は任意の規格であり，メーカーへの強制力はないため，規格外の商品も流通している可能性がある点は注意が必要である。
(5)　アップサイクルとは，サステナブル(持続可能)なものづくりという考え方から，捨てられる廃棄物にデザインやアイデアなどの新たな付加価値を加えることで，別の素材や製品に生まれ変わらせることをいう。衣類だけではなく，家具や小物などさまざまな製品が作られている。 (6) 中学校学習指導要領(平成29年3月告示)解説 技術・家庭編では，SDGsの考え方やICT活用との関連から，指導に際しては「衣服の入手については，購入するだけではなく，環境に配慮する視点から，他の人から譲り受けたり，リフォームしたりする方法があることにも触れるようにする。」とし，「個性を生かす着用については，コンピュータなどの情報手段を活用し，衣服の上衣と下衣の組合わせや，形，色などによる印象の違いについて発表し合う活動などが考えられる。」としている。

【7】(1) ① 生き方 ② 意思決定 ③ ライフスタイル ④ 職業 (2) 【家庭基礎】…衣食住の生活の自立と設計 【家庭総合】…衣食住の生活の科学と文化 (3) イ

〈解説〉(1) 高等学校学習指導要領(平成30年3月告示)解説 家庭編では，改訂に際して「従前の『生涯の生活設計』をまとめとしてだけでなく，科目の導入として位置付けるとともに，AからCまでの内容と関連付けることで，生活課題に対応した意思決定の重要性についての理解や生涯を見通した生活設計の工夫ができるよう内容の充実を図った。」としている。 (2) 平成30年告示の改訂では，教育内容の見直しが行われ，高等学校については「少子高齢化等の社会の変化や持続可能な社会の構築，食育の推進等に対応し，男女が協力して主体的に家庭を築いていくことや親の役割と子育て支援等の理解，高齢者の理解，生涯の生活を設計するための意思決定や消費生活や環境に配慮したライフスタイルを確立するための意思決定，健康な食生活の実践，日本の生活文化の継承・創造等に関する学習活動を充実する。」とし，家庭基礎では「子供を生み育てることや子供と関わる力を身に付けるなどの乳児期に関する内容や，高齢者の生活支援技術の基礎に関する内容を充実する。また，自立した生活者として必要な衣食住の生活や生活における経済の計画等などの実践力の定着を図るための学習活動を充実する。」，家庭総合では「乳児との触れ合いや子供とのコミュニケーション，高齢者の生活支援技術，グローバル化に対応した日本の生活文化等に関する内容を充実する。また，生活を総合的にマネジメントできるように，健康や安全等を考慮するとともに生活の価値や質を高める豊かな衣食住の生活を創造するための実践力を身に付けるための学習活動を充実する。」としている。　(3)　正しくは，「『家庭基礎』及び『家庭総合』の各科目に配当する総授業時数のうち，原則として10分の5以上を実験・実習に配当すること。」である。

2021年度　実施問題

【中高共通】

【1】次の文章の①～⑧の空欄に適する語句を入れ，下線a～kに関する問いに答えなさい。

現在のように家庭科が中学校や高等学校において男女必修となったのは，日本が1985年に(　①　)条約を批准したことが大きい。この(　①　)条約批准によって，職場での募集・採用・昇級・定年・解雇における男女の差別を禁止する$_a$男女雇用機会均等法が施行され，その後1999年の改正男女雇用機会均等法では女子差別禁止，セクハラ防止義務規定も盛り込まれた。その一方で1997年には(　②　)法が改正され女子保護規定が撤廃され女性の時間外労働・深夜業務などの規制がなくなった。

さらに，女性の社会進出に合わせ，男女が社会の一員として対等に社会や家庭生活に参加できる社会の実現を目指し，1999年には男女共同参画社会基本法も制定された。その後も育児・$_b$介護休業法が制定されるなど，多くの取り組みがなされてきている。しかし，現在も$_c$共働きであっても，おもに家事や育児を担うのは女性である場合が多い。また2016年には，女性が働きやすい環境づくりを企業に求める法律として10年間の期限がある時限立法として(　③　)法が施行された。しかし日本における女性の社会的参加は十分でなく，男女間の格差を改善するため必要な範囲内において，男女のいずれか一方に対し，参画の機会を積極的に提供する(　④　)の推進によって，政策・方針決定過程への女性の参画も必要とされる。そして，女性に限らず，家庭と社会との両立の難しさは，社会の活力の低下，少子高齢化，人口減少の原因ともなっている。国は2007年に(　⑤　)憲章と，そのための行動指針を策定し，2008年を「$_d$働き方の改革元年」と名付けた。

家庭科においては，得た収入で生活に必要な商品を購入，活用，維持管理する$_e$家事労働についても学ぶ。それによって，社会と影響し合う関係にある$_f$家族・家庭生活について深く理解し，生徒が自分自身の家庭生活を見直し，そこで見つけた課題について，解決・改善のための$_g$実践に結びつけていくことが大切である。

また，$_h$ライフステージにおける発達課題を理解し，これからの人生において節目となるライフ(　⑥　)を意識し，病気やけが，失業などを回避したり被害を最小限にしたりするプロセスである(　⑦　)マネジメントや，$_i$社会保障制度についても学習する。それらを踏まえ，生徒自身の$_j$消費行動と意思決定を分析したり，$_k$共生社会の一員としてできることは何か，自分の未来の生活(　⑧　)をしたりすることは，家庭科に欠かせない学びである。

(1)　$_a$男女雇用機会均等法が施行によって名称が変化した職業の1つを挙げ，法律施行前後の名称を答えなさい。

(2)　$_b$介護には，食事を手助けする介助も含まれる。授業において，次の枠内に示すような高齢者の食事介助実習を行う場合，要介助者の誤嚥(ごえん)を防ぐ観点から，あなたは生徒にどのような指示をするか，具体的に2つ答えなさい。

○生徒が介助者・要介助者を相互に体験する。 ○要介助者は椅子に座った状態で食べる。 ○介助者がスプーンでヨーグルトを，要介助者に食べさせる。

(3)　$_c$共働き世帯割合を，「平成29年就業構造基本調査」でみると，本県の共働き率は高く，日本1位である。本県の共働き率は【　50%　60%　70%　80%　】のうち，どれか。あてはまるものを選びなさい。

(4)　$_d$働き方の改革は，長時間労働や過労死，非正規労働者に対する不合理な待遇差などの問題から官民挙げて取り組まれているが，世界的に蔓延した新型コロナ感染症の対策にもなると注目されている新しい労働スタイルの名称を答えなさい。

(5)　$_e$家事労働のうち，社会の発展により，高齢者の介護についても社会全体で担っていく介護の社会化が見られる。そのことに関連する次の文章に合う語句について，ア～カの(　　)内の①～④を選んで数字で答えなさい。

> 介護の社会化を支える介護保険制度は2005年に見直され，介護予防が重視されるようになった。介護サービスを希望する被保険者本人または家族などの代理人が要介護認定を申請し，認定されると　ア　(①　4　　②　5　　③　6　　④　7)段階に分類される。要支援と認定されると介護予防ケアプラン適用による介護予防　イ　(①　支払　　②　提供　　③　給付　　④　啓発)がある。それによって，運動機能の向上，栄養状態の改善，口腔ケアなどが行われる。例えば口腔ケアについては歯周病予防にもなり　ウ　(①　1184　　②　8010　　③　8020　　④　8114)運動が推進されている。
>
> また，健康な状態と要介護状態の間の状態を　エ　(①　レイフル　　②　フイレル　　③　レフネス　　④　フレイル)といい，その兆候に早期に気づき生活習慣を改善することで，健康な状態に戻すことができる。本県でも市町と協力して，高齢者自身が日常生活における様々なサインを早期に発見できるよう普及啓発している。
>
> 平成31年4月1日現在，本県の「高齢単身世帯」が総世帯に占める割合は約　オ　(①　4　　②　14　　③　24　　④　34)%と，年々増加傾向である。そのため高齢期になっても　カ　(①　QOL　②　WOB　　③　OLD　　④　QCW)を保つことができる社会を目指す高齢者福祉は，家族だけでなく地域社会での支えも含め考えていく必要がある。

(6)　f家族の範囲は明確ではないが，民法や戸籍法などによって，結婚・離婚や親子・扶養に関して取り決められている。関連する民法改正について次の問いに答えなさい。

問1　女性の再婚禁止期間が改正され，2016年に施行された。どの点がどのように改正されたのか，具体的に答えなさい。また，女性に再婚禁止期間がある理由を簡潔に説明しなさい。

問2　相続に関する非嫡出子の割合が改正され2013年に施行された。どの点がどのように改正されたのか，具体的に答えなさい。また，嫡出子とは，どのような子をさすのか，簡潔に説明しなさい。

問3　女性の婚姻年齢が改正され2022年に施行予定である。どの点がどのように改正されるのか，具体的に答えなさい。また，その改正は成年年齢引き下げと同時に施行予定であるが，成年年齢は親権に服さないことを意味し，若者の自己決定権を尊重し，積極的な社会参加を促すことになる一方で，懸念される問題がある。その問題について，家庭科の授業を通して，どういった点をおさえるべきか，簡潔に説明しなさい。

(7)　g実践は，主体的に取り組む課題解決的な学習であるが，高等学校家庭科では何といわれるか，その名称を答えなさい。

(8)　hライフステージにおける発達課題として，次の発達課題の具体例を，ライフステージの若い年齢順に左から数字で並べなさい。

①　生活文化や知識・経験を伝承していく。

②　アイデンティティを確立する。

③　子どもの自立を支援する。

④　親やきょうだいなど，身近な人との間で基本的信頼関係をつくる。

⑤　社会にはさまざまな仕事があることを知る。

(9)　i社会保障制度は，わたしたちの生活を支えるものである。関連する次の文章の①～⑤の空欄に適する語句を答えなさい。

社会保障制度は，あらかじめ保険料を払った人が集団でリスクを分担する(　①　)や，健康で文化的な最低限の生活水準を維持する最低生活費を下回る場合に，原則不足分の金銭が給付される(　②　)等の社会扶助に分けられる。それらを利用する際，相談先がわからないときには，その多くが国家資格である社会福祉士を有している(　③　)や地域住民の民生委員・児童

> 委員に相談するとよい。また，2015年からは(　④　)制度が開始され，社会保障，税，災害対策の分野で利便性の向上，行政の効率化などが期待される。
>
> 近年は，家族による支え合いが難しくなったり，労働市場への参加や復帰が困難な人が増えたりするなど，これまでの制度では対応できない状況が生じている。そこで厚生労働省は，国民が自分の可能性を引き出し発揮することを支援し，労働市場，地域社会，家庭への参加を保障する(　⑤　)社会保障の考え方を提唱するようになった。

(10)　$_{j}$消費行動と意思決定は，毎日の生活の営みにおいて行われるが，社会や世界の情勢と相互に関連する行動である。次の文は，何について説明しているか，適する語句を答えなさい。

① 一つの選択をすると得られなくなる利益

② ウェブサイトを通じて，地域や産業活性の創作活動，開発途上国や自然災害の被災地域の支援等を発案し，資金の提供を求めるシステム

③ 商品・サービスを選択するための情報の管理や情報の読み取り，分析する力

④ 消費者が，個々の特性と消費生活の多様性をお互いに尊重しつつ，自らの消費生活に関する行動が現在および将来の世代にわたって国内外の社会経済情勢や地球環境に影響を及ぼし得るものであることを自覚して，公正かつ持続可能な社会の形成に積極的に参画する社会

⑤ 企業のCSRを評価して投資を行うこと

⑥ 暖房時の室温を20℃にしたいときに快適な服装のこと

(11)　$_{k}$共生社会に関連して，東京2020オリンピック・パラリンピックでは，その開催を契機にユニバーサルデザインの街づくりを進めることで，共生社会を実現し，障害のある人等の活躍の機会を増やしていくことを位置付けている。それに関して次の文は，何について

説明しているか，適する語句を答えなさい。

① 会場に来た人に対して，ことばでなく図や記号によって案内をするもので別名，案内用図記号といわれる。

② 大会関連駅にはエレベーター増設とともに整備され，ユニバーサルデザイン原則のうち安全性に含まれる。

③ 大会期間中は「フィールドキャスト」や「シティキャスト」といわれる。

(☆☆☆☆◎◎◎◎)

【2】住まいの内容について，次の問いに答えなさい。

私たちは，住まいを基盤として生活している。日々の暮らしを快適に安心して継続していくためには，屋外からの暑さ・寒さ・風雨を防ぎ，a台風や地震などの自然災害や外敵から身を守るシェルターとしての機能をもつ住まいが必要である。同時に快適で健康的な生活を送るために，住まいは採光・保温・b換気などの機能を備え，そのなかで住まう人々が憩い，楽しい生活を送ることができる空間であることが重要である。また，住まう人々の家族構成やライフスタイル，社会状況によって，c住まい方も様々に変化してきている。特にd幼児や高齢者がいる場合は，それぞれの身体機能の特性に配慮し，安心・安全な住まいを考える必要がある。最近では，快適で健康な生活を保ちつつ，エネルギー消費量を減らすなどe地球環境に負荷をかけないようにする持続可能な住生活の在り方が求められている。

(1) 下線aにおいて，津波や洪水の際に予想される浸水範囲など，自然災害による被害が予想される区域や避難場所などを示した地図のことを何というか，答えなさい。

(2) 次の文章は下線bの換気について説明したものである。空欄に適する語句をそれぞれ答えなさい。

現代では，窓サッシなどの性能が向上し，(　①　)性が高く，冷暖房効率がよくなったが，その反面，室内の空気が循環しにくく，室内外の温度差が大きくなると(　②　)が生じたり，カビ，ダニなどの問題が起こりやすい。部屋の風通しをよくして空気の流れをつくり，生活により汚れた空気を新鮮な空気に交換する必要がある。換気には窓を開けて風を通す自然換気と，換気扇を回して空気の流れをつくる(　③　)換気がある。室内の場合は，入り口の扉と(　④　)の窓を開けると効率的に換気ができる。

(3)　下線cで示された住まい方で，平日は都市部に住み，週末は郊外や農村漁村に住む居住スタイルを何というか，答えなさい。

(4)　下線dにおいて，幼児や高齢者が家庭内事故で命を落とすことが多い。その上位2つを答えなさい。

(5)　下線eの取り組みとして環境共生住宅があげられる。屋外環境を工夫した具体的な内容について1つ答えなさい。

(☆☆☆☆◎◎◎)

【3】子育てに関する内容について，あとの問いに答えなさい。

現代の子育て環境では，様々な改善が求められており，aおとこ男女ともに子育ても仕事も両立し，調和した生活を送るための支援が必要とされている。その支援には，b保育所などを充実させる支援と，働き方や職場環境を改善していく支援とがあり，国・地方自治体だけでなく，企業による取り組みもある。職業生活と家庭生活の両立が図られるようにc育児・介護休業法が整備されながらも，出産を機に女性が退職せざるを得なかったり，d男性が育児休業を取得しづらかったりする職場環境が見られ，課題とされている。これらの課題にe行政・企業・家族・個人がそれぞれ取り組み，支え合い，状況を改善する必要がある。

【資料1】

	保育所	(A)	幼稚園
対象年齢	0歳～就学前の乳幼児	0歳～就学前の乳幼児	満（B）歳～就学までの幼児
保育者	保育士	保育士・保育教諭・幼稚園教諭	幼稚園教諭
管轄	厚生労働省	内閣府・厚生労働省・（C）	（C）

【資料2】

(1)　下線aの支援を何というか，答えなさい。

(2)　資料1は，下線部bについて代表的な集団保育の場を示したものである。(A)～(C)に適する語句をそれぞれ答えなさい。

(3)　下線cは，2017年に改正され，子どもが1歳6ヶ月以後も，保育園に入れないなどの場合には，会社に申し出ることで育児休業期間の再延長が可能となった。最長何歳まで取得できるようになったのか，答えなさい。

(4)　下線dの内容として，男性社員が育児支援目的の制度を活用することに対して妨害する行為を何というか。

(5)　下線eに述べられている取り組みとして，企業が子育て支援の内容について厚生労働大臣の認定を受けると「子育てサポート企業」として与えられるマークがある。このマークの名称を答えなさい。

(☆☆☆☆◎◎◎)

【4】衣生活について，次の問いに答えなさい。

(1)　次の文章の①，②の空欄に適する語句をそれぞれ答えなさい。

> 被服とは，身につけるすべてのものをさし，帽子や履き物，手袋も含む。胴と四肢を覆うものを(　①　)という。また，(　②　)とは，被服を人間が身につけることによってつくられる身なり，装いをいう。

(2)　被服における健康被害について例を1つ答えなさい。

(3)　次の文章は，男物の浴衣で女物との違いについて述べたものである。①～④の空欄に適する語句をそれぞれ答えなさい。

・着丈で作るため(　①　)口が縫われており，(　②　)がない。
・(　③　)は抜かず，首に沿わせる。
・帯の位置は低く，また(　④　)は腰骨のあたりに1本のみ結ぶ。

(4)　次の文章は，市販されている一般的な家庭用マスクについて述べた文章である。①～④の空欄に適する語句を答えなさい。

家庭用マスクには，「ガーゼ」タイプとおむつなどにも使われる「(　①　)」タイプなどがあげられる。ガーゼタイプは，天然素材である(　②　)を使用しており，通気性，保温性が高く，(　③　)性も高いため蒸れにくい。マスクの形状としては，平面的な「平型」，立体的になるように(　④　)構造を採用した「(　④　)型」，顔のラインに沿って密着性を高めた「立体型」の3つがある。

(☆☆☆◎◎◎)

【5】「さばの味噌煮」の材料と分量，手順について示したものである。下の問いに答えなさい。

《　材料　》	《　分量（２人分）》
さばの切り身	2切れ（１６０ｇ）
ねぎ	１００ｇ
しょうが	１０ｇ
みそ	３６ｇ（①）
A 水	１００mL（1/2カップ）
A みりん	６０mL（大さじ４）
A しょうゆ	１５mL（大さじ１）

《　調理の手順　》
1　下ごしらえをする。
2　鍋にAを入れ、a 煮汁を沸騰させ、さばとねぎを入れる。
3　さばに煮汁をかけながら煮立てて、b 落とし蓋をして煮る。
4　火を消し、みそを回し入れ、しょうがを加える。
5　とろみが出るまで煮る。
6　ねぎを添えて盛り付ける。

(1)　みその分量①について，計量スプーン(大さじ)を用いて答えなさい。

(2)　下線aのように煮汁が沸騰したところにさばを入れる理由について，関係する栄養素の特性をあげて説明しなさい。

(3)　下線bについて，落とし蓋をする理由として煮崩れを防ぐ以外にどのような理由があるのかを答えなさい。

(4)　魚に多く含まれ，生活習慣病などの予防に有効と言われている多価不飽和脂肪酸をカタカナで1つ答えなさい。

(5)　嶺南地方の若狭では，さばを塩漬けし，さらに糠漬けにした郷土料理が親しまれている。その料理名を答えなさい。

(6)　さばの魚を調理する際，食中毒の原因となるさばの寄生虫は何か，答えなさい。

(7)　さばの味噌煮を家で作らずに，調理済の惣菜として購入し家で食べることを何というか，漢字で答えなさい。

(8)　食の外部化が進むことで考えられる問題点とは何か，2つ答えなさい。

(☆☆☆◎◎◎)

【6】中学校学習指導要領(平成29年告示)解説，高等学校指導要領(平成30年告示)解説について，次の問いに答えなさい。

(1)　次の①～⑦の空欄に適する語句をそれぞれ答えなさい。

【中学校指導要領(平成29年告示)解説　第3章　3実習の指導(抜粋)】

実習の指導に当たっては，施設・設備の(　①　)に配慮し，学習環境を整備するとともに，火気，用具，材料などの取扱いに注意して事故防止の指導を徹底し，安全と衛生に十分留意するものとする。 ～(略)～ 家庭分野においては，幼児や高齢者と関わるなど(　②　)での学習について，事故の防止策及び(　③　)の対応策等を綿密に計画するとともに，相手に対する配慮にも十分留意するものとする。また調理実習については，(　④　)にも配慮するものとする。

【高等学校指導要領(平成30年告示)解説　第1部　第1章　第3節　家庭科の目標(抜粋)】

(1)　人間の生涯にわたる発達と生活の営みを(　⑤　)に捉え，家族・家庭の意義，家族・家庭と社会との関わりについて理解を深め，家族・家庭，衣食住，消費や環境などについて，生活を主体的に営むために必要な理解を図るとともに，それらに係る技能を身に付けるようにする。 (2)　家庭や地域及び社会における生活の中から問題を見いだして課題を設定し，改善策を構想し，実践を評価・(　⑥　)し，考察したことを根拠に基づいて論理的に表現するなど，生涯を見通して生活の課題を解決する力を養う。 (3)　様々な人と協働し，よりよい社会の構築に向けて，(　⑦　)に参画しようとするとともに，自分や家庭，地域生活を主体的に創造しようとする実践的な態度を養う。

(2)　中学校指導要領(平成29年告示)解説における指導計画の作成と内容の取扱いについて，ア～ウのうち誤っているものを1つ選び，記号で答えなさい。

ア　家庭分野の内容の「A家族・家庭生活」の(1)「自分の成長と家族・家庭生活」については，小学校家庭科の学習を踏まえ，中学校における学習の見通しを立てさせるガイダンス的な内容として，第1学年の最初に履修させる。

イ　技術・家庭科の標準の授業時数は，第1学年70単位時間，第2学年70単位時間，第3学年35単位時間である。

ウ「生活の課題と実践」の項目については各内容に位置づけ，生徒の興味関心や学校，地域の実態に応じて，すべての項目について履修させる。

(☆☆☆◎◎◎)

解答・解説

【中高共通】

【1】① 女子差別撤廃　② 労働基準　③ 女性活躍推進　④ ポジティブ・アクション　⑤ ワーク・ライフ・バランス(仕事と生活の調和)　⑥ イベント　⑦ リスク　⑧ 設計
(1) 施行前…看護婦，スチュワーデス，ウエートレス　施行後…看護師，客室業務員，ホールスタッフ　(2) ・相手と同じ目の高さで少し斜め前に座る　・少量ずつ，口に入れる　・相手が飲み込んだのを確認して，次の一口を入れる　から2つ　(3) 60％
(4) テレワーク(在宅勤務)，リモートワーク　(5) ア ④　イ ③　ウ ③　エ ④　オ ②　カ ①　(6) 問1 改正点…6カ月から100日間　理由…子の法的な父親が誰になるかを推定する必要があるため　問2 改正点…嫡出子の$\frac{1}{2}$から同等　説明…婚姻した男女の間に生まれた子ども　問3 改正点…16歳から18歳　おさえる内容…・契約による法的な義務や，契約についていの正しい知識を持たせる。　・被害者にならないための悪質商法等の手口について学ばせる。　(7) ホームプロジェクト　(8) ④→⑤→②→③→①
(9) ① 社会保険　② 生活保護　③ ソーシャルワーカー　④ マイナンバー　⑤ 参加型　(10) ① 機会費用　② クラウドファンディング　③ 情報リテラシー　④ 消費者市民社会　⑤ 社会的責任投資　⑥ ウォームビズ　(11) ① ピクトグラム　② ホームドア(二重扉)　③ ボランティア

〈解説〉①～③ 日本では高度経済成長期の終わり頃(1980年代頃)から，男女が共に職業と家庭の分野で責任を担うことが重要と考えるようになり，生物学的な性別に対して，社会的・文化的に形成される性別をジェンダーと言うようになった。1985年に日本が批准した女子差別撤廃条約では，「すべての人間の奪い得ない権利としての労働の権利」の確保や，雇用の場において，婚姻または母性を理由とする女子に対する差別をなくすことなどが定められている。1986年に施行された男女雇用機会均等法では，教育訓練や定年・退職・解雇などの差別的取り扱いの禁止，募集・採用・配置などの男女の機会均等などを規定しており，1997年の改訂では，女性の時間外・休日・深夜労働の規制・禁止が廃止され，2006年の改訂で性別による降格や職種変更などの禁止が追加され，差別禁止の範囲が拡大した。また，この分野における10年間の時限立法「女性活躍推進法」(2016年)により，国や自治体，企業などの事業主に対し，女性の活躍状況の把握や課題分析，数値目標の設定，行動計画の策定や公表が求められるようになった。なお，現在のように家庭科が中学校や高等学校において男女必修になったのは1989(平成元)年3月告示の学習指導要領からである。 ④・⑤ ポジティブ・アクションとは内閣府男女共同参画局が男女共同参画社会の実現に向け「社会のあらゆる分野において，2020年までに指導的地位に女性が占める割合が少なくとも30%程度になるよう期待する」という目標『2020年30%』を達成するために推進した暫定的な措置である。2007年には「仕事と生活の調和(ワーク・ライフ・バランス)憲章」，「仕事と生活の調和推進のための行動指針」を策定し，5年後(2012年)，10年後(2017年)に向けた数値目標を設定した。 ⑥～⑧ これからの自分の将来を目標をもって有意義に生きていくために新生児期，乳児期，幼児期，児童期，青年期，壮年期，高齢期といった段階(ライフステージ)ごとの発達課題の達成を通して生涯において成長・発達すること，個人がさまざまな出来事(ライフイベント)を経験しながらたどる生涯の道(ライフコース)においていつどのようにライフイベントを経験するかによって，生活の仕方や過ごし方(ライフスタイル)は変わってくる。自分の生活設計に見立てたリスクマネジメントや社会保障制度を学ぶ意義もそこにある。特に高等学校の家庭科は，予防的観点に立ち，人生を俯瞰して見るための知恵を学ぶ教科と言える。 (1) 正式名称は「雇用の分野における男女の均等な機会及び待遇の確保等に関する法律」である。男女差別の禁止が明確になったことが要因で，解答例以外にも，保健婦が保健師，助産婦が助産師，保母が保育士などに変更された。　(2)　誤嚥とは，唾液や食べ物を飲み込むときに誤って気管に入ってしまうことである。飲み込む動作(嚥下)に障害が起きていることが多い。対策としては，むせないようにあごが上がらないように食べさせる，とろみのついたものにする，口のなかが空になってから一口ずつ食べさせるなどが考えられる。　(3)　共働きの全国平均は48.4%(2017年)である。福井県が60%，次いで山形県57.9%，富山県57.1%と北陸地域が全国平均と比べて高い。これらの地域は共働き率と共に三世代同居率も高く，待機児童がほぼいない状況でもある。一方，共働きの少ない地域は奈良県(42%)，大阪府(44%)となっている。(4)　テレワーク，リモートワークともに「遠くで働く」という意味であるが，リモートワークは，ITエンジニアやWebデザイナーなどそれぞれのスキルを持った人たちがチームを組んでプロジェクトを作り働くという意味合いが強い。いずれにしてもオンライン会議やメール等を通じてコミュニケーションをオンライン上で円滑に行うためのITツールが活用される。これらの働き方は場所，時間，雇用形態の制約を受けない働き方を可能にし，これまで育児や介護など場所，時間，雇用形態の制約で採用されなかった人材を受け入れることが可能となった。さらに副業・複業の選択肢も広がった。　(5)　ア　要介護認定は，要支援1，要支援2，要介護1～5の7段階である。　イ　要支援1，2となると予防給付の対象となり，介護保険を用いて訪問介護やデイサービス，一部の福祉用具のレンタルや住宅改修などが利用できる。支給限度額は要介護の場合より低く設定されている。　ウ「80歳になっても20本以上自分の歯を保とう」という運動である。　エ　フレイルとは日本老年医学会が2014年に提唱した概念である。Frailty(虚弱)の意味で，身体的機能や認知機能の低下が見られる状態であるが，適切な治療や予防で要介護状態に進まずにすむ可能性がある。　オ　世帯の平均人数は減少を続けている。高齢者の単独世帯は現在約14%を占めており，配偶者と死別する確率の高い75歳以上の高齢女性の単独世帯が増えている。　カ　QOL(Quality of life)＝生活の質と訳される。
(6)　問1　女性のみ子の法的な父親が誰であるかを明確に推定するた

めに再婚禁止期間6カ月があったが，昨今の医療技術向上で約3カ月でも明確となることから，再婚禁止期間が100日に短縮された。
問2　嫡出子とは，婚姻届を出した男女から生まれた子どもで，非嫡出子は婚姻届を出していない男女から生まれた子どものことである。日本は婚姻関係の有無を明確に線引きしており，婚姻関係にないことで相続が$\frac{1}{2}$となる制度であったが，2013年に同等に改正された。
問3　これまで婚姻は男性18歳，女性16歳とされていたが，男女差をなくし2022年からはどちらも18歳からとなる。懸念される問題として，クレジットカード等が親の承認なくして18歳となる高校3年生から作れるようになったり，悪質商法による未成年者取消ができなくなったりすることが挙げられる。また知識の浅い低年齢をねらう悪質商法にも被害内容を踏まえて対策を立てる方がよい。　(7)　ホームプロジェクトは，個人で取り組む課題解決的な学習として必修科目に位置づく学習内容であり，方法である。身近な日常生活から課題を発見し課題解決のスキルを磨く。実践には，この発展として，学校単位で地域に出向き社会貢献等をする「学校家庭クラブ活動」もある。　(8)　ライフステージには，新生児期，乳児期，幼児期，児童期，青年期，壮年期，高齢期といった段階があり，過程が進むにしたがって個人→身近な人的かかわり→周囲・地域的かかわり→環境的かかわりと視点が広がり課題が深まっていく。　(9)　①～④　生活上のリスクには，自助や互助ではどうしても解決できない物事がある。そこですべての人々が幸せで安定した生活が営めるよう社会全体で援助する仕組みが社会保障制度である。日本の社会保障制度には，国民が保険料を納付し，その見返りに給付を受ける社会保険と，国の税金による児童手当などの福祉サービスや生活保護などの公的扶助がある。どの社会保障を受けられるかなどの相談は，社会福祉士の資格を有するソーシャルワーカーや民生委員，児童委員などが適しており，福祉事務所やハローワーク，子育て支援センター，児童相談所などが窓口となっている。2015年から導入されたマイナンバー制度はこれらの手続きにおける利便性の向上や効率化が目的の一つとされている。　⑤　厚生労働省が

2010年に公表した「厚生労働省の目標」において，今後は，社会保障の役割を再定義し，「参加型社会保障(ポジティブ・ウェルフェア)」という概念のもとでこれからの政策課題に対応していくこととしている。参加型社会保障の基本的考え方は次の3つである。「1．機会の平等の保障のみならず，国民が自らの可能性を引き出し発揮することを支援する。　2．支援が必要になった場合の暮らし方について，本人の自己決定を支援する。　3．労働市場，地域社会，家庭への参加を保障することを目指す」。　(10)　①　機会費用とは，経済学における用語である。1つのことを選択，実行した場合に得ることができなかった経済的価値のことである。　②　群衆(crowd)と資金調達(funding)を組み合わせた造語である。不特定多数の人が通常インターネット経由で他の人々や組織に財源の提供や協力を行うことを意味する。防災，ファンによるアーティストの支援，社会・政治活動，ベンチャー企業への出資，科学研究，プロジェクトへの貸付など幅広い分野への出資に活用されている。　③　情報の分析能力(literacy)である。
④　2012年，消費者教育推進法が制定された。この法は，消費者教育の理念として消費者市民社会の形成を明確に位置づけたもので，具体的には主体的な消費者として社会参加を促し，悪質な事業者を市場から駆逐したり，環境配慮型の商品やフェアトレード商品の選択をしたりするなど，消費者の社会的影響力によって持続可能な社会の実現を目指そうとするものである。　⑤　CSRとは，Corporate Social Responsibility(企業の社会的責任)の意である。従業員，消費者，投資者，環境などへの配慮から社会貢献まで，幅広い内容を考慮しながら適切な意思決定を下すことである。　⑥　過剰な暖房を抑制し，室温20℃(目安)でも快適に過ごせるスタイルである。　(11)　①　一見してその表現内容を理解でき，日本語の分からない人にも情報を伝えられるなど年齢，国の違いを超えた情報手段として有効である。国内では125項目が策定されており，そのうち104項目がJIS化されている。
②　鉄道の駅において，プラットフォームからの転倒や列車との接触事故を防ぐために，線路に面する部分に設置される可動式開口部のあ

る仕切りのことである。ユニバーサルデザイン(可能な限り全ての人々に利用しやすい製品と環境のデザイン)の7つの原則とは,「1. 公平性 2. 自由度 3. 単純性 4. 分かりやすさ 5. 安全性 6. 体への負担の少なさ 7. スペースの確保」である。 ③ 大会スタッフ,都市ボランティアなどとも言われ,公式ユニフォームがデザインされている。

【2】(1) ハザードマップ (2) ① 気密 ② 結露 ③ 機械(人工) ④ 対角 (3) 二地域居住 (4) 窒息,溺死
(5) ・太陽光パネルの設置 ・ビオトープや屋上緑化 ・コンポストで生ごみを再利用 から1つ

〈解説〉(1) 防災や危機管理対策の一環として作成することが喫緊の課題となっている。作成するためには,その土地の成り立ちや災害の素因となる地形・地盤の特徴,過去の災害履歴,避難場所・避難経路などの情報が必要となる。国土地理院が作成し一般公開している。
(2) 結露とは,空気中に含まれている水蒸気が,ガラスなどの冷たい材質の表面に水滴として生じる現象のことである。窓などの開口部,壁面,押し入れ,浴室などの表面に発生し,放っておくとカビが生え,家財を汚損させるだけでなく,ダニ等の発生源ともなる。日本では昔から高温多湿の気候に合わせて風通しのよい住まいが作られてきたが,現代は高気密・高断熱の住まいが多く,人工的な換気が必要である。住まいの中の風の通り道に目を向けると,開口部が対面して配置されていると風通しはよくなり,風の入口を低所に,出口を高所にすると換気効果が高まる。また,日頃の風向きに対応した開口部を設置すると自然換気が可能である。 (3) 単なるレジャーで田舎に行くのとは違い,一定期間を農山漁村で暮らすことを言い,2つ目の生活の拠点として地方で暮らすことを二地域居住と呼ぶ。交通網やインターネット環境の整備が進んだ現在の新しい生活スタイルとして注目されている。 (4) 家庭内事故は幼児と高齢者で似たような傾向がある。最も多いのが窒息であり,次いで風呂場での溺死,次いで転倒・転落

である。　(5)　環境共生住宅とは，日本の住宅政策の一つであり，近年の地球環境，都市住環境，資源・エネルギー事情，住宅事情の悪化を背景に，1990年に当時の建設省が提起したものである。

【3】(1)　両立支援　(2)　A　認定こども園　B　3　C　文部科学省　(3)　2歳　(4)　パタニティハラスメント　(5)　くるみん

〈解説〉(1)　育児や介護といったライフイベントによって離職することを防ぐなど，職場環境の整備の取組のことであり，具体的には制度の整備・拡充，見直し，残業削減，休暇取得促進などを行う。　(2)　認定こども園は教育･保育を一体的に行う施設で，幼稚園(学校教育法に基づく学校教育機関)と保育所(児童福祉法に基づく児童福祉施設)の両方の長所を併せ持つ。就学前の子どもに幼児教育・保育を提供する機能と，地域における子育て支援を行う機能があり，幼保連携型，幼稚園型，保育所型，地方裁量型の4つがある。　(3)　最長2年まで延長できる条件として保育所に入れない，子どもを育てる予定だった配偶者が育児することが困難になったなどがある。　(4)　上司が社員の希望を妨げるパワーハラスメントの一種であり，paternity(父性)とハラスメントを組み合わせた和製英語である。　(5)「くるみん」には赤ちゃんを優しく包むおくるみと職場ぐるみ，会社ぐるみの意味がこめられており，子育てサポートの認定を受けた優良企業であることを社内外に示すことができる。

【4】(1)　①　衣服　②　服装　(2)　・かゆみや炎症を生じる皮膚障害　・過度の衣服圧から生じる疲労感や血行障害　から1つ
(3)　①　身八つ　②　おはしょり　③　襟　④　腰紐
(4)　①　不織布　②　綿　③　保湿(吸湿)　④　プリーツ(ひだ)

〈解説〉(1)　①～③　被服には，被り物や履物など，必要な付属品や装飾品も含まれる。　(2)　主な原因は物理的刺激(硬さ・衣服圧など)と化学的刺激である。靴の圧迫による足の疾患として一般的に知られているのが，外反母趾やたこである。科学的刺激は，繊維に加工目的で付着させた化学物質が繊維表面から脱落して皮膚の細胞内に侵入することにより起こる。アレルギー体質の人はなりやすく，一度かぶれると同じ物質に何度もかぶれることもある。　(3)　男性浴衣の特徴として身八つ口(脇部分の開口部)がない。おはしょりとは，帯の下に着物と帯を平行に畳んだように着付ける部分で，女性の場合は，おはしょりで着丈を調整する着方をする。一方，男性の浴衣は出来上がりサイズの着丈で作るため，おはしょりはない。襟を抜くとは，襟を後ろにずらした着こなしである。うなじ，襟足をみせることでゆったり楽に着ている様を見せ，粋を醸し出すおしゃれである。女性の着物の着方の特徴であり，男性は首に沿わせる。男性の帯はウエストではなく腰骨の下あたりで締める。上はゆったり，下はきりっとみせるように着る。お腹を支える，貫録を出すなどの意味がある。　(4)　不織布とは繊維を織らずに絡み合わせたシート状の布である。ガーゼには一般的に綿が用いられる。通気性，保温性，吸湿性に優れている。プリーツとは折り目，ひだの意がある。

【5】(1)　大さじ2　(2)　煮立ててから魚を入れることで表面のタンパク質が固まり，煮崩れやうまみの流出が防げるから。　(3)　落とし蓋をすることで，煮汁が全体に行き渡り，味が付きやすくなるから。(4)　・エイコサ(イコサ)ペンタエン酸　・ドコサヘキサエン酸　のうち1つ　(5)　さばのへしこ　(6)　アニサキス　(7)　中食　(8)　・栄養面の偏りがある。　・味の画一化が見られ，食文化の継承に問題がある。　・添加物の摂取量が問題となる。　・好きな時間に選んで食べられるので個食，孤食が見られる。　・家庭での調理経験が減る。　から2つ

〈解説〉(1)　みそは大さじ1で18gなので，36÷18＝2となる。基本的な調味料の大さじ(あるいは小さじ)1の重量は覚えておくとよい。　(2)　たんぱく質は熱変性で凝固する性質がある。　(3)　煮しめ・煮つけなど煮汁の量が少ない場合は，材料が煮汁に浸らない部分は味つけにむらが

生じるので落とし蓋を用いる。沸き立った熱い汁が落とし蓋にぶつかり，食品の表面を伝わって下に流れる。　(4)　ドコサヘキサエン酸(DHA)やエイコサペンタエン酸(EPA)は血液をさらさらにし，コレステロール値を下げ，善玉コレステロールを増やす。その他がん予防や学習能力の向上も言われている。　(5)　魚を塩と糠で漬け込んで作る。若狭から京の都へ鯖を運ぶ際に考えられた加工法で保存食である。木樽に鯖を漬け込む(押し込む)ことを「へし込む」といったことが始まりとされる。　(6)　アニサキスは幼虫だと長さ2～3cm，幅は0.5～1mm位の白い糸のように見える。生または生に近い状態で魚を食べ，アニサキスの幼虫が体内に入り込むと，幼虫は胃壁や腸壁に侵入してひどい腹痛を引き起こす。70度以上でしっかり加熱するか，マイナス20度で24時間以上冷凍すれば死滅する。　(7)　持ち帰って調理せずにすぐ食べられる日持ちのしない食品(総菜やコンビニエンスストア等で販売されている弁当等)を家で食べることは，核家族化，家庭での料理の簡便化，経費の軽減，またコロナウイルス感染拡大防止の観点からも近年増加している。　(8)　食の大切さに対する意識が希薄になり，健全な食生活が失われる。調理技術の低下を招くだけでなく，農産物や農業に対する関心の薄れにもつながる。

【６】(1)　①　安全管理　　②　校外　　③　事故発生時　　④　食物アレルギー　　⑤　総合的　　⑥　改善　　⑦　地域社会　　(2)　ウ

〈解説〉(1)　平成29年・平成30年に改訂された新学習指導要領の基本理念は「社会に開かれた教育課程」であり，生活の実践につなげる学習や異なる世代の人々との関わりなど，小・中・高等学校を通して実践的・体験的な活動の充実を図っている。さらに，生活や社会の中から問題を見出して課題を設定し解決する学習活動や，家庭や地域社会，企業などとの連携も重要視されている。このような学習形態における家庭科教師の安全管理は大変重要なものであり，対策というより，予防の観点をもって実践や実習にあたる必要がある。実習室などの整備と管理については，安全管理だけの問題ではなく，学習環境の整った実習室そのものが，生徒の内発的な学習意欲を高める効果があるという指摘も解説においてなされている。 (2) 「生活の課題と実践」は，各内容に位置付いてはいるが，「生徒の興味・関心や学校，地域の実態に応じて，3項目のうち1以上を選択し，他の内容と関連を図りながら，全ての生徒が履修する内容を学習した後や学習する途中で『生活の課題と実践』を組み合わせて履修させる」とされている。

2020年度　実施問題

【中高共通】

【1】平成30年3月に告示された新しい高等学校学習指導要領について答えなさい。

(1) 学習指導要領解説(平成30年3月告示)抜粋の家庭科の目標について，①～⑧の空欄にあてはまる語句を答えなさい。

【共通家庭の目標(抜粋)】

生活の営みに係る見方・考え方を働かせ，実践的・体験的な学習活動を通して，様々な人々と(　①　)し，よりよい社会の(　②　)に向けて，(　③　)が協力して主体的に家庭や地域の生活を(　④　)する資質・能力を次のとおり育成することを目指す。

【専門家庭の目標(抜粋)】

家庭の生活に関わる(　⑤　)の見方・考え方を働かせ，実践的・体験的な学習活動を行うことなどを通して，生活の質の(　⑥　)と社会の(　⑦　)を担う(　⑧　)として必要な資質・能力を次のとおり育成することを目指す。

(2) 高等学校の学習に含まれる学校家庭クラブ活動は別名何といわれるか。略称を答えなさい。

(3) 新しい学習指導要領の共通家庭において，現行の学習指導要領から削除された必修科目名を答えなさい。

(☆☆☆◎◎◎)

【2】住生活について述べた次の文を読み，問題に答えなさい。

住まいは生活の器であるといわれ，私たちの生活の拠点である。

人々は長い年月をかけ，$_{A}$気候・風土に合わせ，よりよく生活するための$_{B}$知恵を絞り，$_{C}$時代や社会，$_{D}$文化に応じて多様な住生活を営んできた。現代もライフプランや$_{E}$ライフステージに応じて，住まいは変化し，また新たな住文化を育んでいる。

家庭科で住生活を学ぶには，時代背景，$_{F}$家族や人々の暮らしの変化，$_{G}$環境への配慮，これからの$_{H}$まちづくりなど，広い視点から総合的に捉える必要がある。

(1) $_{A}$気候・風土に合わせについて，次の①～⑤の住居の説明文に関する国や地域をア～キから選び，記号で答えなさい。

① 解体・持ち運び・組み立てが容易である。

② 1階に船着き場や漁の作業場がある。

③ 日干しレンガの住居で，厚い土の壁と閉鎖的な構造で，暑さと砂ぼこりを防ぐ。

④ 家の北西に，防風林として黒松を植え，定期的に剪定をする。

⑤ 瓦屋根を漆喰（しっくい）で固め，開口部が多く風通しがよい開放的な造りになっている。

ア モロッコ　イ 沖縄県　ウ 京都府　エ モンゴル

オ 島根県　カ 岩手県　キ カナダ

(2) $_{B}$知恵について，日本の伝統的な住まいの建具を1つ選び，夏と冬における住まいの知恵について，説明しなさい。

(3) $_{C}$時代について，次のア～オが発生した時代の古い方から新しい順に並べ，記号で答えなさい。

ア 食寝分離型　イ 書院造　ウ 中廊下型　エ 寝殿造

オ 町屋

(4) $_{D}$文化について，日本の起居様式について，説明した次の文の空欄に，適する語句を答えなさい。

日本は古くから，一番寸法が大きい(　①　)間から団地サイズまである畳や，床に直接座って暮らす床座を基本としてきた。部屋の(　②　)を決めず，大型(　③　)が少ないため経済的である。活動しにくく作業能率は悪いが，くつろぎ，落ち着いた雰囲気が得られる。また畳を使用すると(　④　)性がよく，音が響きにくい。

しかし，洋風建築の広まりによって大型(　③　)を置いて生活する椅子座が取り入れられるようになった。休息姿勢から立つ姿勢への動作の移行が楽にできるため，特に身体の不自由な人や(　⑤　)にとっては，からだの負担が軽くなる。しかし，暖房が十分でないと，特に(　⑥　)から冷える場合がある。

現在では，家の中で両方の様式を使い分ける暮らしが主流であるが，(　⑦　)を重視した閉鎖的な間取りが多くなった。また，作業や移動のときの(　⑧　)や動作寸法によって，台所など(　⑨　)空間や便所・浴室など(　⑩　)空間は，椅子座にするなど住空間に応じた起居様式が求められる。

(5)　E<u>ライフステージ</u>について，「子育て期」「高齢期」において，次の問題に答えなさい。

ア　幼児の家庭内事故に階段やベランダからの転倒・転落がある。幼児の身体的特徴から転倒しやすい理由を説明しなさい。

イ　幼児の家庭内事故を防ぐためには，大人が目を離さないことも大事である。乳幼児にとっても，身近な大人に見守られているということは，社会的欲求を満たすことになる。身近な大人との関係が影響しやすい社会的欲求を2つ答えなさい。

ウ　高齢期における住まいの改築として，床面積を減らす方法を何というか，答えなさい。

エ　日本では男性の育児休業取得率が低いことから，男性の子育て参加や育児休業の取得促進等を目的に平成22年度から厚生労働省が立ち上げたプロジェクト名を答えなさい。

オ　子どもや高齢者も含めて，障害のある人もない人も，すべての人が普通に生活できるようにするという考え方を何というか答えなさい。

カ　高齢者は住居内での転倒によって骨折し，寝たきりとなる場合もある。骨や関節の病気，筋力の低下等が原因で転倒，骨折しやすくなることを略して「ロコモ」というが，正式名称を答えなさい。

キ　高齢者の身体状況によっては，手すりの取り付けや段差の解消などバリアフリー改修に対して給付が得られる。それは何という制度によって給付されるのか，制度名を答えなさい。

ク　高齢期を高校生に学習させる上で，あなたは，どういう単元で，どのような授業展開を考えるか。具体的に単元をひとつあげ，導入の配当1時間目における評価規準について述べなさい。ただし，単元名は「高齢者の○○について」とし，評価規準は現行学習指導要領の観点からひとつ選び，それに合わせた文末表現で答えなさい。

(6)　F家族について，現代の家族について説明した次の文の空欄に，適する語句を答えなさい。

> 現代では，法律上の手続はしていないが夫婦として生活する(　①　)婚や，性的マイノリティー(略して(　②　))であることを公表した上で結婚式を挙げる同性婚，ひとり親家族，子どものいる再婚による(　③　)ファミリー，共働きで子どもを意識的につくらない，持たない(　④　)や共働きで子育てをしている(　⑤　)など，様々な家族の形態がある。
>
> 現代の家族の抱える課題のひとつに(　⑥　)の増加がある。日本の子どもの(　⑥　)率は，厚生労働省「国民生活基礎調査」(2013年)によると16.3％である。そして法律上は直系血族および(　⑦　)は互いに(　⑧　)し合う義務があり，(　⑨　)親等以内の親族においても(　⑧　)義務が生じる場合もある。
>
> しかし，家族の形態や機能は変化し，「住居と(　⑩　)を共

にする集団」である世帯の規模は縮小しつつある。これからは，家族内でも個人の行動が増え，さらに(　⑪　)婚により生涯をシングルで過ごす人も増加し，家族の形やライフスタイルは多様化していくことが予想される。1994年の国際(　⑫　)の原則においても家族の形態や機能は多様であり，そのことは個人の好みや社会の状態が多様であることの表れであると述べられている。

住まいにおいても，家族以外の人と一緒に暮らす住まいかたが見られる。(　⑬　)は，近年若者を中心に増えつつあり，1軒の住居で個人空間と共有空間を持つ住まいかたの例である。

また，家庭の機能が果たされず，家族との生活が負担になったり，危険を感じたりする人もいる。18歳未満の子どもに関しては児童相談所が対応し，2012年には増加する児童虐待を背景に「(　⑭　)停止制度」も創設された。また，年齢に関係なく地域住民の保健・福祉・医療の向上，虐待防止などを行う地域包括支援センターが相談にのったり，配偶者からのDVから保護したりする地域の(　⑮　)などがある。このように今後も，地域の住民と支援機関の連携などが必要である。

(7) G環境へ配慮について，環境面から住宅の寿命を延ばすことも，住居における持続可能性につながる。一定基準を満たせば税制面での優遇なども受けられ，手入れをして長期にわたり使用することで，豊かで，より環境に優しい暮らしへの転換を図ることを目的とした住宅を何というか，答えなさい。

(8) Hまちづくりについて，まちづくりには，住宅政策も深く関与し，住宅政策は時代に応じて変化する。戦後の深刻な住宅問題を解決するために供給政策がとられたが，それによって整備された3つの住宅は何か，答えなさい。

(☆☆☆◎◎◎)

【3】食生活について次の問題に答えなさい。

(1) 次のア～エの文と最も関係の深い栄養素を答えなさい。

ア 炭水化物のうち，1gにつき4kcalのエネルギーを発生する。また，代謝にはビタミンB_1が必要である。

イ 炭水化物のうち，体内で消化されないが，便通を整えたり，血中コレステロールを低下させたりするはたらきがある。

ウ 他の栄養素に比べて，少量で高いエネルギーを発生する。また，体温を保持するはたらきもある。

エ すべての細胞や組織をつくり，酵素やホルモンなどの材料となる。

(2) 次の説明文の空欄①～⑤に適する語句や数字，文字をそれぞれ答えなさい。

・緑黄色野菜とは，可食部100g中カロテンを(①)以上含み，カロテンは体内でビタミン(②)のはたらきをする成分である。

・いも類はでんぷんを多量に含む他，熱に比較的安定なビタミン(③)や無機質も含んでいる。

・もち米のでんぷんは，鎖(くさり)状につながった(④)が枝分かれして結合した(⑤)の含有量が多い。

(3) 次のア～オの文章のうち，正しいものを1つ選び，記号で答えなさい。

ア 煎茶を入れる温度は100℃がよい。

イ 西洋料理は，前菜，スープ，魚料理，肉料理，デザート等の順に提供され，内側においてあるカトラリーから順に使う。

ウ パンはスープが終わるころから一口ずつ手でちぎって食べる。

エ 中国料理では，湯菜(汁物)は大菜(主要料理)の最初に出される。

オ 日本料理の場合，食器はすべて持ち上げて食べる。

(4) 次の文の空欄①～④に適する語句や数字，文字をそれぞれ答えなさい。

弁当を作る際の主菜，副菜，ごはんのバランスは，弁当箱の(①)分の1～(②)分の1の量にごはん，残りのスペースに主菜と副菜をつめる。主菜と副菜の量は1：(　③　)がめやすである。いろどりは，(　④　)の6色がそろうと，いろどりがよく，栄養バランスも自然にとれる。

(☆☆☆◎◎◎)

【4】衣生活について次の問題に答えなさい。

(1)　次の文の空欄①～④に適する語句をそれぞれ答えなさい。

　家庭洗濯では，水を使って汚れを落とす(　①　)洗濯がおこなわれている。洗剤だけでは落としきれない黄ばみや黒ずみを取り除くために，(　②　)をおこなう。(　②　)剤には酸化型と(　③　)型がある。(　③　)型は(　④　)を主成分としており，すべての白物衣料に使える。

(2)　次のア～ウの衣服の表示は何というか答えなさい。

ア　使用繊維，混用率，裏地等が書かれている。

イ　コート類等についているもので，はっ水性表示などがある。

ウ　着用して摩擦された場合，毛玉が発生しやすい性質があるなど欠点について書かれている。

(3)　次のア，イの説明に合う取り扱い表示(JIS L0001)をかきなさい。

ア　平干し乾燥がよい　　イ　アイロンの仕上げ温度200度まで

(4)　次の文の空欄①～④に適する語句をそれぞれ答えなさい。

　デザインと確かな品質そして，良心を大切にしたファッションを(　①　)という。例えば，環境に負担をかけない(　②　)コットンやリサイクル素材を発展途上国から購入し，天然染料を使用して染色し，地域の伝統技術や製法を継承する。そして商品の流通はフェアトレードにするというようなことがあげられる。

　循環型社会実現のために，着なくなった衣服を別のものに作り替えたりする(　③　)，穴のあいた箇所を補修する(　④　)等は身近な例である。

(☆☆☆◎◎◎)

【5】消費生活と環境について次の問題に答えなさい。

(1) 次の文の空欄①～⑥に適する語句をそれぞれ答えなさい。

消費生活の多様化で商品の販売方法には，店に直接出かけて商品を購入する(　①　)販売と無(　①　)販売がある。無(　①　)販売には(　②　)販売，訪問販売，自動販売機などがある。訪問販売では，不用意に商品を購入してしまう場合があり，特定の商品・サービスに対して契約を解除できる(　③　)制度がある。商品購入のトラブルでは，(　④　)や高齢者がターゲットになる悪質商法がある。西暦(　⑤　)年4月1日から成年年齢が18歳に引き下げられることにより消費者トラブルが懸念される。福井県においても平成31年3月に第2次福井県(　⑥　)推進計画が策定された。

(2) 次のア～オの問題に答えなさい。

ア　1970年に，消費者の相談を受け，商品テストや啓発を行うために国によって設立された機関名は何か。

イ　2004年に，消費者の自立が求められ，消費者保護基本法から全面改定された法律名は何か。

ウ　消費者行政を一元化する消費者庁が設立された西暦年はいつか。

エ　2006年に，「司法制度改革」のひとつとして，政府の全額出資によって誕生した公的機関は何か。

オ　消費者問題を相談する消費者ホットラインの電話番号は何番か。

(3) 家庭において，CO_2削減や節約につなげる行動として，電気やガスなどのエネルギー使用量を記録し，エネルギー消費をCO_2の重さに換算して計算したものを何というか答えなさい。

(4) 取得した企業は環境に配慮していると評価される環境管理システムなどに関する，国際規格を何というか答えなさい。

(☆☆☆◎◎◎)

解答・解説

【中高共通】

【1】(1)　①　協働　②　構築　③　男女　④　創造　⑤　産業　⑥　向上　⑦　発展　⑧　職業人　(2)　FHJ　(3)　生活デザイン

〈解説〉(1)　①～④　高等学校の目標の当該箇所については，小学校が「生活をよりよくしようと工夫する資質・能力」，中学校が「よりよい生活の実現に向けて，生活を工夫し創造する資質・能力」で，高等学校では，それらをより深め「よりよい社会の構築に向けて，男女が協力して主体的に家庭や地域の生活を創造する資質・能力」としている。この文言は，生涯を見通して主体的に生きる力を育成し，家庭や地域の生活を創造する資質・能力を意味している。　⑤～⑧　専門教科「家庭」の目標では，科学技術の進展，グローバル化，産業構造の変化等に伴い，必要とされる専門的な知識・技術も変化・高度化しているという背景を踏まえ，衣食住，保育，家庭看護や介護などの生活産業のスペシャリストを育成するために，職業人としての課題解決能力を育成する視点が明確にされている。　(2)　Future Homemakers of Japanの略である。学校家庭クラブ活動は，ホームルーム単位，あるいは家庭科の講座単位，さらに学校としてまとまって学校や地域の生活の中から課題を見いだし，課題解決を目指してグループで主体的に計画を立てて実践する問題解決的な学習活動のこと。アメリカで発展し戦後日本の家庭科にも導入された。日本では家庭科誕生以来，高校の家庭科に一貫して位置づけられている。　(3)　今回の改訂では，科目構成と内容について，現行の「家庭基礎」(2単位)「家庭総合」(4単位)，「生活デザイン」(4単位)の3科目が，内容を再構成し「家庭基礎」「家庭総合」の2科目となっている。「家庭総合」の内容は，従来の「家庭総合」や「生活デザイン」の内容を継承し，科学的な理解と技能を体験的･総合的に身に付け，生活文化の継承･創造，高齢者の介護，消費生活に関する実習や演習を行うことを重視している。

【2】(1) ① エ　② ウ　③ ア　④ オ　⑤ イ
(2) 建具名…ふすま　説明…夏にはふすまをはずし簾戸に入れ替え，冬には再びふすまに入れ替える　(3) エ→イ→オ→ウ→ア
(4) ① 京　② 用途　③ 家具　④ 防音　⑤ 高齢者　⑥ (足)下　⑦ プライバシー　⑧ 動線　⑨ 家事労働(作業)　⑩ 生理衛生　(5) ア 幼児は頭が大きく，重心が上にあるため，転倒しやすい　イ 愛情，承認　ウ 減築　エ イクメンプロジェクト　オ ノーマライゼーション　カ ロコモティブシンドローム　キ 介護保険制度　ク 単元名…高齢者の生きがいについて　評価規準の観点(4つのうち1つ)…思考・判断・表現，知識・理解，技能，関心・意欲・態度　評価規準(観点と対応していること)…図表から高齢者の社会における役割を読み取り，高齢者が自分の存在意義を実感できる社会について考えようとしている
(6) ① 事実　② LGBT　③ ステップ　④ ディンクス(DINKS)　⑤ デュークス(DEWKS)　⑥ 貧困　⑦ 兄弟姉妹　⑧ 扶養　⑨ 3　⑩ 家計(生計)　⑪ 非　⑫ 家族年　⑬ シェアハウス　⑭ 親権　⑮ シェルター　(7) 長期優良住宅　(8) 公団住宅，公庫住宅，公営住宅

〈解説〉(1) ① モンゴルの遊牧民は，家畜が食べる草を求めて，1年に数回暮らしやすい場所に移動する。移動式住まいが「ゲル」である。② 京都府の伊根地方では，漁業を仕事にしている人々の特徴的な住まい「舟屋」が見られる。若狭湾に面した静かな入り江に舟屋の町並みはあり，2階部分は住居になっている。　③ モロッコの都市ワルザザート近郊にあり，アトラス山脈の麓にある「アイット＝ベン＝ハドゥの集落」などで見られる。サハラ砂漠の入り口にもなっているこの地域にとって，日干しレンガの住居は，昼夜の激しい気温差をやわらげ，屋内の温度を一定に保つ効果があるが，地震には弱い。映画「アラビアのロレンス」や「グラディエーター」の舞台にもなった。

④　島根県の出雲平野では，冬の季節風が強く，防風林や屋敷林として黒松を歴史的に植えていた。現在は松くい虫の被害が深刻で，松江市では，丸太防風柵工などを施している。　⑤　瓦屋根を漆喰で固めるのは，台風で瓦が飛ばないようにするため，開口部が多く風通しがよい開放的な造りは，高温多湿な沖縄の長い夏を少しでも快適に過ごせるようにしたもの。その他の特徴のある伝統的な住居としては，岩手県では「曲り屋」，カナダでは，イヌイットの雪(氷)の家「イグルー」が有名である。　(2)　その他，障子についても，夏は直射日光を遮り，やわらかい光環境をつくることができ，冬は開口部の断熱性を多少高める。視線を制御しながら音，気配を伝えることができる。雪見障子は，部屋にいながら外に積もる雪を眺めることができる。　(3)　寝殿造は「平安時代」，書院造は「室町時代」，町屋住宅は「江戸時代」，中廊下型住宅は「明治～大正時代～昭和」，食寝分離型住宅は昭和の戦後である。　(4)　①　畳のサイズには，京間(95.5×191)，中京間(91×182)，江戸間(88×176)，団地サイズ(85×170)などがある(サイズはcm)。　④　畳の利点は防音性の他，湿度の調整力(吸放湿性)，断熱性，保温性がある。　⑨・⑩　家事空間･生理衛生空間･家族空間･個人空間に分けることができる。間取りを目的によっていくつかに分けることを「ゾーニング」という。　(5)　イ　乳幼児の社会的欲求には「愛情･所属･承認･成就･独立」の欲求がある。本問の場合，成就の欲求，独立の欲求は無関係である。　ウ　住まいを小さく建て替えることを「減築」という。平屋にする，2階または1階の一部を除去する，2階の床の一部を除去して吹き抜けにするなどである。減築によって「生活動線が短くなることで毎日の暮らしが楽になる」「平屋にした場合はバリアフリー化が容易になる」「固定資産税や都市計画税が安くなる」などのメリットがある。　エ　2020年度に男性の育児休業取得率を13%，育児・家事関連時間(6歳未満の子どものいる家庭)を1日2.5時間にするなど具体的な数値目標が設定されている。2018年度の男性育児休業率は6.16%であった。　キ　介護保険の使い道は要支援1～要介護5の認定程度によって異なる。介護サービスや医療サービス，リ

ハビリ，食事入浴の介護，福祉用具の貸与と購入費の支給，住宅改修(自宅の段差を解消，手すりの取り付けなど)の工事費の支給など広範囲に及んでいる。　ク　内閣府の「平成29年度　高齢者の日常生活に関する意識調査結果(概要版)」や「令和元年版高齢社会白書(全体版)」などを参考に考えさせるとよい。　(6)　⑥　2015年には，子どもの貧困率は13.9％となった。　⑦～⑨　民法第877条に規定されている。⑫　家族に関する諸問題について人々の関心を高めるため，国連総会で，1994年が「国際家族年」とされた。　⑮　配偶者からのDVの相談及び一時保護を行う機関には，婦人相談所･女性センター･福祉事務所などがあるが，その所在地がはっきりしているのに対し，民間シェルターは，被害者の安全確保のため，所在地は非公開である。被害者に対する様々な援助を行なっている。　(7)　日本の住まいの平均寿命は約30年と言われ，アメリカ，イギリスなどと比べて非常に短く，スクラップ･アンド･ビルドを繰り返していた。現在はストック活用型の社会への転換を目的として，2009年「長期優良住宅の普及の促進に関する法律」が施行された。　(8)　戦後の住宅政策は住宅不足の解消である。公団住宅は日本住宅公団法，公庫住宅は住宅金融公庫法，公営住宅は公営住宅法の法律に基づいて作られた住宅である。現在は，少子高齢化の進行，世帯数の減少など社会の変化に対応した住宅政策が行われている。

【3】(1)　ア　糖質　　イ　食物繊維　　ウ　脂質　　エ　たんぱく質　(2)　①　600μg　　②　A　　③　C　　④　ぶどう糖　　⑤　アミロペクチン　　(3)　ウ　　(4)　①　2　　②　3　※①②は順不同　③　2　　④　赤，緑，白，黄，黒，茶

〈解説〉(1)　ア・イ　炭水化物は，糖質と食物繊維とに分かれる。更に，食物繊維は不溶性食物繊維と水溶性食物繊維に分かれる。便通を整える働きがあるのは不溶性食物繊維で，水分を吸収して膨れ，腸壁を刺激して便の排泄を促す。血中コレステロールを低下させる働きがあるのは，水溶性食物繊維である。　ウ　脂質は体内で1gあたり9kcalにな

る。　エ　酵素やホルモンの原料となるのはたんぱく質である。
(2)　①・②　600μg以下のものでもトマト・ピーマン・アスパラガス・さやいんげん・さやえんどうなどは緑黄色野菜として扱う。体内でビタミンAとして働く成分としては動物性の食品(豚・鶏・牛のレバー，うなぎ，穴子，卵)のレチノールがある。　④・⑤　うるち米はアミロペクチンとアミロースの割合が8：2で含まれており，もち米はアミロペクチン100％である。　(3)　ア　番茶やほうじ茶，玄米茶は100℃のお湯で入れる。煎茶の場合，渋みを抑えて旨み成分を引き出すため70～80℃で，旨み成分を特に引き出したい玉露は50℃程度の低温で入れる。お湯の温度によって浸出するお茶の香味成分が異なり，渋み成分のカテキンは80℃以上の高温で，旨み成分のアミノ酸は50℃以上の低温で溶け出しやすい。　イ　カトラリーとは食卓用のナイフ・フォークなどの金物類のことで，外側から順に使う。　エ　中国料理も，西洋料理と同じように「前菜」から始まる。次に「湯菜(汁物)」→大菜→デザートの順である。　オ「焼き物」や「香のもの」などは持ち上げない。　(4)　公益社団法人　全国学校栄養士協議会「手作りmy弁当を作ってみよう」によると，中学生が必要なエネルギーや量をとるために，弁当箱の大きさは，内容量700～800mL程度が理想で，「ごはん：副菜：主菜＝3：2：1」の割合に仕上げること，絵を書くように，たくさんの色を使って食欲を増進させ，栄養素のバランスをよくすること，としている。

【4】(1)　①　湿式　　②　漂白　　③　還元　　④　二酸化チオ尿素
(2)　ア　組成表示　　イ　性能表示　　ウ　デメリット表示
(3)　ア　　　　イ

(4)　①　エシカルファッション　　②　オーガニック　　③　リフォーム，リメイク　　④　リペア

解説〉(1)　①「湿式」洗濯に対して，有機溶剤使用の業務用ドライクリ

ーニングは「乾式」洗濯という。 ②・③ 漂白剤の還元型は，色柄ものには使用できない。 ④ 二酸化チオ尿素だが，血液，汗による黄ばみ，赤土の汚れの漂白ができる。しかし，はじめから洋服に施されていた蛍光増白剤も取れてしまうので注意が必要。 (2) ウ 取り扱い絵表示で表すことのできない取り扱い方法に関する情報は，必要に応じて，記号を並べて表示した近くに用語(付記用語)や文で表示することが多い。ただし，事業者の任意表示である。具体例として，「洗濯ネット使用」「裏返しにして洗う」「弱く絞る」「あて布使用」「飾り部分アイロン禁止」などがある。 (3) JIS L 0001は国際標準化機構による新取り扱い絵表示である。「平干し」だけの表示であれば横線(解答参照)，「濡れた状態での平干し」の場合は横線が2本入る。 (4) ① エシカル(Ethical)は，直訳すると「倫理的な」「道徳上の」といった意味。 ② 農薬を使用しないで綿花を栽培し製品化したのがオーガニックコットン。世界の農産物の中で一番農薬を使用しているのが綿花で，綿花栽培を生活の糧にしている人々の健康被害，土壌汚染につながる。綿花栽培を無農薬栽培に切り替えることは地球環境に大きなプラスになる。

【5】(1) ① 店舗 ② 通信 ③ クーリング・オフ ④ 若者 ⑤ 2022 ⑥ 消費者教育 (2) ア 国民生活センター イ 消費者基本法 ウ 2009年 エ 法テラス オ 188 (3) 環境家計簿 (4) ISO(国際標準化機構)14000シリーズ

〈解説〉(1) ⑤ 成年年齢の18歳引き下げは，携帯電話の契約，クレジットカードの作成，ローンを組むなどが自分一人で可能になる。一方，飲酒や喫煙，競馬などの公営競技に関する年齢制限は，健康面への影響や非行防止，青少年保護等の観点から，これまでと変わらず20歳である。 ⑥ 成年年齢の引き下げにより，若年者の消費者教育に力を入れる必要が出てきたこと，今後ますます，キャッシュレス化が進むと同時にインターネットに関する消費者トラブルが増加すること，高齢化の進行と共に高齢者の消費者被害防止対策の必要性が出てきたことなど，また，国連で持続可能な開発目標(SDGs)が採択されるなどの経緯により「第2次福井県消費者教育推進計画」が策定された。期間は2019年度から2023年度の5年間である。　(2)　ア　国民生活センターは独立行政法人である。センターの使命は，消費者問題・暮らしの問題に取り組む中核的な実施機関として，消費者・生活者，事業者，行政を「たしかな情報」でつなぎ，公正・健全な社会と安全・安心な生活を実現することである。　イ　消費者基本法では，消費者の権利として，消費生活における基本的な需要が満たされ，健全な生活環境が確保される中で，安全の確保，選択の機会の確保，必要な情報の提供，教育の機会の確保，意見の反映，被害の救済が位置づけられ，消費者の権利の尊重と消費者の自立の支援を消費者政策の基本とすることが規定されている。　エ　法テラスは，法律トラブルを抱えた人が気軽に利用できる公的なサービス。気軽に無料で法律に関する情報提供を受けられ，役立つ法制度や適切な窓口を紹介してくれる。経済的に余裕のない人も一定の条件を満たせば，無料で法律相談をしたり費用を立て替えてもらうなどのことができる。　(3)　2030年度目標エネルギー起源CO_2排出量の達成に向け，家庭部門の排出量を39.3%減らすことが求められている(2013年度比)。　(4)　工業製品・技術・食品安全・農業・医療などすべての分野を網羅しているISOの標準を使用することは，世界貿易を促進するためにも有益である。

2019年度　実施問題

【中高共通】

【1】小・中学校の新学習指導要領(平成29年告示)解説について，①～⑧の空欄に適する語句をそれぞれ答えなさい。

【小学校家庭編の内容構成の改善(抜粋)部分】

> 今回の改訂では，小・中・高等学校の内容の系統性を明確にし，各内容の接続が見えるように，小・中学校においては，従前のA，B，C，Dの四つの内容を「A家族・家庭生活」，「B(　①　)の生活」，「C(　②　)生活・環境」の三つの内容としている。A，B，Cのそれぞれの内容は，生活の(　③　)に係る見方・考え方に示した主な視点が共通している。
>
> また，これらの三つの内容は，空間軸と時間軸の視点から学校段階別に学習対象を整理している。小学校における空間軸の視点は，主に(　④　)と家庭，時間軸の視点は，現在及びこれまでの生活である。

【中学校技術・家庭編(家庭分野)の内容構成の改善(抜粋)部分】

> 中学校における空間軸の視点は，主に家庭と(　⑤　)，時間軸の視点は，主にこれからの生活を(　⑥　)した現在の生活としている。
>
> さらに，資質・能力を育成する学習過程を踏まえ，各項目は，原則として「知識及び(　⑦　)」の習得と，「思考力，判断力，(　⑧　)等」の育成に係る二つの指導事項ア，イで構成している。

(☆☆☆◎◎◎)

【2】高齢者や乳幼児について次の問いに答えなさい。

(1)　次の文の空欄①～⑧に適する語句をそれぞれ答えなさい。

我が国の高齢社会対策の基本的枠組みは，「(　①　)法」(平成7年施行)に基づいている。わが国における人口構造の高齢化現象は，(　②　)の延び，(　③　)率の低下によって，かつてないスピードで進行し，昭和25年ごろまでは，総務省統計では総人口に占める65歳以上人口の割合を表す(　④　)率は約5%にも満たなかったが，平成28年度現在では27.2%となっている。

このような少子高齢化は社会構造に大きく影響し，今後の国家財政や国の活力をも左右する問題である。身近な例としては，地域の伝統行事の衰退や，住環境では誰も管理しない(　⑤　)の増加により地域の町並みや防災・防犯対策への影響が見られる。

その一方で(　②　)の延びによって，ライフステージ上の高齢期は長くなり，「生涯現役」を目指す活動的な高齢者も多い。従来の高齢者とは異なる「社会を支える側である」という意識の高まりから，65歳まで働けるようになった改正(　⑥　)法や地域の(　⑦　)人材センターなど，社会での活躍の場の創設や社会参加の機会確保がすすめられている。

充実した高齢期を迎えるには，高齢者の三つの不安(経済的，健康，孤独)に対し，若年期からの備えも必要とされる。それも踏まえ，高等学校家庭科での『生活(　⑧　)』の学習においては，各ライフステージでの発達課題や生活課題について考え，生涯を見通す力を育成していくべきであろう。

(2)　高齢者の不安要因に関するア～ウの問いに答えなさい。

ア　老化現象に多く，霧がかかったようにぼやけたり，照度の強い信号を見るとまぶしく見えたりする目の疾患を何というか，漢字で答えなさい。

イ　保険料の支払い期間25年以上が国民年金の受給資格だったが，平成29年8月から変更になった。何年以上保険料を支払えば，受給資格を得るようになったか，数字を答えなさい。

ウ　高齢者施設併設保育所や宅幼老施設では，幼児とのふれあい・交流は，高齢者の孤独感を緩和するメリットがある。そのような交流を何というか，答えなさい。

(3) 幼児とのふれあいでは，おもちゃや遊具，絵本や紙芝居，歌や童話などのメディアが用いられる。そのような媒体を何というか，答えなさい。

(4) 高齢者の家庭内事故のうち，冬季には脱衣所・浴室での事故が増加する。そこで，消費者庁が事故防止のための注意喚起を行っている。具体的にどのような防止策が考えられるか，ひとつ答えなさい。

(5) 乳幼児に関して，ア～エの説明にあう語句をそれぞれ答えなさい。

ア　生後2～3日に排泄される無臭で黒っぽい便

イ　スキンシップを介して，愛情や信頼感などのきずなが形成されること

ウ　新生児に見られる，筋肉がゆるんで笑っているように見えるほほえみ

エ　生後4～5か月ごろから現れる「バーバー」「バブー」といった乳児期特有の言葉

(6) 乳幼児に関して，次のア～カの文章のうち正しいものをすべて選び，記号で答えなさい。

ア　からだや運動機能は，頭部から臀部へ，末端部から中心部へと発達する

イ　子どもの姿勢は，座位→臥位→立位と変化する

ウ　1～4歳までの子どもにおける不慮の事故による死亡原因の1位は窒息である

エ　基本的生活習慣とは，食事，排泄，安全，着脱衣，清潔である

オ　子どもの衣服は，胸部を締めつけず，また上が浅いものを選ぶ

カ　離乳食は，栄養補給に加え，かむ力や味覚を発達させる

(7) 乳幼児の発達に関して，次のア～カができるようになるのはいつ頃か，左から右に，月齢の小さいものから順番に記号を答えなさい。

ア　つかまり立ちをする　　イ　人がいなくなると悲しくなって泣く

ウ　ひもが結べる　　エ　上下・前後の区別がわかる

オ　走る　　カ　あやされると泣きやむ

(☆☆◎◎◎)

【3】住生活について次の問いに答えなさい。

(1) 平面図を読み解くには，平面表示記号や家具・設備の表示記号の意味を理解しなくてはいけない。以下の記号は何を表すか，①～⑧の中から選び，それぞれ記号で答えなさい。

ア　イ　ウ　エ

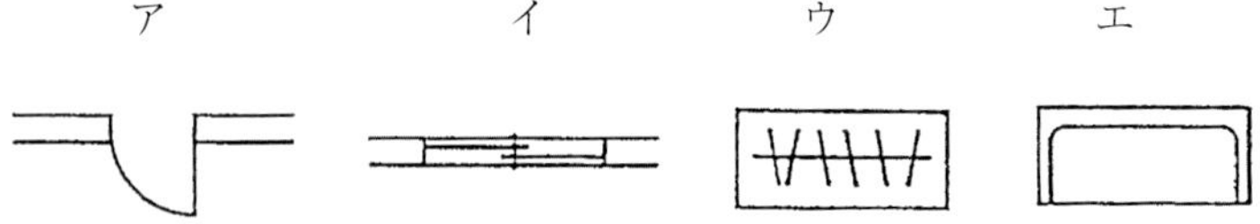

①　片開き窓　②　引き違い窓　③　片開き扉
④　引き違い戸　⑤　ソファ　⑥　浴槽
⑦　洋服ダンス　⑧　整理ダンス

(2) 戦後の住宅難を解消するために建てられた公団住宅によって，食事の場と就寝の場を分ける生活スタイルが普及した。そのきっかけとなった公団住宅の間取りに採用された部屋の名称を何というか，カタカナで答えなさい。

(3) 住宅による健康障害として，高断熱・高気密住宅建材，防虫剤，防かび剤等に含まれる化学物質によって引き起こされる頭痛，吐き気，喘息，アトピー性皮膚炎など身体の変調をきたす症状がある。その症状の日本における名称を答えなさい。

(4) 住人で土地を共有し，自分達で使いやすい建物の形，電気・ガス・水道，空調設備などについて話し合い設計するような集合住宅は何といわれるか，答えなさい。

(5) 高等学校の住生活の単元において，地域のハザードマップを教材とした授業を行う場合，あなたはどのような授業目標にするか，現行学習指導要領による4つの評価の観点から2つ選び，それぞれに合う目標を考え，具体的に答えなさい。

(☆◎◎◎)

【4】家族について次の問いに答えなさい。

(1) 次の文の空欄①～⑤に適する語句をそれぞれ答えなさい。

家庭は一生を通してすべての生活の基盤になり，社会人として生活する根拠となる場である。また，成人してからは自分の意思によってつくる家族に属することが多いが，その際は法律婚では(　①　)といわれるパートナーとの合意・協力がもととなり，夫や妻あるいは父や母といった役割がある。

一生の生活周期は男性と女性とではかなりの違いがあり，男性は結婚による変化は少なく，就職から定年に至る社会的地位の変化と，それに伴う社会生活の変化が主流をなす。女性は結婚をきっかけとして家庭に入るケースがあり，妊娠・出産・育児が終わってから再び社会活動に従事するなど，生活周期の変動が大きい。近年，女性の就業が増大しているが，わが国の場合，年代別にみる女性の労働力率を示す折れ線グラフは(　②　)型を示している。

また，同居して(　③　)をともにする集団や単身者のことを家族とは別に世帯というが，「一定の親族団体を単位として，個人の身分関係の変動を記録する公文書」である(　④　)とは異なり，行政上の単位として広く利用される。近年は，世帯構成員は減少し家族機能の縮小化が進む一方で，独居老人などの増加により(　⑤　)世帯数は増加している。

(2)　2016年社会生活基本調査(生活時間編)では，本県の女性有業率は約何％か。次の①～④から選び，記号で答えなさい。

①　78％　　②　68％　　③　58％　　④　48％

(3)　家族に関連する法律のうち，ア，イの説明にあう法律名を，改正後の名称で答えなさい。

ア　1999年に制定され，基本理念のひとつに，家庭生活における活動と他の活動の両立が挙げられている法律

イ　2001年に制定され，暴力と人権侵害の根絶をはかるために，保護命令制度を導入している法律

(4)　我が国の法律上，ア～キのうち正しいものをすべて選び，記号で答えなさい。

ア　日本の法律では，従兄弟姉妹同士の結婚はできない

イ　女子は，前婚を解消した日から3か月を経過しなければ再婚できない

ウ　両親が離婚すると，親権者は父親か母親のどちらかになる

エ　婚姻後は，未成年であっても成人と見なされる

オ　相続においては，兄弟姉妹にも遺留分は認められる

カ　非嫡出子の相続分は，嫡出子の$\frac{2}{3}$である

キ　挙式を行った日から，婚姻は法律上の効力が生ずる

(5)　次のア～キの説明にあう語句を答えなさい。

ア「夫は仕事，妻は家事・育児」という考え方で，日本女性の社会進出に影響した意識

イ　国・地域，時代の変遷によって変化していく「女らしく」「男らしく」といった社会的な性別区分や意識

ウ　5年に1回行われ，日本の世帯の全体像が把握できる調査

エ　曾祖父母，祖父母，父母，子，孫，曾孫という連なりにある者同士の関係

オ　女性は母性愛を持っており，母親が育児をすることが子どもにとって善・絶対であるという考え方

カ　女性が一生の間に生むと想定される子どもの数で，少子化の指標

キ　夫婦が互いの合意の上で，離婚届を出して成立する離婚

(☆☆◎◎◎)

【5】食生活について次の問いに答えなさい。

(1)　次のア～エの問いに答えなさい。

ア　日本の食料自給率は年々低下し，主要先進国の中で最低の水準である。平成28年度の食料自給率(カロリーベース)は何%か，正しいものを選び記号で答えなさい。

①　28%　　②　38%　　③　48%　　④　58%

イ　食の安全性確保のための基本理念などを明示した，2003年に制定された法律名を答えなさい。

ウ　卵の調理上の性質には，熱凝固性，起泡性，希釈性がある。あと1つは何という性質か，適する語句を答えなさい。また，その性質を利用した調理例を1つ答えなさい。

エ　輸入果物などに使われ，輸送中の食品の保存性を高めるために，収穫した後に農薬を散布することを何というか，カタカナで答えなさい。

(2)　次のア，イの問いにそれぞれ答えなさい。

ア　ムニエル，塩焼き，かば焼きなど魚を焼く時に，最初に強火で焼く理由を答えなさい。

イ　豚肉のしょうが焼きにおける，しょうがのはたらきを2つ答えなさい。

(3)　次のア～オの文章のうち，正しいものをすべて選び，記号で答えなさい。

ア　和食において，煮魚を盛りつけるときは，魚と一緒に煮た葱などは，魚の向こう側に盛りつける

イ　けんちん汁のしょうゆは，材料と一緒にはじめから入れて味つけをする

ウ　ほうれん草などの葉野菜を，色よくゆでるためには，沸騰した湯に入れてゆでるとよい

エ　いわしの手開きをするときは，一番始めに尾を取る

オ　煮干しでだしをとる場合は，煮干しの頭と内臓を取り，水から入れて中火にかけ，沸騰したら2～3分煮て火からおろす

(4)　次のア～ウの野菜の切り方の名称を答えなさい。

ア

イ

ウ

(☆◎◎◎)

【6】衣生活について次の問いに答えなさい。

(1) 次の文の空欄①～⑤に適する語句をそれぞれ答えなさい。

洋服は，体の形に合わせて(　①　)的に構成する衣服であるが，和服は反物を(　②　)的に裁断し，縫い合わせてつくる(　③　)構成の衣服である。(　④　)は，縫い直しができ，世代を超えて着られる無駄のない衣類である。また，現在でも和服の式服(喪服や留袖など)，風呂敷などには，企業のロゴマークのように，それぞれの家に伝えられている(　⑤　)をつける習慣がある。

(2) 既製服についている表示について，①～⑤の空欄に適する語句をそれぞれ答えなさい。

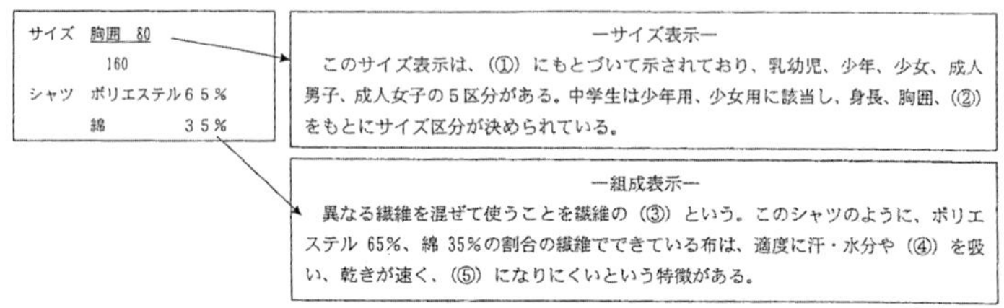
サイズ　胸囲　80
160
シャツ　ポリエステル６５％
綿　　　　　３５％

ーサイズ表示ー
このサイズ表示は、(①) にもとづいて示されており、乳幼児、少年、少女、成人男子、成人女子の５区分がある。中学生は少年用、少女用に該当し、身長、胸囲、(②) をもとにサイズ区分が決められている。

ー組成表示ー
異なる繊維を混ぜて使うことを繊維の (③) という。このシャツのように、ポリエステル 65%、綿 35%の割合の繊維でできている布は、適度に汗・水分や (④) を吸い、乾きが速く、(⑤) になりにくいという特徴がある。

(3) 繊維について，次の問いに答えなさい。

ア　天然繊維のうち，弱アルカリ性洗剤で洗濯しても損傷しにくい繊維は何か，2つ答えなさい。

イ　合成繊維はおもに何を原料としているか，答えなさい。

ウ　セーターなどで使用され，毛に似た風合いを持つ合成繊維は何か，答えなさい。

エ　ゴムのように伸縮性があり，くつ下などに使われる合成繊維は何か，答えなさい。

(☆◎◎◎)

【7】消費生活と環境について次の問いに答えなさい。

(1) ア，イのマークについて名称を答えなさい。また，どのような商品例があるか，ひとつ答えなさい。

ア　　　　　　　　　　イ

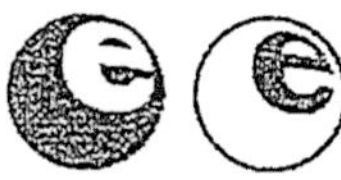

(2)　クーリング・オフ制度について，次のア～エの文のうち，正しいものをすべて選び，記号で答えなさい。

ア　クーリング・オフを利用できるのは，契約書面の受理日から3日以内である

イ　通信販売では，クーリング・オフを利用できない

ウ　クーリング・オフを利用して解約する場合は，電話や文書などによって解約する意思を販売業者に伝える必要がある

エ　訪問販売で買った2,700円の商品は，クーリング・オフを利用して解約できる

(3)　消費者の8つの権利のうち，1962年に当時のアメリカ大統領ケネディが提案した消費者保護特別教書には4つの権利が明示されている。そのうちの2つを答えなさい。

(4)　環境に対する負荷や資源・エネルギーの消費を減らすために，環境に配慮した商品を積極的に選択・購入しようとする消費者を何と呼ぶか，答えなさい。

(5)　循環型社会の基本的な考え方や取り組みの頭文字をとって5Rと表している。次のア，イの行動にあてはまるものを，5Rの中からそれぞれ答えなさい。

ア　レジ袋を断る　　イ　不要なものは人にゆずる

(☆☆◎◎◎)

解答・解説

【中高共通】

【1】① 衣食住　② 消費　③ 営み　④ 自己　⑤ 地域　⑥ 展望　⑦ 技能　⑧ 表現力

〈解説〉従前の小学校学習指導要領(平成20年3月告示)の内容は,「A家庭生活と家族」,「B日常の食事と調理の基礎」,「C快適な衣服と住まい」,「D身近な消費生活と環境」であったが,BとCの内容をまとめ,中学校と統一した3つの内容となった。また,教科の目標が「生活の営みに係る見方・考え方を働かせ,衣食住などに関する実践的・体験的な活動を通して,生活をよりよくしようと工夫する資質・能力を次のとおり育成することを目指す。」となったことからも,空欄③には営みが当てはまることが分かる。空間軸の視点においては,小学校において主に自己と家庭であるのに対して,中学校では主に家庭と地域となり,時間軸の視点では,小学校では現在及びこれまでの生活であるのに対して,中学校ではこれからの生活を展望した現在の生活としており,学校段階に応じて軸に広がりがあることが分かる。教科の目標はしっかり確認しておきたい。

【2】(1) ① 高齢社会対策基本　② 平均寿命　③ 出生　④ 高齢化　⑤ 空き家　⑥ 高年齢者雇用安定　⑦ シルバー　⑧ 設計　(2) ア 白内障　イ 10年以上　ウ 世代間交流　(3) 児童文化財　(4) ・入浴前に脱衣所や浴室を暖める　・湯温は41度以下,湯に漬かる時間は10分までを目安にする　・浴槽から急に立ち上がらないようにする　・アルコールが抜けるまで,また,食後すぐの入浴は控える　・精神安定剤,睡眠薬などの服用後入浴は危険なので注意する　・入浴する前に同居者に一声掛け,同居者は,いつもより入浴時間が長いときには入浴者に声掛けをする　(5) ア 胎便　イ 愛着(アタッチメント)　ウ 生理的微笑

エ　喃語　(6)　カ　(7)　カ→イ→ア→オ→エ→ウ

〈解説〉(1)　①②③④　高齢社会対策基本法は，高齢社会対策の基本となる法律である。日本の平均寿命は，平成29(2017)年現在，男性81.09歳，女性87.26歳であり，合計特殊出生率は1.43である。また，高齢化率は，27.3％である(厚生労働省「平成29年簡易生命表」及び「人口動態統計」より)。　⑤　空き家対策については，「空家等対策の推進に関する特別措置法」が平成27(2015)年に施行されている。　⑥⑦　「高年齢者雇用安定法(高年齢者等の雇用の安定等に関する法律)」は，平成25(2013)年に改正されたが，これは定年の65歳への引上げを義務付けるものではない。シルバー人材センターは，原則として市(区)町村単位に置かれており，基本的に都道府県知事の指定を受けた社団法人で，それぞれが独立した運営をしている。　⑧　高等学校家庭科においては，学習指導要領に「生涯の生活設計」という内容が示されている。　(2)　ア　霧がかかったようにぼやけるという特徴から，白内障であるといえる。　イ　10年以上保険料を支払えば受給資格を得るようになったが，その期間は，国民年金の保険料を納めた期間や免除された期間，サラリーマンの期間，年金制度に加入していなくても資格期間に加えることができる期間を合計したものである。　ウ　孫世代と祖父母世代などの異なる世代間の交流のことをいう。高齢者にメリットがあるだけでなく，核家族化が進み祖父母世代との交流が少なくなった孫世代にとっても文化の継承などのメリットは大きい。

(3)　児童文化財とは，子どもの心身の健全な発達に深い関わりをもつもの，技術，活動などの総称であり，おもちゃなどの有形のものと歌などの無形のものがある。　(4)　家の中の急激な温度差により血圧が大きく変動することで失神や心筋梗塞，脳梗塞などを引き起こし，身体へ悪影響を及ぼすことをヒートショックという。この急激な温度変化をなくすなどの具体的な防止策を考える必要がある。

(5)　ア　胎便は，胎児の大腸にたまる便であり，母親のお腹の中で飲んだ羊水や腸液が便となって出る。生後2～3日で胎便が排泄されると，黄色の便に移行していく。　イ　愛着はイギリスの児童精神医学者ボウルビーが提唱したものである。　ウ　生後2～3か月頃になると，大人があやしたり何かに興味を抱いたりしたときにほほえむ「社会的微笑」に変わる。　エ　喃語は口や唇を使わない声であり，言語の原型といわれる。　(6)　ア　末端部と中心部が逆である。　イ　座位と臥位が逆である。　ウ　窒息ではなく，交通事故である。　エ　安全ではなく，睡眠である。　オ　浅いものではなく，深いものである。
(7)　乳幼児の発達は中心部から末端部に向かって発達する。また，大きい動きから細かい動きができるようになっていく。さらに，情緒の発達は，最初は興奮のみであるが徐々に細分化していく。

【3】(1)　ア　③　イ　②　ウ　⑦　エ　⑤　(2)　ダイニングキッチン　(3)　シックハウス症候群　(4)　コーポラティブ住宅(ハウス)　(5)　・評価の観点…思考・判断・表現　授業目標…地区の避難経路を確認し，それを盛り込んだポスターを作る　・評価の観点…知識・理解　授業目標…ハザードマップを見て，危険箇所を確認する

〈解説〉(1)　平面表示記号や家具・設備の表示記号は上から見た形を表現している。平行に並ぶ2本の線は壁を表しているため，アのように壁に途切れがあり，扉が開く様子を示している場合は，片開き扉となる。イのように壁に途切れがない場合は，窓であることが分かり，窓の内部に引き違う2本の線があるため，引き違い窓であることが分かる。ウは，ハンガーとそれを吊るすポールであることが分かるため，洋服ダンスである。エは，上から見たソファである。　(2)　食事の場と就寝の場を分けることを食寝分離という。これは，食事の場と就寝の場を分けることは秩序ある生活にとって最低限の要求であるという考え方である。ダイニングは食堂，キッチンは台所であり，ダイニングキッチンを作ることで，食事の場を就寝の場と分離させた。
(3)　欧米では，シックビルディングシンドロームと呼ばれている。シックハウス症候群については，人に与える影響の個人差が大きく，同じ部屋にいてもまったく影響を受けない人もいれば，敏感に反応して

しまう人もいるという特徴もある。 (4) コーポラティブ住宅は，設計段階から住人同士で話し合い作り上げていく住宅であるため，住人同士の一体感が生まれるなどのメリットもある。 (5) 4観点のどの評価を取り上げる場合でも，生徒が主体的に学ぶことのできるような授業を考え，それぞれの観点を評価できるような目標を設定する必要がある。

【4】(1) ① 配偶者 ② M字 ③ 生計(家計) ④ 戸籍 ⑤ 単独 (2) ③ (3) ア 男女共同参画社会基本法 イ DV防止法(配偶者からの暴力の防止及び被害者の保護等に関する法律) (4) ウ，エ (5) ア 性別役割分業意識 イ ジェンダー ウ 国勢調査 エ 直系血族 オ 母性神話 カ 合計特殊出生率 キ 協議離婚

〈解説〉(1) 女性の労働力率がM字型を示すことは，M字型就労といわれる。また，世帯は家族とは違い，単独で構成できることも特徴である。核家族化で世帯構成員は減少し，配偶者を失った高齢者などが単独で暮らしていることも，単独世帯数の増加に影響している。

(2) 15歳以上の働く女性の割合を示すが，福井県は58.6%で全国1位である。 (3) ア 男女共同参画社会基本法では，男女の人権の尊重や社会における制度又は慣行についての配慮，家庭生活における活動と他の活動の両立などを基本理念として掲げている。 イ 平成26(2014)年に法改正され，法律名を「配偶者からの暴力の防止及び被害者の保護等に関する法律」とし，これまで事実婚を含む配偶者や元配偶者からの暴力およびその被害者に限定されていた適用対象を，同居する交際相手からの暴力及びその被害者に拡大した。 (4) ア 3親等以内の婚姻は禁止されているが，従兄弟姉妹は4親等であるので，結婚できる。 イ 平成28(2016)年に，民法の一部が改正され，女性の再婚禁止期間が6か月から100日に短縮された。3か月ではない。離婚時に妊娠していなければ，100日以内でも再婚可能とされている。オ 遺留分が保証されている相続人は，配偶者，子供，父母である。

法定相続人の第3順位である兄弟姉妹は，遺留分を保証されていない。　カ　非嫡出子の相続分は，嫡出子と同等である。　キ　法律上の効力が生じるのは，挙式を行った日ではなく，婚姻の届出をした日からである。　(5)　ア　性別役割分業意識については，平成28(2016)年9月の内閣府による調査において，「夫は外で働き，妻は家庭を守るべきである」との考え方を問う質問で，「賛成」が40.6%であり，過去最少の割合となっている。　イ　ジェンダーとは社会的・文化的につくられる性別のことである。　ウ　国勢調査は前回平成27(2015)年に行われたため，次回は5年後の2020年である。　エ　直系とは直接的な親子関係でつながる系統のことである。それに対して，本人とは上下に直接繋がらない，左右のつながりの関係を傍系と呼ぶ。兄弟姉妹や伯叔父母などがそれにあたる。　オ　母性神話とは，母親が育児をするのが自然であり，当然であり，最善であるというような，社会的な思い込みのことである。　カ　平成29(2017)年現在の合計特殊出生率は，1.43である。　キ　協議離婚は費用もかからず，離婚届の提出のみで離婚が成立するものである。他に，調停離婚，審判離婚，裁判離婚がある。

【5】(1)　ア　②　　イ　食品安全基本法　　ウ　語句…乳化性　調理例…マヨネーズ　　エ　ポストハーベスト　　(2)　ア　強火で魚の表面のたんぱく質を固め，うま味や水分等を逃がさないようにするため　　イ　肉をやわらかくする，肉の生臭みをとる　　(3)　ウ，オ　(4)　ア　乱切り　　イ　さいの目切り　　ウ　短冊切り

〈解説〉(1)　ア　食料自給率(カロリーベース)とは，国内で消費される食料のうち，どの程度が国内産で賄われているかを表す指標である。近年は40%弱を横ばいに推移している。　イ　食品安全基本法は，BSE(牛海綿状脳症)の発生や，原産地の偽装表示等の食の安全を脅かす事件が多発したことへの反省から制定された法律である。　ウ　熱凝固性を利用した調理はゆで卵など，起泡性を利用した調理はメレンゲなど，希釈性を利用した調理は茶わん蒸しなどがある。　エ　ポス

トは「～の後の」，ハーベストは「収穫」の意味があり，ポストハーベストの代表的な例はバナナである。 (2) ア たんぱく質は熱変性により，約60℃以上になると凝固する。 イ しょうがにはたんぱく質分解酵素が含まれるため，肉がやわらかくなる。 (3) ア 魚の向こう側ではなく，手前である。 イ はじめからではなく，仕上げに入れる。 エ 尾ではなく頭である。 (4) ア 味が染み込みやすいように材料の表面積を広くするように切る方法である。材料を回しながら切る。 イ さいころのような形になるように切る方法である。ウ 短冊の形に似ているところからこう呼ばれる。火が通りやすい切り方である。

【6】(1) ① 立体 ② 直線 ③ 平面 ④ 和服(着物) ⑤ 家紋 (2) ① JIS ② 胴囲(ウエスト) ③ 混用 ④ 湿気 ⑤ しわ (3) ア 綿と麻 イ 石油 ウ アクリル エ ポリウレタン

〈解説〉(1) 一般的な衣服の構成には，立体構成と平面構成がある。立体構成は曲線的に裁断した布で立体的に作られるため，着る人の体型に合わせて作ることができる。平面構成は直線的に裁断した布を縫い合わせて作られ，寸法がゆったりととられるため，さまざまな体型に対応しやすい。和服は直線的に裁断された布であるため，丈を短くするだけで子ども用に縫い直すことができ，左右の袖の布を入れ替えることで傷んだ袖口を内側に縫い込むこともできる。また，家紋を入れた和服は日本固有の文化であるといえる。 (2) ①② JISは，日本の工業製品に関する規格や測定法などが定められた日本工業規格のことである。 ③④⑤ 異なる繊維を混ぜて使う繊維の混用によって，それぞれの繊維の長所で短所を補うことができる。 (3) ア 天然繊維は綿，麻，毛，絹の4種類であり，毛や絹は縮んだり変色したりしやすいことから，中性洗剤を用いる必要があるが，綿と麻は弱アルカリ性洗剤を用いることができる。 イウエ 合成繊維は石油から作られ，代表的なものが，ナイロン，ポリエステル，アクリル，ポリウレタンである。その特徴とともに押さえておく必要がある。

【7】(1)　ア　名称…省エネ性マーク　　商品例…エアコン　イ　名称…STマーク　　商品例…おもちゃ　(2)　イ　(3)　安全が保証される権利，選択する権利，情報(説明)が与えられる権利，意見が聞き届けられる権利　(4)　グリーンコンシューマー　(5)　ア　リフューズ　イ　リユース

〈解説〉(1)　ア　省エネ性マークはエアコン，テレビ，冷蔵庫などの製品が対象となっており，省エネ基準を達成している製品には緑色のマーク，達成していない製品には橙色のマークを表示することができる。　イ　STマークはセーフティトイマークの略である。玩具安全基準適合検査に合格したおもちゃに表示されている。　(2)　ア　クーリング・オフできる期間は3日間ではなく，販売方法によって8日間や20日間などとなっている。　ウ　手続きは書面で行うことが法律で定められている。電話では解約できない。　エ　3,000円未満の現金取引の場合は，クーリング・オフが適用されない。　(3)　消費者の8つの権利の残り4つは，生活の基本的ニーズが保障される権利，補償を受ける権利，消費者教育を受ける権利，健全な環境の中で働き生活する権利である。なお，消費者の5つの責任は，批判的意識を持つ責任，主張し行動する責任，社会的弱者への配慮責任，環境への配慮責任，連帯する責任である。　(4)　グリーンコンシューマー全国ネットワークを運営する環境NGOのWebサイトには，必要なものを必要な分だけ買うなど，「グリーンコンシューマーの買い物10の原則」が掲げられている。　(5)　循環型社会を推進する取り組みとして，リデュース(発生抑制)，リユース(再使用)，リサイクル(再生利用)の3R が必要であるとし，環境省もこれを推進している。そこに，リフューズ(拒否)とリペア(修理)の2Rを加えたのが，5Rである。

2018年度　実施問題

【中高共通】

【1】次の記述は，中学校学習指導要領(平成20年3月告示)，中学校学習指導要領解説技術・家庭編(平成20年9月)と高等学校学習指導要領(平成21年3月告示)のものである。(　①　)～(　⑨　)の中に入る適切な語句を答えなさい。

○中学校学習指導要領　第2章　第8節　技術・家庭　第2〔家庭分野〕

1　目標

> 衣食住などに関する(　①　)な学習活動を通して，生活の自立に必要な基礎的・基本的な知識及び技術を習得するとともに，(　②　)について理解を深め，これからの生活を展望して，課題をもって生活をよりよくしようとする能力と態度を育てる。

○中学校学習指導要領解説　第3章　指導計画の作成と内容の取扱い

1　指導計画の作成

> (1)　3学年間を見通した全体的な指導計画
>
> 各分野の内容AからDは，すべての生徒に履修させることとする。その際，家庭分野の内容の「A家族・家庭と子どもの成長」の(3)のエ，「B食生活と自立」の(3)のウ及び「C衣生活・住生活と自立」の(3)のイ，すなわち「(　③　)」の事項については，これら3事項のうち(　④　)事項を選択して履修させるようにする。

○高等学校学習指導要領　第2章　第9節　家庭　第1款　目標

人間の(　⑤　)にわたる発達と生活の営みを総合的にとらえ，家族・家庭の意義，家族・家庭と社会とのかかわりについて理解させるとともに，生活に必要な知識と技術を習得させ，(　⑥　)して(　⑦　)に家庭や地域の生活を創造する能力と実践的な態度を育てる。

○高等学校学習指導要領　第2章　第9節　家庭　第2款　各科目　第1 家庭基礎　2　内容

(6)　ホームプロジェクトと(　⑧　)活動 自己の家庭生活や(　⑨　)の生活と関連付けて生活上の課題を設定し，解決方法を考え，計画を立てて実践することを通して生活を科学的に探究する方法や問題解決の能力を身に付けさせる。

(☆☆☆☆◎◎◎)

【2】住生活について次の問いに答えなさい。

(1)　住生活の文化についてあとの問いに答えなさい。

日本では古くから畳に座ったり寝たりする(　①座　)と呼ばれる起居様式をとってきた。居室には畳を敷き詰めて和室を構成しており，畳の寸法は，伝統的な日本家屋の寸法の基準となる単位として現在でも建具の基準や開口部の寸法などとなっている。 居室は②「ふすま」や「障子」で仕切ったり，「らんま」を設置したりして日本の温暖湿潤な気候の中で快適に過ごす工夫がされている。また，③正月にしめ縄を飾ったり，端午の節句に兜を飾ったりして，飾りや調度をその場にふさわしく整備・配置し季節感を楽しんできた。

ア　(①)にあてはまる語句を答えなさい。

イ　「1坪」とは約何平方メートルか，四捨五入して小数第一位まで答えなさい。

ウ　下線部②について「ふすま」は居室を仕切る以外に，日本の気候のもとで生活するにあたり，どのような利点があるか答えなさい。

エ　下線部③のように飾りや調度を配置することを何というか答えなさい。

(2)　次の物件情報を見て，ア～ウの問いに答えなさい。

【物件情報】

○○アパート	家賃	53,000円
	管理費	3,000円
○○駅　徒歩5分	駐車場	5,000円
間取り　3LDK+S	敷金	2ヶ月
築年月　2016年5月	礼金	2ヶ月

ア　「徒歩5分」とは徒歩1分を何メートルとして計算されるか答えなさい。

イ　「3LDK＋S」という間取りの表記について，Lはリビングを示すが，D，Sはそれぞれ何を示すか答えなさい。

ウ　敷金とは何か，説明しなさい。

(☆☆☆☆◎◎◎)

【3】次の表は給料明細の項目例である。表をみて，下の問いに答えなさい。

①基本給	②扶養手当	③住宅手当	④通勤手当	⑤時間外手当		支給額合計
⑥健康保険料	⑦厚生年金保険料	⑧雇用保険料	⑨介護保険料	⑩税　金	⑪社内預金	控除額合計

(1)　表中の項目①～⑪のうち，非消費支出に分類されるものを全て番号で答えなさい。

(2)　実収入から非消費支出を差し引いた金額を何というか，漢字5文字で答えなさい。

(3)　表中の項目⑥～⑨のように，主に働く人がお金を出し合って病気や失業に備える保険を何というか答えなさい。

(4)　表中の項目⑩税金の一つである住民税は，直接税と間接税のどちらにあたるか答えなさい。

(☆☆☆◎◎◎)

【4】日本の食文化について次の問いに答えなさい。

(1)　日本の食材について次の問いに答えなさい。

ア　九条ねぎや吉川なすなど，古くからその土地の気候風土に合わせて作られてきた野菜を何というか答えなさい。

イ　福井県でポストコシヒカリとして誕生したブランド米の名称を答えなさい。

ウ　精白米1合とは何mLか答えなさい。また，炊飯時の水の量は米の体積の何倍か答えなさい。

エ　飯に汁と3品の料理を添えた，日本の伝統的な食膳形式を何というか答えなさい。

(2)　基本の五味のひとつである「うま味」について次の問いに答えなさい。

ア　三大うま味成分は，グアニル酸とグルタミン酸と，もう一つは何かを答えなさい。

イ　だし汁に塩としょうゆで味付けをして，すまし汁を作る。1人分のだし汁を150mLとして5人分を作る際，汁の重量の0.8%の塩分を加えたい。塩を3g使用すると，しょうゆの使用量は小さじ何杯か答えなさい。ただし，使用する調味料の塩分含有量は，塩は96%，しょうゆは16%とする。

(3)　年中行事のときに用意する特別な食事(料理)を何というか答えなさい。また，端午の節句に食べるものは何か，そのいわれも答えなさい。

(4)　近年の食生活に関して次の問いに答えなさい。

ア　輸入に際して，農薬や機械化に頼らずに生産されたものを正当な価格で購入することを通じて，現地の生産者の健康や環境を破壊せずに，公平な取引を推進し，生産国の人々の自立を支援する運動が展開されるようになってきた。特定非営利活動法人が中心となるこの運動は何といわれるか答えなさい。

イ　「フードファディズム」とは何か，説明しなさい。

ウ　農林水産省が立ち上げた取組みで，日本の食を次の世代に残し，創るために，民間企業・団体・行政等が一体となって推進する，国産農林水産物の消費拡大の取組みを何というか答えなさい。

エ　低炭素化への取組みの1つで，商品の原材料調達から廃棄・リサイクルまでに排出される温室効果ガスを二酸化炭素相当量に換算して表示する仕組みを何というか答えなさい。

(☆☆☆☆◎◎◎)

【5】食品について次の問いに答えなさい。

(1)　糊化でんぷんに，ある調味料を添加することによりでんぷんの老化を防ぐことができる。添加する調味料名を答えなさい。

(2)　砂糖に水を加えて加熱すると，色と状態が変化する。この性質を利用して作られる次の①～③のものを，加熱温度の高い順に並べ，記号で答えなさい。

①　カラメル　　②　抜糸(バースー)　　③　シロップ

(3)　砂糖に水を加えカラメルを作る際，かき混ぜてはいけない理由を答えなさい。

(4)　ショートニングやマーガリンの加工工程で生じる不飽和脂肪酸の1つで，多量摂取による心臓疾患などのリスクが高まるため，日本でも2011年に消費者庁による含有量表示のガイドラインが発表された物質は何か答えなさい。

(5)　イモ類の多くは加熱して食べることが多いが，やまのいもは生で食べることができる。その理由を答えなさい。

(6)　未熟な状態で収穫した果物を，食べ頃まで熟成させることを何というか答えなさい。

(7)　「けんちん汁」「けんちん蒸し」の「けんちん」とはどのようなものをいうか，答えなさい。

(8)　次の文は一尾魚の盛りつけ方について述べたものである。{　　} 内について，正しい語句を選び答えなさい。

食べる人からみて魚の頭が①{左・右}へ向くように置き，付け合わせは魚より②{向こう側・手前側}に盛りつける。

(9)　食物アレルギーを引き起こす物質のうち，食品衛生法にもとづき表示義務のある特定原材料を7品目答えなさい。

(☆☆☆◎◎◎)

【6】衣生活について次の問いに答えなさい。

(1)　衣服の手入れについて次のア，イの問いに答えなさい。

ア　既製服に付けられている表示について次の問いに答えなさい。

①　衣類等の繊維製品の洗濯表示は，ある法律に基づいて繊維製品品質表示規程が改正され，平成28年12月1日から施行された。この法律名を答えなさい。

②　洗濯に関する次の記号の意味を答えなさい。

イ　衣服の洗濯と保管について書かれた文章を読み，後の問いに答えなさい。

洗濯に用いられる洗剤の主成分は(　A　)であり，これに(　B　)としてアルカリ剤や硬化軟化剤が，(　C　)として蛍光増白剤，酵素が配合されているものがある。衣類についた汚れを除去する際の(　A　)の4つの働きを，作用する順番に3段階に並べると(　D　)となる。

衣服を管理する上で洗濯や保管などの手入れが必要である

が，毛製品やコート類など手入れのしにくいものもある。洗濯したことによって，E)毛のセーターが縮んで，毛の風合いが損なわれた，F)血液がとれなくなるなどの失敗もあるため，汚れや衣服の性質に合った洗剤を選び，適切な方法で洗濯をする必要がある。衣服の保管にも注意が必要であり，保管している間にカビが生えることやG)虫害を受けることもある。

① (A)～(D)の中に入る適切な語句を答えなさい。同じ記号の( )には，同一の語句が入る。

② 下線部E)～G)は，生徒が家庭での失敗例としてあげたもので，次のE)～G)の文はその失敗した際の様子である。この失敗例をもとに，衣服の洗濯と保管についての授業を行う場合，教師が指導する適切な内容を，失敗の原因と改善点を示して答えなさい。

E) 冬の間着続けたセーターを，洗濯機の通常の水流で，洗濯液温は15℃で，弱アルカリ性の洗剤を使って洗った。5分間遠心脱水したのち，平干しをした。

F) 体操服に血液がついたため，早く落とそうと，熱湯と洗濯用の弱アルカリ性洗剤を使って洗った。

G) 冬の間あまり着ていないため汚れが少ないと判断し，クリーニング店に出していない毛のコートや，洗濯をしていない毛のセーターをクローゼットで保管していた。1年後に着ようとしたら，表面に小さなでこぼこや穴があることに気づいた。

(2) 次の表は繊維の特徴をまとめたものである。表の(①)～(③)にあてはまる適切な言葉を答えなさい。また，(④)～(⑧)にあてはまる繊維名を「麻，綿，絹，レーヨン，ナイロン」の中から答えなさい。

分類		繊維名	特徴や用途など
(①)繊維	植物繊維	(④)	水や湿気をよく吸う。タオルに用いられる。
		(⑤)	冷感があり、はり、こしがある。夏用衣類に用いられる。
	動物繊維	(⑥)	光沢があり、なめらかでしなやかさがある。ぬれに弱い。
化学繊維	(②)繊維	(⑦)	光沢がありなめらかで、吸湿性がある。裏地に用いられる。
	(③)繊維	(⑧)	丈夫で軽い。熱可塑性がある。しわになりにくい。

(3)　次の図ア～エは着物のたたみ方を示している。説明した文章の(　①　)～(　⑤　)に当てはまる着物の部分の名称を答えなさい。

ア　(　①　)を左にして広げ，手前の身ごろを(　②　)線で折り返し，向こう側の(　②　)と(　①　)を，手前の(　②　)と(　①　)に重ねる。

イ　向こうと手前の(　③　)の縫い目を重ね，背縫い線を折る。両(　④　)も重ねる。

ウ　(　⑤　)から丈を二つに折る。

エ　身ごろを挟むように(　④　)を折り返す。

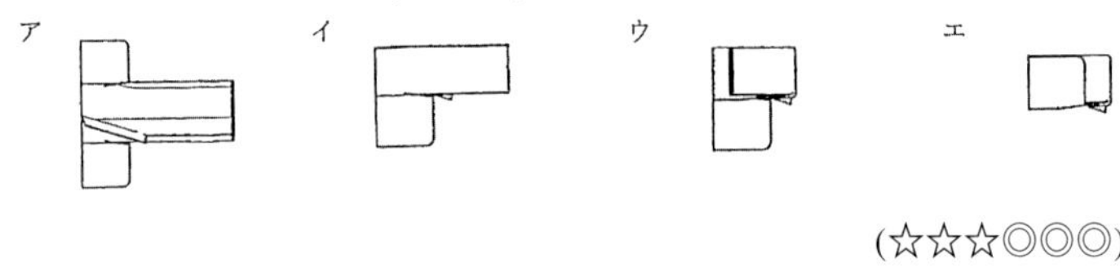

(☆☆☆◎◎◎)

【7】高等学校の家庭の内容に示されている「共生社会と福祉」に関する次の問いに答えなさい。

(1)　福祉に関する問題の解決のために，子育てや介護などを社会的・心理的に支援する法律や制度がつくられている。ア～エはそれぞれ何を説明しているか答えなさい。

ア　母子保健法による保健指導や健康診査を受ける時間の確保，勤務時間の変更・短縮，勤務内容の軽減などの措置を定めた法律。

イ　子どもがすこやかに生まれ育つための環境整備のために，自治体と事業主に行動計画の策定・届出を規定したもので，一定の基準を満たした企業を認定している。

ウ　保育所への入所，児童相談所での相談受付，母子家庭への保護および自立支援，障がいのある子どもに対する自立支援などに関する法律。

エ　家族の介護のために93日(3ヶ月)の介護休業を保障し，仕事を続けながら介護ができる制度。

(2)　次の文章は，介護サービスを受けるまでの流れを説明している。文章中の(　ア　)～(　エ　)にあてはまる言葉を答えなさい。ただし，アは数字，イは「市区町村・都道府県・国」の中から選んで答えなさい。

介護保険料には，日本に住所を持つ(　ア　)歳以上の者は全員加入し，保険料を支払うことになっている。介護サービスを利用したい時は，(　イ　)の窓口に申請する。訪問調査員が調査し，判定の結果，要介護度や家族の希望などを基に(　ウ　)が(　エ　)を立てる。利用者は(　エ　)に応じてサービスを利用できる。

(☆☆☆☆◎◎◎)

解答・解説

【中高共通】

【1】①　実践的・体験的　　②　家庭の機能　　③　生活の課題と実践　　④　1又は2　　⑤　生涯　　⑥　男女が協力　　⑦　主体的　　⑧　学校家庭クラブ　　⑨　地域

〈解説〉○中学校学習指導要領（①，②）…「家庭分野」の「1　目標」には，「生活の営みに係る見方・考え方を働かせ，生活を工夫し創造する資質・能力を育成することを目指す。」と明記してある。ポイントは，実践的・体験的な活動を通して，よりよい生活を実現させることにある。「学習指導要領解説」も併せて，「目標」を理解すること。なお，解説では「創意工夫を生かしつつ，全体として調和のとれた具体的な指導計画の作成」を求めている。　○中学校学習指導要領解説（③，④）…「指導計画の作成」は，(1)3年間を見通した全体的な指導計画，(2)各分野の各項目に配当する授業時数及び履修学年，(3)題材の設定，(4)道徳の時間などの関連で構成され，設問は(1)の一部分である。全体構成を把握しながら，熟読すること。　○高等学校学習指導要領（⑤，⑥，⑦，⑧，⑨）…設問の「第1款　目標」は，共通教科「家庭」の「目標」である。「第2款　各科目」についてもそれぞれに目標があるので，確認しておくこと。また，「第3章　第5節　家庭」(専門教科)の目標にも目を通すこと。

【2】(1)　ア　床(座)　　イ　約3.3㎡　　ウ　湿気を吸収，放出し湿度を一定に保つ。　　エ　しつらい・しつらえ　　(2)　ア　80m　イ　D　食事室　　S　納戸　　ウ　家賃未払や設備破損等に対する補償金

〈解説〉(1)　ア　日本の「床座」に対し，欧米は「椅子座」である。　イ　「1坪」は畳2枚分で，通常1.82m×1.82m＝約3.31㎡となる。　ウ　ふすまは建具の一種で，木で骨組みを作る。両面に紙か布を貼り，部屋を間仕切りする戸として主に使われる。障子の戸は主に格子状の木組みをし，光の入る白の障子紙を貼ったもの。　エ　漢字で「室礼」と書く。季節感を出すのはもちろん，各行事にふさわしいものをあしらう。　(2)　ア　徒歩の所要時間は，「不動産の表示に関する公正競争規約」で，算出基準が定められている。道路に沿って測定した距離80mを，徒歩1分に換算する。　イ　Dはダイニング，Sはストレージルーム。　ウ　敷金は賃貸契約を結ぶ際，家屋や部屋を借りる人(賃借人)が，大家(賃貸人)に預ける。退去する時，特に破損等がない場合は戻ってくる。これに対し，礼金は大家に謝礼として出す金銭で，退去時に戻ってこない。

【3】(1) ⑥，⑦，⑧，⑨，⑩ (2) 可処分所得 (3) 社会保険 (4) 直接税

〈解説〉(1) 実支出は，消費支出と非消費支出に分けられる。非消費支出は，消費支出(生活費)以外の支出のこと。税金や社会保障費などが含まれる。 (2) 可処分所得と消費支出の差が黒字であれば，預貯金などが増えることになる。 (3) 病気に備えるのは，「健康保険料」であり，失業に備えるのは「雇用保険料」である。なお，社会保障にはこの社会保険と，児童福祉や高齢者福祉などの社会福祉がある。 (4) 税金には，国税と地方税(都道府県税と市町村税)がある。また，それぞれに直接税と間接税がある。住民税は，地方税の直接税である。

【4】(1) ア 伝統野菜 イ いちほまれ ウ 180mL，1.2倍 エ 一汁三菜 (2) ア イノシン酸 イ 小さじ3(杯) (3) 名称…行事食 食べ物…柏餅 いわれ…新芽が出てから古い葉が落ちるので，子孫の継承を祝う意味をもつ。 (4) ア フェアトレード イ 「これを食べれば健康になる」といったような，科学的な根拠があいまいなままに過大評価した食や健康に関する情報のこと。また，その情報を過度に信じる考え方のこと。 ウ フード・アクション・ニッポン エ カーボンフットプリント

〈解説〉(1) ア 九条ねぎは，京都の伝統野菜である。福井県の伝統野菜には，吉川なすのほか矢田部ねぎ，奥越さといも，勝山水菜，河内赤かぶら等多数ある。 イ 最近，産地の特徴を生かしたブランド米が注目されている。「いちほまれ」は，福井県発祥のブランド米・コシヒカリの後継米であり，「日本一おいしい誉れ高きお米」になってほしい，との思いが込められている。病気や夏の暑さに強く，有機肥料でも育つ環境にやさしい米である。 ウ 10合で1升となる(1800mL)。炊飯時の水の量は，米の体積(容量)に対して1.2倍だが，重量に対しては1.5倍となる。 エ 日本の食膳形式は，江戸時代に完成した。「一汁三菜」は栄養バランスもよく，世界でも注目されている。 (2) ア グアニル酸は干しシイタケ，グルタミン酸はこんぶ，イノシ

ン酸はかつお節・煮干しに，うま味成分が多く含まれている。
イ　5人分のだし汁は，150×5＝750mL。塩分は0.8％であり，750×0.008＝6ｇ必要となる。塩を3ｇ使うため，半分がしょうゆ。しょうゆの塩分は16％なので，100÷16＝6.25倍必要となる。3×6.25＝18.75ｇである。塩小さじ1杯は6ｇであり，約3杯となる。　(3)　行事食は「ハレの日」の食事ともいわれる。1月は正月(おせち料理)，2月は節分(恵方巻)，3月ひな祭り(潮汁，太巻きずし)・春分の日(ぼたもち)など，1年を通して節目ごとにある。また，餅を包む柏の葉は，その生育の特徴から縁起がよいとされる。　(4)　ア　フェアトレードは，公正貿易という意味。立場の弱い発展途上国の生産者・労働者の生活改善と，自然環境への配慮を目指す運動である。製品にはフェアトレード認証マークが付けられ，コーヒーや紅茶，衣料品など多品種のものが出回っている。　イ　フードファディズムは，アメリカでは以前からあった概念で，日本には1998年頃に紹介された。科学的根拠のない情報は，深刻な健康被害をもたらすことがあり，社会問題にもなっている。
ウ　フード・アクション・ニッポンは，2008年に始まった。食の安全と豊かさの確立，食料自給率の引き上げも目指している。2016年度には，全国から集まった100産品が，「究極の逸品」として表彰されている。　エ　カーボンフットプリントとは，「炭素の足跡」を意味する言葉で，二酸化炭素の排出量を「見える化」したもの。

【５】(1)　砂糖　　(2)　①→②→③　　(3)　砂糖が結晶化するため透明に仕上がらないから　　(4)　トランス脂肪酸　　(5)　でんぷん分解酵素「アミラーゼ」を多く含み，消化を助けるため。　(6)　追熱
(7)　根菜類を細かく切り，豆腐と共に油で炒めたもの　　(8)　①　左
②　手前側　　(9)　卵　乳　そば　落花生　えび　かに　小麦

〈解説〉(1)　砂糖の働きには，保水性，保存性などがある。でんぷんは，そのまま放置すると時間の経過とともに硬くなる(でんぷんの老化現象)。だんごが硬くなるのもそのためだが，砂糖を添加することで老化を遅らせることができる。　(2)　加熱温度については，概ねカラメル

170～190℃，抜糸140～150℃，シロップ100～105℃である。

(3)　フライパンを時々ゆするとよい。煮詰めることで色がついてくる。

(4)　不飽和脂肪酸には，シス型とトランス型がある。分子構造中に，トランス型と呼ばれる形の二重構造をもつ不飽和脂肪酸を，トランス脂肪酸という。マーガリンなど，水素を付加した部分硬化油を製造する過程で多く生成される。　(5)　やまのいもはヤマノイモ科に属し，一般的に日本では山芋，自然薯，大薯の総称として呼ばれる。アミラーゼ(ジアスターゼ)は，唾液などに含まれる消化酵素。　(6)　追熟が必要な果物はメロン，キウイフルーツ，西洋ナシのほか，バナナ，スモモなどがある。海外からの輸入品などは，まだ未熟なうちに収穫し，輸送中に追熟させるのが一般的な方法である。　(7)　けんちん汁は，中国の精進料理が日本化したものという。語源は，鎌倉の建長寺から「建長寺汁」と呼ばれ，それが「けんちん汁」になったとの説もある。

(8)　魚の頭を左にするのが一般的だが，カレイなどはそうすると背側が手前にくるので，頭を右にして盛り付ける。また，付け合わせは西洋料理の場合は向こう側になる。　(9)　アレルギー表示は，表示が義務づけられた7品目のほか，表示推奨品目として大豆，牛肉，豚肉など20品目がある。

【6】(1)　ア　①　家庭用品品質表示法　　②　A　液温を40℃を限度とし，洗濯機で洗濯処理ができる。　　B　日陰のつり干しがよい。

C　塩素系の漂白剤や酵素系の漂白剤で漂白処理ができる。

イ　①　A　界面活性剤　　B　助剤　　C　添加剤　　D　浸透(作用)→乳化・分散(作用)→再汚染(再付着)防止(作用)　　②　E)　毛は水の中で動かすと縮むので，押し洗いをする。弱アルカリ性の洗剤は洗浄力が強いので毛の風合いを損なうのを防ぐために中性洗剤を使う。脱水は短時間でおこなう。　F)　血液はたんぱく汚れであるため，熱湯で変性し固まるのを防ぐため，水で洗うのが適切である。

G)　衣服を食べる害虫は，乾燥した動物性たんぱく質を好んで食べるため，毛は被害を受けやすい。また，害虫の好む汚れがついていても害を受けやすいので，汚れを落とした上で防虫剤を使って保管するのが適切である。　(2)　①　天然　②　再生　③　合成　④　綿　⑤　麻　⑥　絹　⑦　レーヨン　⑧　ナイロン　(3)　①　えり　②　おくみ　③　わき　④　袖　⑤　えり下

〈解説〉(1)　ア　①　家庭用品品質表示法は，家庭用品の品質に関する表示の適正化を図り，一般消費者の利益を保護することを目的としている。　②　洗濯表示については，国際標準化機構(ISO)が定めた国際規格に合わせ改正された。新規格(新JIS)は，記号の種類が22種類から41種類に増え，繊維製品の取り扱いによりきめ細かい情報が提供されるようになった。「新JISの洗濯表示記号」は表1～表7まであるので，よく見て確認しておくこと。洗濯処理の記号は14種あり，Aは，「表1 洗濯処理」の上から7番目に表示されている。自然乾燥の記号は8種類ある。Bは，「表4 自然乾燥」の一番上に表示。漂白処理の記号は3種類あり，Cも「表2 漂白処理」の一番上に表示されている。

イ　①　洗剤の主原料は，石油(合成洗剤)と天然油脂(石けん)である。Aの界面活性剤も水になじみやすい親水基と，油になじみやすい親油基がある。洗剤の配合成分にはBの助剤やCの添加剤があり，洗浄力をアップさせる効果がある。Dは，界面活性剤の4つの性質による働きを示したもの。これらが総合的に働くことで，洗剤や石けんの洗浄力が発揮される。　②　E)　洗剤には，弱アルカリ性(綿や合成繊維に使用)と中性(毛等に使用)がある。　F)　しみは，大きく分けて水溶性と油性がある。基本的には最初水で洗ってみるが，それで落ちないときは水溶性は洗剤，油性はベンジンを使用する。また固形物は削り落とす。　G)　防虫剤は，パラジクロールベンゼン，ナフタリン，しょうのう，ピレスロイド系がある。　(2)　繊維の分類一覧である。天然繊維の多くは肌触りのよいものが多い。動物繊維には毛もある。また，化学繊維にはアセテート等の半合成繊維がある。ポリエステル，アクリル，ポリウレタンも，合成繊維。繊維の分類と種類については，しっかり確認しておこう。　(3)　下の図は，着物のたたみ方と名称である。着物に似たものに「長襦袢」があるが，これはたたみ方が違う。

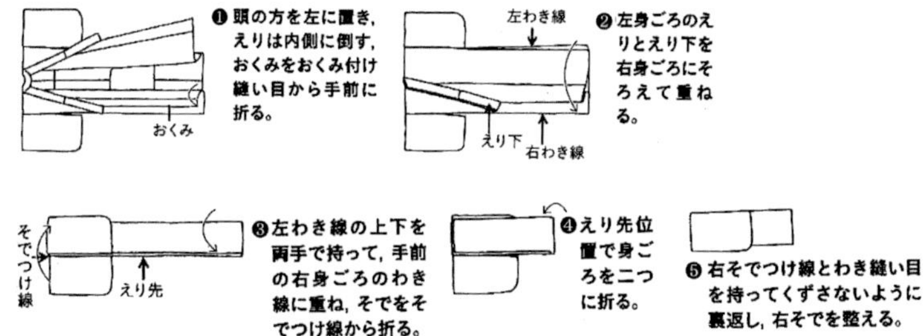

【7】(1)　ア　男女雇用機会均等法　　イ　次世代育成支援対策推進法　ウ　児童福祉法　　エ　育児・介護休業法　介護休業制度

(2)　ア　40　　イ　市区町村　　ウ　介護支援専門員(ケアマネージャー)　　エ　介護サービス計画(ケアプラン)

〈解説〉(1)　ア　男女雇用機会均等法は，女子差別撤廃条約を受け，1986年に施行された。1997年の改正で，差別禁止の範囲が拡大された。同時に，深夜業務など女性の保護規定が廃止されている。また，2017年から施行された改正では，妊娠・出産等に関するハラスメント防止措置義務が新設された。　イ　次世代育成支援対策推進法は，厚生労働省の従業員子育て支援事業である。2003年に公布され，事業主が行動計画の目標を達成した場合，「子育てサポート企業」として，厚生労働大臣の認定(くるみん認定)を受けることができる。　ウ　児童福祉法は社会福祉六法の1つで，日本国憲法の精神を踏まえて1947年に制定された。その後，1951年には，児童憲章が宣言されている。2016年には，①児童福祉法の理念の明確化，②児童虐待の発生予防，③児童虐待発生時の迅速・的確な対応，④被虐待児童への自立支援について改正された。なお，この法律における児童とは，満18歳に満たない者をいう。　エ　育児・介護休業法は，働く人の仕事と育児や介護を両立できるよう，支援するための法律。「介護休業」のほか，「育児休業」「子の看護休暇」などが規定されている。2017年の改正案では，両親が協力して育児休業を取得できるよう，「パパ休暇」や「パパ・

ママ育休プラス」など，様々な特例が設けられた。　(2)　介護保険制度は，2000年に導入された高齢者の介護を，社会全体で支え合う仕組みである。介護保険には，要介護の人への「介護給付」，要支援の人への「予防給付」がある。申請により審査し，要介護1～5，要支援1～2，非該当(自立)，要支援・要介護の恐れのある人，一般高齢者に分類される。ケアマネジャーは，介護保険の根幹とされる「ケアマネジメント」を担う責任者である。

2017年度　実施問題

【中高共通】

【1】衣生活について次の問いに答えなさい。

(1) 被服のデザインやファッションコーディネートの要素の1つである色や柄について，問いに答えなさい。

ア　色には3つの属性がある。赤，青，黄といった光の波長の違いをいう「色相」以外の属性を2つ答えなさい。

イ　色相環において遠い位置の色を反対色というが，特に180度の位置にある色の組み合わせを何というか答えなさい。

ウ　日本の伝統的な文様の中にはいろいろな願いが込められたものがある。丈夫で成長が早いある植物に似ていることから，子どもの成長を願って産着などに使用される6つのひし形をつないだ文様の名前を答えなさい。

(2) 既製服に付けられている表示について次の問いに答えなさい。

ア　既製服には様々な表示が義務付けられている。家庭用品品質表示法において，すべての既製服に表示が義務付けられているものをA～Dから2つ選び記号で答えなさい。

A)　組成表示　　B)　原産国表示　　C)　表示者名の表示

D)　デメリット表示

イ　不当景品類および不当表示防止法では，次のような既製服の原産国はどこになるか，国名を答えなさい。

デザイン企画：アメリカ　　布の生産：イタリア

裁断・縫製：中国　　輸入販売：日本

ウ　成人男子用衣料に［92　A　4］というJISのサイズ表示が付いていた。この表示に書かれている「4」とは何を示しているか答えなさい。

エ　胸囲の採寸方法は性別により異なる。女子の胸囲(バスト)は，胸の最も高い位置を床に水平に一周はかる。男子の胸囲の採寸方法について次の空欄に適切な語句を入れ説明しなさい。

男子の胸囲(　①　)は，(　②　)の最も太い位置を床に水平に一周はかる。

(3)　被服材料について次の問いに答えなさい。

ア　私たちはそれぞれの繊維が持つ長所をいかしたり短所を補ったりするために，いくつかの繊維を混用することがある。種類の違う繊維を混ぜて糸をつくることを混紡というが，種類の異なる糸を使って布をつくることを何というか答えなさい。

イ　マテリアルリサイクルの1つで，フェルトや詰め物用の中綿，カーペットの裏地などとして利用される，布や糸をほぐして綿状にしたものを何というか答えなさい。

ウ　ポリエステル等を合成繊維というのに対し，セルロースを利用して作られるレーヨンやキュプラは何繊維というか。またレーヨンやキュプラの性質として正しいものをすべて選び記号で答えなさい。

A)　吸湿性が良い　　　B)　水にぬれると強くなる

C)　しわになりやすい　　D)　静電気を帯びやすい

(4)　被服製作について次の問いに答えなさい。

ア　針や糸は布地の厚さや材質に適したものを選ぶ必要がある。手縫い糸をミシンに用いるとどのような不都合が生じると考えられるか，ミシン糸と手縫い糸の違いを明確にして答えなさい。

イ　ミシン縫いの際，「針目がとんで調子よく縫えない」状態となった。原因としてどのようなことが考えられるか答えなさい。

ウ　次の図はショートパンツの型紙(実線；できあがり線　破線；補助線)である。後の問いに答えなさい。

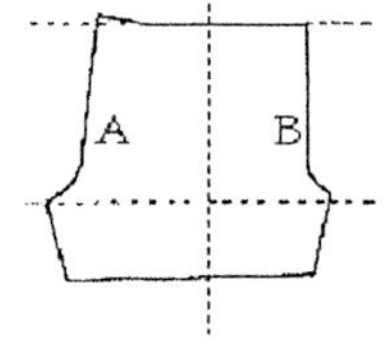

① 前パンツはA・Bどちら側になるか記号で答えなさい。

② 縫い代をつけて布を裁断する線を図示しなさい。ただしウエスト部分にはゴムを通し，すそは三つ折りにするものとする。また，それぞれの部分の縫い代幅は何cmにしたらよいか。1.5cm・3cm・5cmから選び，〈例〉のように下記の図中にその数字を記入しなさい。

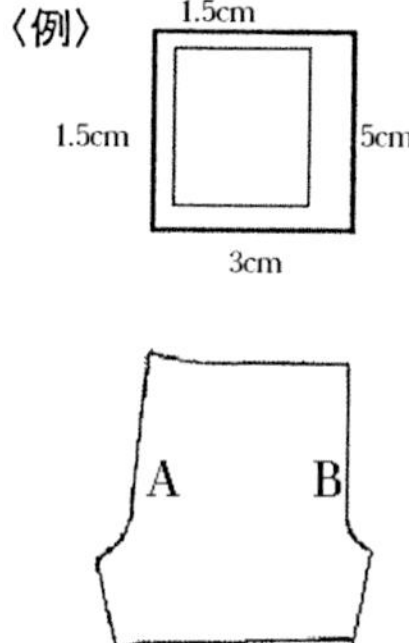

エ　力(ちから)ボタンとは何か，その役割を含め説明しなさい。

オ　冬には厚地の服を着たり重ね着をしたりする。このような着方はなぜ暖かいのか次の言葉を使い説明しなさい。

【空気・体温】

(☆☆☆◎◎◎)

【2】住生活の内容の取扱いについて，中学校学習指導要領解説技術・家庭編では次のように示されている。下の問いに答えなさい。

> 小学校の暑さ・(　①　)，(　②　)・換気及び(　③　)に重点を置いた快適な室内環境の整え方についての学習を踏まえて，中学校では(　④　)に重点をおいた室内環境の整え方について取り扱うこととする。

(1)　上の文の(　①　)～(　④　)の中に入る適切な語句を答えなさい。

(2)　建築基準法第28条では窓・その他の開口部の面積が決められてい

る。換気のための面積は居室の床面積の何分の1以上とされているか答えなさい。

(3)　世界の住まいを見てみると，気候風土に合わせて住まい方を工夫していることがわかる。日本では夏の高温多湿の気候に合わせて風通しの良い住まいが作られてきた。次の文を読み，(　⑤　)～(　⑩　)の中に入る適切な語句を答えなさい。ただし，(　⑧　)には菌の名前を，(　⑩　)には2つの対策を答えなさい。

部屋の空気が冷たいものに触れると，空気中の水蒸気が水滴になる。この現象を(　⑤　)といい，(　⑤　)がひどくなると，しみや(　⑥　)や(　⑦　)の発生原因にもなる。また湿気を好む(　⑧　)によって柱や土台の木材が腐ったり，(　⑨　)の食害を受けたりして，家の耐久性が弱くなる。(　⑤　)の発生を防ぐために電化製品を使わずにできる対策として(　⑩　)などがある。

(☆☆☆◎◎◎)

【3】家族・家庭生活について次の問いに答えなさい。

(1)　高等学校学習指導要領家庭編では家庭総合の「子どもや高齢者とのかかわりと福祉」について，内容の取扱いにおいて次のように示されている。下の問いに答えなさい。

「子どもの発達と保育・福祉」については，(　①　)までの子どもを中心に扱い，子どもの発達を支える(　②　)や子育てを支援する環境に重点を置くこと。また，子どもの福祉については，児童福祉の基本的な理念や地域及び社会の果たす役割に重点を置くこと。「高齢者の生活と福祉」については，日常生活の介助の基礎として，(　③　)，着脱衣，(　④　)などについて体験的に学習させること。

ア　上の文の(　①　)～(　④　)の中に入る適切な語句を答えなさ

い。

イ　2005年の介護保険制度改正により創設された機関で，地域住民の保健・福祉・医療の向上や虐待防止などを総合的に行う機関を何というか答えなさい。

ウ　2005年の介護保険制度改正により追加された給付がある。要介護認定で要支援1や2と判定された人に対する給付で，生活機能の維持・向上を図り，重度化を防ぐために多様なサービスを介護保険で受けることができるようになった。何という給付か名称を答えなさい。

エ　次のような状態の人に対する日常生活の介助について答えなさい。

A　右腕に障がいがある人の上衣を脱がせる時には，左右どちらの腕から先に袖を抜くとよいか答えなさい。

B　右半身に麻痺がある人を起き上がらせる時，まず左右どちらへ寝返らせるとよいか答えなさい。

C　寝たきりの状態の人に物を食べさせる時，誤嚥防止のためにどのような点に配慮するとよいか答えなさい。

(2)　次の文章を読み下の問いに答えなさい。

われらは，(　①　)の精神に従い，児童に対する正しい観念を確立し，すべての(　②　)をはかるために，この憲章を定める。児童は，(　③　)として尊ばれる。　児童は，(　④　)として重んぜられる。　児童は，(　⑤　)の中で育てられる。

ア　上の文の(　①　)～(　⑤　)の中に入る適切な語句を答えなさい。

イ　この文章は我が国の児童福祉の理念を表し制定されたものの前文である。何の前文か答えなさい。

ウ　児童福祉法でいう児童とは，何歳未満を対象としているか答えなさい。

エ　2000年には児童虐待の防止等に関する法律が施行された。児童虐待の1っの種類としてあげられる「著しい減食や長時間の放置など保護者としての監護を著しく怠ること」を何というかカタカナで答えなさい。

(3)　乳幼児の特徴と集団保育について次の問いに答えなさい。

ア　幼児の物事のとらえ方の1つには，なんでも生きているように考えるという特徴がある。このような物事のとらえ方を何というか答えなさい。

イ　就学前の子どもに幼児教育と保育の両方を提供し地域における子育て支援を行う施設で，幼稚園か保育園のうち一定の基準を満たす施設に対して都道府県知事が認定を行う施設を何というか答えなさい。

ウ　①　2007年に定められた「仕事と生活の調和(ワーク・ライフ・バランス)憲章」を推進するための行動指針では，どのようなことについて数値目標が掲げられたか1つ答えなきい。

②　育児時間や産前6週・産後8週の就業の禁止について定めている法律名を答えなさい。

(☆☆☆◎◎◎)

【4】食生活と調理について次の問いに答えなさい。

(1)　食品と調理について次の問いに答えなさい。

ア　こんぶとかつお節を使った一番だしのとり方を説明しなさい。また，こんぶを途中で取り出す理由を答えなさい。

イ　小松菜の煮びたしの調理においてはまず小松菜を下ゆですると良い。その理由を答えなさい。

ウ　二杯酢に調味料を加えて三杯酢を作るとき，新たに加える調味料名を答えなさい。

エ　さといも(廃棄率15%)を可食部200g必要とするとき，皮付きで何g準備しなくてはならないか答えなさい。(小数第1位を切り上げて整数で答えなさい。)

オ　温泉卵とは卵のどのような性質を利用して作られるか，温度を示しながら説明しなさい。

カ　次の表は調理用語についてまとめたものである。表の①～⑩の中に入る適切な説明文や語句を答えなさい。

調理用語	食材	方　法	効果	調理例
面取り	人参	①	煮崩れを防ぐ	②
隠し包丁	大根	③	④	⑤
ゆでこぼす	さといも	⑥	⑦	里芋の煮しめ
落としぶた	魚	⑧	⑨	魚の煮つけ
油抜き	うすあげ	熱湯をかける	⑩	いなりずし

キ　調理実習で「豚肉のしょうが焼きとキャベツの生サラダ添え」を作りたい。生徒に指導すべき衛生面での注意事項についてできるだけ具体的に答えなさい。ただし豚肉はうすぎりを準備して切らずに調理し，キャベツはせん切りにするものとする。

ク　胚芽米と精白米の違いについて説明しなさい。

ケ　次の①～④について原料名を答えなさい。

①　白玉粉　　②　上新粉　　③　かたくり粉　　④　砂糖

(2)　現代の食生活について次の問いに答えなさい。

ア　朝食の大切さについて次の語句を使って説明しなさい。

【エネルギー・ブドウ糖】

イ　食糧事情について書かれた次の文章中の(　①　)～(　③　)の中に入る適切な語句を答えなさい。

　1970年頃と比較すると我が国の食生活は，米の消費量が減少するなど大きく変化し，食料自給率は低下してきた。そのため食料輸入量が増大し，食料を産地から消費地まで運ぶためにかかる環境負荷を示す(　①　)の値は諸外国に比べ大変大きい。輸入された食料を仮に輸入国で生産する場合に必要とされる水の推定量を(　②　)というが，大量の食料を輸入するということはこの(　②　)も大きく，世界の水資源にも大きな影響を与えていると考えられる。

　また食料輸入に関しては経済面への影響も大きく，チョコレートやコーヒーなど開発途上国で作られた作物や製品を適正価格で継続的に取引することにより，生産者の持続的な生活向上を支える(　③　)というしくみが広がってきている。

ウ　栄養素について書かれた次の文章中の(　①　)～(　⑩　)の中に入る適切な語句を答えなさい。

人体の構成成分となっている主な元素には(　①　)(　②　)(　③　)がある。エネルギーを産生する栄養素比率は「PFCバランス(エネルギー産生栄養素バランス)」で表される。PFCのPが示す栄養素は(　④　)であり，適正比率が全体の60％である栄養素は(　⑤　)である。

中学校学習指導要領では，内容の取扱いにおいて「水の働きや食物繊維についても触れること」とされており，その際「食物繊維については，(　⑥　)されないが(　⑦　)を整え，(　⑧　)の保持のために必要であることにも触れるようにする」と示されている。

体内で炭水化物がエネルギーに変わるときの補酵素は(　⑨　)で，脂質がエネルギーに変わるときの補酵素は(　⑩　)である。

(☆☆☆◎◎◎)

【5】家庭の収入と支出について示した次の表をみて後の問いに答えなさい。

			(具体例)
収入（受取）	（①）	（③）	勤め先収入，事業・内職収入など
		特別収入	
	(①) 以外の受取		（④），（⑤）
	繰入金		
支出（支払）	（②）	消費支出	食費，住居費，教育費など
		非消費支出	（⑥），（⑦），　a 介護保険料
	（②）以外の支払		b 金融商品など
	繰越金		

(1) 上の表の(①)~(⑦)の中に入る適切な語句を答えなさい。

(2) 可処分所得とはどの金額からどの金額を差し引いたものか答えなさい。

(3) 下線部a介護保険料について次の問いに答えなさい。

ア 介護保険料は何歳以上の国民が納めることになっているか答えなさい。

イ 被保険者とは介護認定を受けサービスを受ける人である。では介護認定や保険料の徴収，給付を行うのは誰か答えなさい。

(4) 下線部b金融商品について次の問いに答えなさい。

ア 金融商品を販売している金融機関には保険会社などがある。保険会社以外に2つ答えなさい。

イ 金融商品の例を2つ答えなさい。

(☆☆☆◎◎◎)

解答・解説

【中高共通】

【1】(1) ア 明度，彩度 イ 補色(の関係) ウ 麻の葉文 (2) ア A)，C) イ 中国 ウ 身長 エ ① チェスト ② 腕の付け根の下 (3) ア 交織・交編(どちらでも可) イ 反毛 ウ 名称…再生繊維 記号…A)，C) (4) ア ミシン糸はZ撚り，手縫い糸はS撚りで2つの糸は撚りの方向が逆なので，ミシンに手縫い糸を使うと撚りがほどけ強度が弱まる。 イ 針の付け方が正しくない。 ウ ① B

②

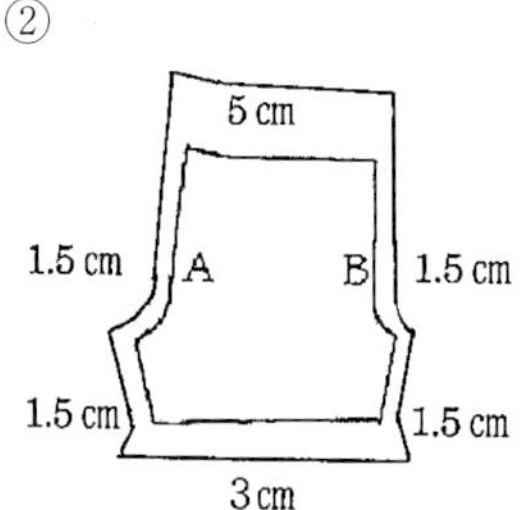

エ　厚手の衣類のボタンをつける際，裏側につける小さなボタン。ボタンのかけはずしで布地を傷めないようにする。　オ　多くの空気を身にまとうこととなり，体温でその空気があたためられるため。

〈解説〉(1)　ウ　麻の葉文には魔除けの意味もある。日本の伝統的な文様にはこの他，青海波文，亀甲文，市松文，七宝つなぎ文などがある。(2)　ア　B)　原産国表示は不当景品類及び不当表示防止法によるもので，最終縫製国が表示される。　D)　デメリット表示は義務づけられているものではない。　ウ　チェスト92cmで［A体型］ということはチェストとウエストの差は平均的な12cm，つまりウエスト80cmを表す。「4」は身長165cmであることを表す。「5」であれば170cmである。(3)　ア　異なる種類の糸を用いて布を織る交織，異なる種類の糸を用いて編み物を織ることを交編という。本問では「布をつくる」とのみ示されているので，交織・交編のどちらでもよい。交織は，たて糸に絹，緯糸にレーヨンで作るものや，たて糸にウール，緯糸にモヘアでつくるものなどがある。　ウ　再生繊維は，もともとはセルロースが原料なので，綿と似た性質を持つことを考えると，吸湿性が高いこと，しわになりやすいことがわかる。　(4)　イ　解答例以外には，「針が曲がっている」，「布に対して針と糸の太さが適当でない」，「糸のかけ方が間違っている」などが考えられる。　ウ　①　腰を曲げたり，かがんだりの動作を考えると，後ろパンツのまた上が多く必要であることがわかる。したがって，Bが前パンツ。　②　縫い代で注意する点は，ウエスト部分はゴム通し分を含めて縫い代を多くとること，ズボンのすそ幅が少しずつ狭くなっているので縫い代を裁つ場合は逆に少しずつ広くとること，すそは三つ折りするので，縫い代はやや多くとることである。　エ　表ボタンはボタンと布の間に糸足を設けるが，力ボタンは布にぴったりつける。表ボタンだけでは，ボタンをつけている一点に力が集中するが，力ボタンをつけることでボタンのかけはずしによる引っ張る力を力ボタンの面で受け，布の傷みを防ぐ。

【2】(1)　①　寒さ　②　通風　③　採光　④　安全　(2)　20分の1　(3)　⑤　結露　⑥　カビ　⑦　ダニ　⑧　腐朽菌　⑨　白アリ　⑩　・窓を開け換気する。　・収納では隙間をあける。

〈解説〉(1)　現行の学習指導要領の改訂の要点の1つに，小学校家庭科の内容との体系化を図ったことがある。技術・家庭科家庭分野の内容は，小学校家庭科の枠組みと同様なことから，小学校の学習を踏まえた指導が充実するよう配慮している。　(2)　建築基準法第28条第2項で規定されている。ただし，「政令で定める技術的基準に従つて換気設備を設けた場合においては，この限りでない」というただし書きもある。(3)　⑥・⑦　カビやダニの発生はシックハウス症候群の原因ともなるため，発生を未然に防ぐことが大事である。　⑧　腐朽菌によって木材が腐ることを防ぐには，乾燥した状態に保つことや，防腐剤による処理が必要である。

【3】(1)　ア　①　小学校の低学年　②　親の役割　③　食事　④　移動　イ　地域包括支援センター　ウ　介護予防給付　エ　A　左　B　左　C　体を横向きにしたり，頭を少し高くする。(2)　ア　①　日本国憲法　②　児童の幸福　③　人　④　社会の一員　⑤　よい環境　イ　児童憲章　ウ　18歳未満　エ　ネグレクト　(3)　ア　アニミズム　イ　認定こども園　ウ　①　男性の育休取得率アップ　②　労働基準法

〈解説〉(1)　ア　子どもや高齢者とのかかわりと福祉に関する学習を通して，生涯を通じて共に支え合って生きることの重要性について認識させることが出題された項目のねらいである。　イ　地域包括支援セ

ンターは，包括的支援事業(介護予防ケアマネジメント，総合相談・支援など)と介護予防支援業務(要支援者のケアマネジメントなど)を主たる業務とする。　ウ　介護保険制度の介護サービスを利用するには，要介護認定を市町村に申請し，非該当(自立)，要支援1～2，要介護1～5の判定を受ける。高齢者は認定度に応じて居宅サービスや施設サービスが受けられる。要介護1～5の人は介護給付，要支援1～2の人は介護予防給付，非該当(自立)の人は地域支援事業を受けることができる。エ　A　衣類を脱がせる時は，障害のない方(障害の軽い方)の腕から袖を抜く。衣類を着る時は，障害のある方(障害の重い方)の腕を先に袖に通す。　B　寝返りさせる時は，障害の軽い方に寝返る。麻痺のある方の手首を反対の手でつかみ，おなかの上にのせてもらうとやりやすい。健側の足を患側の足の下に入れて，介護者に寝返らせてもらうとよい。　C　食事の介助について，誤嚥しにくい姿勢は側臥位。気管の入り口の左右に食道の入り口が2か所あるので，側臥位になると，どちらかの食道の入り口が気管より下になり，水分や食物は重力に従って気管より下の食道の入り口を通るようになる。　(2)　ア・イ　示された文章は，1951年5月5日宣言の児童憲章の前文である。前文に続き12の項目があり，各項目の冒頭は「すべての児童は」で始まる。エ　ネグレクトは保護の怠慢・拒否のことである。児童虐待には他に，身体的虐待，心理的虐待，性的虐待がある。　(3)　イ　学校教育法に規定する幼稚園は文部科学省の所轄，児童福祉法に規定する保育所は厚生労働省所轄である。認定こども園は，幼稚園と保育所の両方の良さを併せ持ち教育・保育を一体的に行う施設として2006年に創設された。　ウ　②　労働基準法では他に，妊娠中の軽易な業務転換の保障，有害危険業務への妊婦の就業禁止，産婦の就業制限，深夜業の禁止，小学校就学前の子をもつ労働者の深夜業の制限保障なども定めている。

【4】(1)　ア　説明…昆布は水につけ火にかける→沸騰直前にこんぶを取り出す→鰹節を入れ火を止める→上澄みを取る　　理由…昆布のぬ

めりが出て汁が濁るのを防ぐため。　イ　・あくをとる。　・苦みを取り除く。　・味をしみこみやすくする。　ウ　みりん(砂糖)　エ　236g　オ　卵黄は約68℃，卵白は約73℃で凝固する。この温度差を利用して作る。　カ　①　断面の角を切り落とす。　②　人参のグラッセ　③　材料に切り込みを入れる。　④　味がしみ込みやすく食べやすい　⑤　ふろふき大根　⑥　ゆでた後，ゆで水を一旦捨てる。　⑦　あくやぬめりを取り除く。　⑧　食材に直接接するように，鍋よりひとまわり小さいふたをかぶせる。

⑨　少ない煮汁で均一な味付け，煮崩れ防止　⑩　・味をしみこみやすくする。　・余分な油を取り除く。　キ　キャベツに肉汁が付かないようにするために，肉を野菜に近づけない。肉をのせた皿は，すぐに片付ける。　ク　玄米をとう精してぬか層と胚芽を除いたものが精白米で，胚芽米はぬか層だけを取り除いたものである。精白米は消化吸収率は良いが，胚芽米に比べ食物繊維やビタミンB1が少ない。

ケ　①　もち米　②　うるち米　③　じゃがいも　④　さとうきび，てんさい　(2)　ア　脳は睡眠中にも活動しているためブドウ糖が消費されている。従って朝食を振ることによりエネルギー源であるブドウ糖を摂取することが必要である。　イ　①　フードマイレージ　②　バーチャルウォーター　③　フェアトレード

ウ　①　炭素　②　水素　③　酸素　④　たんぱく質

⑤　炭水化物　⑥　消化　⑦　腸の調子　⑧　健康

⑨　ビタミンB1　⑩　ビタミンB2

〈解説〉(1)　ウ　二杯酢は酢，しょうゆで，三杯酢は酢，しょうゆ，砂糖である。砂糖の一部をみりんに代えてもよい。二杯酢はあっさりした味付けで，魚介類の和え物などに合う。　エ　廃棄率15％は可食率85％である。準備するさといもの量をx〔g〕とおくと，$\frac{200}{x}\times 100=85$　これを解いて，$x=235.29\cdots$〔g〕。小数第1位を切り上げて，準備するさといもの量は236gとなる。　カ　①　切った野菜の角の部分は火の通りが早いので，ここから煮くずれてしやすくなる。具材の火の通りを均一にするため，角張った具材では面取りを行う。　②　グラッセ

は，バターを加えた煮汁でつやよく煮る調理法。解答例としては，煮物料理であれば許容されるだろう。　③・⑤　ふろふき大根の場合，円柱状に切った大根の底面に十文字様に切り込みを入れる。
⑨「より少ないエネルギーで効率よく加熱できる」など，エコクッキングの視点から解答してもよいだろう。　ケ　③のかたくり粉について，本来ならカタクリの花の根茎から採れるでんぷんを原料とするが，量的に不足し，現在ではじゃがいものでんぷんをかたくり粉として扱っている。　(2)　ア　脳のエネルギー源はブドウ糖だけで，1日約120g必要と言われている。睡眠時もブドウ糖を消費しており，朝目覚めた時には，肝臓にグリコーゲンとして蓄えておいたブドウ糖はほぼなくなってしまう。朝食をとることによってブドウ糖が補給されるのである。　イ　③　フェアトレードは食品だけでなく，洋服や雑貨などの手工芸品にも広がっている。　ウ　④・⑤　理想的なPFCバランスは，P(たんぱく質)＝15%，F(脂質)＝25%，C(炭水化物)＝60%とされる。近年，若い世代では，野菜・海草・魚介類の摂取が減る一方，肉類・油脂類の摂取が増えつつある。2011年のPFCバランスはP＝13.0%，F＝28.6%，C＝58.4%であり，脂質がやや多い傾向にある。
⑥・⑦　食物繊維は，水に溶けない不溶性食物繊維と水に溶ける水溶性食物繊維がある。不溶性食物繊維は腸を刺激し，排便を促す。水溶性食物繊維はコレステロールを抑制し，善玉菌を増やす。　⑨　炭水化物がブドウ糖にまで分解されエネルギー源として働く際に，ビタミンB1がないとクエン酸サイクルに進まず乳酸がたまり，疲労の原因になる。
⑩　ビタミンB2は3大栄養素がエネルギーに代わるのをサポートするが，特に脂質からのエネルギー再生に深くかかわっている。

【5】(1)　①　実収入　②　実支出　③　経常収入　④　預貯金引き出し　⑤　財産売却　⑥　税金　⑦　社会保険料
(2)　実収入から非消費支出を差し引いたもの
(3)　ア　40歳　イ　市区町村　(4)　ア　銀行，証券会社

イ　保険，株式・投資信託

〈解説〉(1)　④・⑤　実収入以外の受取とは，言わば「見せかけの収入」であり，現金が手元に入るが，一方で資産の減少，負債の増加を伴うものである。解答例以外では，借入金や年金基金等からの受取もこれに当たる。　⑥　税金には，所得税，地方税(住民税)などがある。⑦　社会保険料には，健康保険，厚生年金保険，雇用保険などがある。(2)　可処分所得は手取り収入のことで，これにより購買力の強さを測ることができる。　(3)　イ　介護保険の被保険者は，第1号被保険者(65歳以上の者)と第2号被保険者(40～64歳の医療保険加入者)に大別される。　(4)　イ　金融商品の具体的なものとして，預貯金，私的保険，株式，債券などがある。私的保険とは，死亡保険，火災や地震による損害補償保険などがある。金融商品は安全性，流動性，収益性などの特性が異なる。流動性とは現金に換えやすい，預け入れ・引き出しが自由にできることである。

2016年度　実施問題

【中高共通】

【1】次の文章を読み，(1)～(5)の問いに答えなさい。

家庭科は時代の変遷や人々の生活の変化によって，重視される内容が変化する教科である。平成22年5月に告示された高等学校学習指導要領解説家庭編では，家庭科の目標を「人間の生涯にわたる発達と生活の営みを総合的にとらえ，家族・家庭の意義，家族・家庭と社会とのかかわりについて理解させるとともに，生活に必要な知識と技術を習得させ，男女が協力して主体的に家庭や地域の生活を創造する能力と実践的な態度を育てる」としている。この目標は「(　①　)」の理念を具現化するため a消費者教育や b環境教育，c食育の推進，d少子高齢化等への対応を重視している。

家庭科は，小学校から高等学校へと学習を積み重ねることで，自己および家族の発達と生活の営みに必要な知識と技術の習得と定着が図られる。小学校では(　②　)の一員としての視点，中学校では自己の生活の(　③　)を図る視点が重視され，高等学校では社会とのかかわりの中で営まれる家庭生活や(　④　)の生活への関心を高め，生涯を見通して生活を創造する(　⑤　)としての視点が重要とされる。

(1)　空欄①～⑤に適切な語句を答えなさい。

(2)　下線aは，家庭科のほとんどの学習内容に関連させて取り上げることが可能である。

ア　食料資源問題について生徒に考えさせたい。『コンビニ弁当』を題材にどのような授業が考えられるか。

A～Cの流れで1時間分の授業の流れを組み立てなさい。

A【本時の目標】　B【展開過程(導入→展開→まとめ)】

C【評価規準】

イ　家計と経済について，後の問いに答えなさい。

(ア) 金融商品の3つの選択基準を説明しなさい。

(イ) 年利14%で借りた50万円を，3年後に1回払いで返金することにする。複利で計算(小数点以下は四捨五入)し，返金総額を答えなさい。

(3) 下線bと関連するESD(持続可能な開発のための教育)推進において家庭科は中心となる教科である。

ア 持続可能な住居のあり方に関して，以下の説明文に合う語句を記号で答えなさい。

(ア) 優れた特性・機能を持ちながら，より少ない環境負荷で製造・使用・リサイクルまたは廃棄でき，しかも人に優しい材料(および材料技術)

(イ) 既存建物の用途を変更し，全面改装を施して新しい建物へ再生させる手法

a. エコマテリアル　　b. コンバージョン

c. スケルトン・インフィル

イ 日本の伝統的な民家には環境共生のための工夫がある。次の住居部分にはどんな知恵や工夫があるか説明しなさい。

(ア) 障子　　(イ) 庇　　(ウ) 欄間

ウ 全国的に空き家が増えてきているが，その増加によって問題となることを3つ答えなさい。

エ ESDの視点のひとつとして低炭素社会がある。その実現のための取り組みのうち，以下の説明文に合う語句を答えなさい。

(ア) 自宅から自家用車で最寄りの駅やバス停まで行き，車を駐車させた後，公共交通機関を利用して目的地に向かう方法

(イ) 自分では削減できない温室効果ガスの排出量について，他者の排出削減量や吸収量を買い取るなどして埋め合わせをすること

(4) 下線cについては，他教科および地域や社会との連携を図る必要がある。

ア 家庭科同様に，食育の推進のため，学習指導要領総則に明記さ

れている教科を答えなさい。

イ　福井県の取り組みのひとつで，食品ロスを減らすために，飲食業者，食品販売業者，県民を対象に協力を求めている運動の名称を答えなさい。

ウ　今年開催の「食」をテーマとした国際博覧会の開催都市はどこか答えなさい。また，そこでイベントを行った福井県の市町名と博覧会で紹介された特産品名を答えなさい。

エ　食事バランスガイドは，健全な食生活を実践することができるように，食事の望ましい組み合わせとおおよその量をイラストで示したものである。目安となる5つの料理グループとその数(単位)を答えなさい。また，その発表に関わった省庁名をすべて答えなさい。

オ　食を選択する力や食に関する知識として，以下の語句を説明しなさい。

(ア)　フードファディズム　　(イ)　ソルビン酸

(ウ)　ポジティブリスト制度

カ　次の(ア)～(カ)は，4つの語句のうち3つに共通する項目でグループ分けされる。その共通項目を答え，あてはまらない語句を1つ選び答えなさい。

(ア)　鹿料理　　兎料理　　馬料理
鴨料理

(イ)　みょうが　　ブロッコリー　　オクラ
カリフラワー

(ウ)　小豆　　さやいんげん　　そら豆
えんどう

(エ)　アスパラギン酸　　芳香族アミノ酸　　グルタミン酸
アルギニン

(オ)　ペクチン　　マルトース　　グリコーゲン
セルロース

(カ)　ビタミン　　炭水化物　　無機質

たんぱく質

(5) 下線dについては福井県においても重要な課題であり，男女共同参画や介護・福祉，住居などの視点が必要である。次の問いに答えなさい。

ア 福井県ではどの年齢階級においても女性の有業率は高いが，管理職に占める女性の割合は全国平均を下回っている。この状況を解決するための企業の取り組みであり，女性の参画を拡大する最も効果的な施策の一つを何というか，答えなさい。

イ 福井県において，母親が第1子を出産する年齢は昭和50年以来，年々高くなっており平成25年度は29.8歳であった。出産の高年齢化も少子化の要因とされる理由を答えなさい。

ウ 福井県の待機児童は0であり，子育てがしやすい環境だといわれる。しかし，企業(事業主)によっては働く女性に対して妊娠・出産を理由に不当な扱いをする場合がある。そのことを一般に何といわれているか答えなさい。

エ 次世代育成支援対策推進法に基づき一定の基準を満たすと申請によって，何という企業に認定されるか答えなさい。また次世代認定マークの愛称を答えなさい。

オ 2007年4月に熊本市の病院に設置された『赤ちゃんポスト』の正式な名称を答えなさい。また，その設置に際しては，子どもの生存や発達の権利といった児童福祉の理念が問われたが，それらの理念を明確にした，1951年にわが国で制定されたものは何か答えなさい。

カ 今年4月からスタートした，子ども・子育て支援新制度において新設された地域型保育に含まれる保育形態を1つ挙げて，説明しなさい。

キ 年齢や障がいの有無に関わらず，すべての人にとって使いやすくすることを何というか，答えなさい。

ク 平成27年度の介護保険制度改正に関する以下の説明文を読み，空欄①～⑤に合う語句を答えなさい。

(①)の世代が75歳以上となる2025年を目途に，重度な(②)状態になっても住み慣れた地域で自分らしい暮らしを人生の最後まで続けられるよう，医療・介護・(③)・住まい・生活(④)が一体的に提供される地域包括(⑤)システムの構築を実現する。

ケ　家族の縮小化により表面化した高齢者の孤独死について，共生社会の視点から打開するための手立てを具体的に答えなさい。

コ　福井県では本年度より住宅リフォームに対する助成事業の拡大をすることになったが，親世帯の近くに子供世帯が住むことを何というか。

(☆☆☆◎◎◎)

【２】被服について次の文を読み，各問いに答えなさい。

洋服は立体構成の代表的なもので，あらかじめ，a布地をのばす，bいせこむ，cダーツをとるなどの技法を用いて立体化して成型する。そのため，(①)・ボタンなどで容易にとめて着装することができる。流行に合わせて着こなしを変えるなど，多様な(②)が楽しめる。

和服は，着用しない時には(③)であるが，d前を重ねて，ひも・(④)などを用いて体に合わせて着付けることで立体化する。そのため，(⑤)をおこさないような着装技術が必要となる。和服は，(④)と着物の組み合わせや，eTPOなど，きまりごとが多いことも着装の特徴である，そんな和服は日本文化を代表するものであるが，今や日常生活では洋服が主流となっている。しかし，年中行事・通過儀礼・(⑥)などの場や国際的な場などでは，民族服としての役割を果たしている。

(1)　空欄①～⑥に適切な語句を答えなさい。

(2)　下線aの作業が必要な理由を答えなさい。

(3)　下線bの作業方法を説明し，洋服のどの部分に用いられるか答えなさい。

(4) 下線cが洋服の製作に必要な理由を説明しなさい。

(5) 下線dについて，上前になるのは左右どちらの身頃か答えなさい。

(6) 次のアからカは，女性用の浴衣の着方を説明した文である。着方として正しい順に並べ，記号で答えなさい。

ア．襟元を合わせ，胸元をひもで結ぶ。

イ．帯を締める。

ウ．襟先をそろえ，背中心と裾の位置を決める。

エ．おはしょりを整える。

オ．下前の襟先を腰骨の位置に合わせる。

カ．上前を重ね，腰ひもを結ぶ。

(7) 下線eのTPOは何の略称か，それぞれ英単語で答えなさい。

(8) 次の文中にある(A)～(C)の繊維名を答えなさい。

福井県の繊維の歴史は古く，奈良時代には既に(A)の全国有数の織物産地となっていた。そして現在は，アセテート長繊維織物・(B)長繊維織物の国内最大の産地となっている。有名ブランドのファッション衣料はもとより，スポーツ選手のユニフォーム等の高機能衣料分野から，カーシート，携帯電話，パソコン等の産業資材分野に至るまで幅広く活用されている。

さらに，最先端の繊維技術も発信されており，航空機のボディや人工衛星の部品として使用されている(C)なども「福井発」である。

(☆☆☆◎◎◎)

【3】次の各問いについて答えなさい。

(1) 高等学校学習指導要領の「家庭」について述べたものである。空欄①～⑧にあてはまる語句・数字を答えなさい。

・各学科に共通する教科「家庭」には，「(①)」，「家庭総合」，「(②)」の3科目がある。

・各科目の標準単位数は，「(①)」が(③)単位，「家庭総合」が(④)単位，「(②)」が4単位である。

・専門学科において開設される「家庭」には(　⑤　)科目がある。

・家庭に関する各学科においては，「(　⑥　)」及び「(　⑦　)」の2科目を原則として(　⑧　)に履修させる。

(2)　中学校学習指導要領「技術・家庭(家庭分野)」で，家庭分野の指導における，問題解決的な学習の進め方として4つの学習過程を例示している。その4つの学習過程を順に答えなさい。

(3)　(2)の問題解決的な学習方法は，高等学校「家庭」のどのような実践活動に結びつくか，2つ答えなさい。

(☆☆☆◎◎◎)

解答・解説

【中高共通】

【1】(1)　①　生きる力　②　家族　③　自立　④　地域　⑤　主体　(2)　ア　A【本時の目標】　コンビニの弁当の食材に輸入農産物が多く使われていることに気づき，自分たちの食生活と世界の食料事情との関わりについて考えることができる。　B【展開過程】　導入…コンビニ弁当のおかずと表示を見比べて，使用されている食材を確認する。　展開…統計資料をもとにどの食材がどこの国から輸入されているか調べる。世界地図を使って食材の移動距離を概算する。食材が自分たちの手元に届くまでに，多くの人の力やエネルギーを使っていることを知る。　まとめ…自分の食生活を振り返り，世界の環境や食料事情との関わりを理解する。　C【評価規準】・表示からコンビニ弁当の食材を知り，統計資料や世界地図から食材の移動距離を概算することができたか。(技能)　・食材が手元に届くまでに，多くの人の力や輸送エネルギーが使われていることを理解し，自分の食生活を振り返ることができたか。(知識・理解)

イ　(ア)　・元本が保障される安全性　・現金に換えやすく，預け入れや引き出しが自由にできる流動性　・利回りがよく，将来の値上がりが期待できる収益性　(イ)　式…500,000円×(1＋0.14)＝570,000円　570,000円×1.14＝649,800円　649,800円×1.14＝740,772円　総額…740,772円　(3)　ア　(ア)　a　(イ)　c　イ　(ア)　障子　・直射日光を拡散し，部屋内に半分近く透過し，柔らかい光で明るくする。　・夜は照明の光を反射させ，室内を明るくする。

(イ)　・長さや角度を調節することで，日照調節ができる。

・夏の直射日光を遮り，冷房に使うエネルギーを減らす。

(ウ)　・室内の通気性をよくする。　・光が部屋の奥まで差込み，部屋の明るさを均一にする。　ウ　・動物が棲みつくなど，周辺環境が不衛生になる。　・老朽化によって，自然災害で倒壊の危険性があり，防災上支障をきたす。　・除草や庭木の剪定などがされず，地域の景観を損ねる。　エ　(ア)　パークアンドライド

(イ)　カーボン・オフセット　(4)　ア　保健体育科　イ　おいしいふくい食べきり運動　ウ　開催都市…ミラノ　市町名…小浜市　特産品名…若狭塗り箸　エ　料理グループ…主食，副菜，主菜，牛乳・乳製品，果物　単位…SV　省庁名…厚生労働省・農林水産省　オ　(ア)　特定の食品を摂取すると健康になる，特定の食品を口にすると病気になる，ある種の食品は体に悪いなど，マスコミや書籍・雑誌の情報を信じて，バランスを欠いた偏執的で異常な食行動をとること。　(イ)　保存料として使用される不飽和脂肪酸　(ウ)　食品中に残留する農薬等に関して，一定量以上の農薬等が残留する食品の販売等を禁止する制度　カ　(ア)　共通…ジビエ料理　×…馬料理　(イ)　共通…花菜類　×…オクラ　(ウ)　共通…主に豆類に分類　×…さやいんげん　(エ)　共通…可欠アミノ酸　×…芳香族アミノ酸　(オ)　共通…多糖類　×…マルトース　(カ)　共通…調節素　調整素　保全素　×…炭水化物　(5)　ア　ポジティブ・アクション　イ　中堅労働年齢となるため，仕事のキャリアの中断を避けたい。　ウ　マタニティハラスメント　エ　企業…子育てサポート企業　愛称…くるみん　オ　正式名称…こうのとりのゆりか

ご 制定…児童憲章 カ 保育形態…家庭的保育(保育ママ) 説明…家庭的な雰囲気のもとで，少人数(定員5人以下)を対象とした保育 キ ユニバーサルデザイン ク ① 団塊 ② 要介護 ③ 予防 ④ 支援 ⑤ ケア ケ 地域の見回り，話し相手になる，買い物を手伝う コ 近居

〈解説〉(1) 中学校技術・家庭科家庭分野，高等学校の共通科目「家庭」の各科目について，各校種の学習指導要領における教科の目標および各学年あるいは各科目における目標のねらいや究極の目標を踏まえながら指導事項の意図や配慮事項をおさえていこう。

(2) イ (ア) 金融商品には銀行や保険会社，証券会社などの金融機関が販売する預金，株式，債券，投資信託，保険などがある。預金以外は複雑な金融市場の変化に直接左右される。金融商品には，「安全性」「流動性」「収益性」の3つの指標があるが，3つともに優れている金融商品はない。安全性とは，元本が保証される，金融機関が信用できるということ。流動性とは，現金に換えやすい，預け入れ，引き出しが自由にできるということ。収益性とは，利回りがよい，将来値上がりが期待できるということである。収益性の重視の金融商品には株式，投資信託，外貨建て金融商品がある。債券は国や自治体，企業などが必要な資金を借り入れるために発行する有価証券で，国債や社債がある。 (3) a エコマテリアルとは，リサイクルしやすい，製造や移動のためのエネルギーが少ない，製造・使用・廃棄時に環境を汚染しない材料のことをいう。 b コンバージョンとは今ある施設や建造物の用途を変更して再生，再利用することである。 c スケルトンは「骨組，構造体」，インフィルは「内装部分，内部の設備」のこと。日本の建物寿命は諸外国に比べて短く，すべて壊して新たに造ることを繰り返してきたが，環境保全の点から建物の骨組み(構造体)は残して内部設備を改築，改装する方法である。 イ 日本住宅に特徴的な材料としては他に，木材や畳，土壁の使用がある。木や畳の原料のい草，土は湿度の高い時には空気中の水分を吸収し，乾燥時には水分を放出する性質を利用している。 エ (ア) パークアンドライ

ドは都市の中心部や観光地の交通渋滞の緩和にもなり，結果として環境保全に寄与することになる。　(4)　イ「おいしいふくい食べきり運動」は，家庭における食品ロスを減らすために，一人一人が「もったいない」を意識して日頃の生活を見直す取り組みである。食材の廃棄量を少なくして使い切る料理を考えたり，飲食店での食べ残しを持ち帰る「ドギーバッグ」の普及を推進している。消費者側の取り組みの他，事業者や製造業者における食品ロスの取り組みは「フードバンク活動」が知られている。　エ　食事バランスガイドは「主食・主菜・副菜を基本に栄養バランスを」という食生活指針を実践するため，何をどれだけ食べればよいかを料理の選択の形で具体的に示したものである。従来の栄養素や食品群に焦点を当てた栄養指導とは異なり，なじみがあり誰にもわかりやすい料理を主食，主菜，副菜の形で実践した。　オ　(イ)　ソルビン酸は保存料として使用されるが，ビタミンEも酸化防止剤(保存料)として利用される。ソルビン酸は主に魚肉練り製品やケチャップに，ビタミンEはバターや魚肉製品に使用される。ビタミンEは脂質の酸化を防ぐため，食事中に不飽和脂肪酸が多い時はそれに見合ってビタミンEを多く摂取することが望ましいとされている。　(ウ)　ポジティブリスト制度施行以前は，食品衛生法に基づく残留基準が設定されていない農薬を含む食品については規制が困難であった。この制度の導入により，すべての食品について残留基準が定められていない場合でも一定量以上の農薬を含む場合については販売禁止にできるようになった。　(5)　ア　ポジティブ・アクションの取り組みとしては，女性の採用・職域の拡大，女性の勤続年数の伸長，職場環境の改善などが考えられる。　エ　企業に対し，働き方の見直しや仕事と子育ての両立支援について企業行動計画を策定するように求めている。たとえば，「父親の育児休業取得率を○％に上げる」，「子の出生時には父親に最低5日間の休暇を与える」などである。また，企業の子育て支援が厚生労働大臣の認定を受けると，子育てサポート企業として「くるみんマーク」を自社商品につけることができ，企業イメージの向上につながる。　オ　熊本市の慈恵病院に「こうのとりのゆりかご」が設置されている。このような取り組みは全国でこの病院だけである。ここに預けられた子どもは児童相談所に一時保護され，その後養子縁組などを検討する。　カ　内閣府所管の「地域型保育給付」の創設は，待機児童の大半が満3歳未満の児童であることを踏まえ，小規模保育，家庭的保育，居宅訪問型保育，事業所内保育の保育事業を，市町村による小規模な保育の形態として新設した。3歳以上の保育を行う認定こども園と連携し待機児童の解消を図る。小規模保育は利用定員6～19人以下，家庭的保育は利用定員5人以下，事業所内保育は従業員の子どもの他，地域の子どもにも保育を提供するものである。　ク　介護予防を推進し，できるだけ住み慣れた自宅や地域での生活を支えるために，在宅サービスや地域密着型サービスの整備の推進が必要になってきている。各自治体が地域の自主性や主体性に基づき，地域の特性に応じて作りあげるのが地域包括ケアシステムである。地域の医療と介護の関係機関が連携して在宅医療・介護，介護予防を行うこと，高齢者単身世帯の増加や都市の高齢化の進行に対応した多様な住まいを普及させること，在宅生活を継続するための日常的な生活支援も必要になる。地域包括ケアシステムの中心的役割を担うのが地域包括支援センターである。　コ　福井県は共働き率が非常に高く，1995年調査から4調査連続で全国1位である。子ども世帯は親の近くに住居を構え(近居)，出勤前に子どもを祖父母に預け昼間は夫婦共働きで仕事の帰りに子どもを引き取りに来る世帯が少なくない。高齢者も元気な人が多く，要介護認定を受けていない「元気生活率」は65～74歳では96.8％と全国1位，75歳以上でも73.1％と全国8位である。近居，共働き，元気な高齢者の3要素がうまく影響しあっていることがうかがえる。

【2】(1)　①　ファスナー，スナップ，ホック　など　　②　コーディネイト　　③　平面　　④　帯　　⑤　着くずれ　　⑥　冠婚葬祭

(2)　着用や洗濯によって被服にゆがみや縮みが生じるから

(3)　作業方法…ふくらみをもたせる部分の布端を縫い縮め，水とアイ

ロンでしわを消す　部分名…袖または肩　(4)　胸・胴・腰などの身体の曲面に合わせるため　(5)　左身頃　(6)　ウ→オ→カ→エ→ア→イ　(7)　T：Time　P：Place　O：Occasion

(8)　A　絹　B　ポリエステル　C　炭素繊維

〈解説〉(1)　⑥　文中の「通過儀礼」とは，七五三，成人式，結婚式，葬式など一生の中での節目となる儀式のことである。　(2)　下線aの作業は，地直しのことである。着用後の型くずれを防ぐため，裁断前に布のゆがみ，つれ，しわ，洗濯による収縮を防ぐなど布地を整えるのである。　(3)　いせこむ箇所は袖山や肩である。袖山のできあがり線の縫い代側に2本ぐし縫いをする。ぐし縫いの糸を引っ張りながら縫い縮ませいせこみを入れる。いせこみをした後，袖の丸みに沿うように仕上げる。後ろ肩周りの丸みも肩ダーツあるいはいせこみによって処理する。　(5)　和服では左側が上になった状態を「上前」といい，男女とも同じである。「右前」ともいうが，この場合の「前」は，最初に体に密着させるという意味にとらえるとよい。これに対して「左前」は，右身ごろが上にくる着方で，葬儀の時に死者に着せるやり方である。なお，洋服は男女によって上にくる身ごろが違う。男性は左身ごろ，女性は右身ごろが「上前」である。　(7)　服の選択に当たってはTPOを考えることが大事であるが，和装については着物や帯，小物などに素材や模様，柄の置き方でTPOによる細かな使い分けがある。(8)　絹，絹織物といった伝統を継承し続けるメーカーと最先端技術を追求するメーカーにより，福井県は日本を代表するテキスタイル産地となっている。アセテート長繊維織物出荷額全国1位(全国に占める割合20.0％)，ポリエステル長繊維織物出荷額全国1位(全国に占める割合30.4％)である。また，炭素繊維は航空・宇宙・建築・土木・車両・船舶など様々な分野に先端材料として使用されている。

【3】(1)　①　家庭基礎　②　生活デザイン　③　2　④　4　⑤　専門または20　⑥　生活産業基礎　⑦　課題研究　⑧　全ての生徒　(2)　計画→実践→評価→改善　(3)　学校家庭ク

ラブ活動　　ホームプロジェクト

〈解説〉(1)　⑤　高等学校学習指導要領(平成21年3月告示)の専門学科において開設される「家庭」の20科目のうち，4科目は高等学校学習指導要領(平成11年3月告示)から名称を変更し，科目「被服製作」は「ファッション造形基礎」と「ファッション造形」の2科目に整理分類されたため，従前の19科目から20科目になった。　⑥・⑦　専門学科における「生活産業基礎」は衣食住，保育，家庭看護や介護などのヒューマンサービスにかかわる生活産業に関する専門的な学習の動機づけや，卒業後の進路に向けての生徒の意識を深めることをねらいとしている。「課題研究」は「調査，研究，実験」，「作品製作」，「産業現場等における実習」，「職業資格の取得」，「学校家庭クラブ活動」の5項目で構成され，生徒の興味・関心・進路希望等に応じて，個人またはグループで適切な2項目以上にまたがる項目を設定することができる。
(2)　中学校技術・家庭科家庭分野では，学習した知識と技術などを活用し，これからの生活を展望する能力と実践的な態度をはぐくむことの必要性から「生活の課題と実践」に関する指導事項を設定している。「家族又は幼児の生活についての課題と実践」，「食生活についての課題と実践」，「衣生活又は住生活についての課題と実践」について，生徒の興味・関心に応じて3学年間で1又は2事項を選択して履修させることとしている。自分や家族の生活の課題を見つけ，その課題を解決するために計画を立てて実践する。各自の実践をまとめたり発表したりすることによって，お互いに感じたこと，意見など出し合う。評価し合う，友達からの意見を聞いて自分の取り組みの改善点を考えよう。
(3)　ホームプロジェクトは，各自の家庭生活の中の課題を見つけ，自分で計画・実行・評価をして次の課題に発展させ生活の向上を目指す。学校家庭クラブ活動は，ホームプロジェクトを発展させたもので，ホームルーム単位，家庭科の講座単位，学校単位で学校や地域の生活の中から課題を見いだし，課題解決を目指してグループで主体的に計画を立てて実践する問題解決的な学習活動である。

2015年度　実施問題

【中高共通】

【1】次の文章を読み，各問いに答えなさい。

夫婦が協力して子育てをすることは，家庭内の教育力を高め，親子関係を築く基本である。しかし，日本では，子育ては母親の役目という社会理念が残っており，父親は諸外国の父親に比べて，子どもと触れ合う時間が短く，その内容も乏しいとされる。

夫婦で子育てと仕事を両立させるための制度として，母体の健康に関しては(　①　)法で，労働時間短縮や出産休暇については男女雇用機会均等法や(　②　)法で，育児休業は(　③　)法で，保育に関しては(　④　)法により定められている。しかし，先に述べたように母親が子育てのために一時退職せざるをえないことが多いのが現状である。企業にも母親，父親が十分に育児にあたることができるような配慮が求められている。

(1)　(　①　)～(　④　)の法律名を書きなさい。

(2)　①の法律により，妊娠届を提出すると交付されるものは何か，その正式名称を書きなさい。

(3)　②の法律で定められている，産前・産後休暇の期間をそれぞれ答えなさい。

(4)　③の法律で定められている育児休業期間は，保育所に入所できないなど一定の場合，取得可能な期間は子どもが何歳になるまでか答えなさい。

(5)　2009年に国が男性の育児休業取得を推進するために設けた制度名を答えなさい。

(☆☆☆◎◎◎)

【2】認知症や知的障害，精神障害により，判断能力が不十分になった高齢者に代わり，その人らしい生活をするために必要な財産管理や生活，

治療，療養，介護などに関する法律行為を後見人等が本人に代わって行う制度名を答えなさい。

(☆☆☆◎◎◎)

【3】次の文章を読み，各問いに答えなさい。

日本では，豊かな自然と水に恵まれた気候風土の中，四季を通じて海産物や農産物にも恵まれ，a特徴的な食文化が形成されてきた。米を主食とし，野菜，豆，魚介などを副食とする伝統的な食生活を育み，b魚・海藻・大豆などの加工食品も発達した。また，海に囲まれ南北に長い地形から，その地域で取れるc旬の食材をおいしく食べるための工夫がなされてきた。それは，家庭や地域において伝承され，自然と人が共に育んできたd伝統的な特産物や郷土料理として定着しているものも多い。また，年中行事や通過儀礼に供されるe行事食も全国に数多く伝承されている。行事食には，家族の幸せや健康を願う意味が込められている。

(1) 下線aのような，自然を尊ぶという日本人の気質に基づいた食に関する習わしが，平成25年12月にユネスコに登録された。何と題して登録されたかを答えなさい。

(2) 下線bの日本の伝統的な食品の加工法としては，乾燥以外に何があるか，一つ答えなさい。またその加工法で作られた，日本の伝統的な加工食品も一つ答えなさい。

(3) 下線cを用いることの意義を授業で扱う際，cの良い点として押さえたいことを3つ答えなさい。

(4) 旬の時期に加えて，地元で育てられた食べものを食べる良さを，食育の祖，石塚左玄の教えでは何という言葉があるか。漢字4文字で答えなさい。人と土地とは切り離せないという意味を表す言葉です。

(5) 下線dについて，福井にもその地域にしかない伝統的な野菜が多く残っている。地域で大切に守られた福井の伝統野菜の中で，次の地名に共通する野菜は何か答えなさい。

ア　吉川　妙金　新保　立石

イ　谷田部　明里

ウ　穴馬　河内　山内　古田刈

(6)　七草がゆに使われる春の七草を答えなさい。

(7)　日本には箸を使う食文化がある。食のマナーを大切にするためにも正しい箸の使い方を知っておかなければなりません。マナー違反とされる箸の使い方の例をひとつ挙げなさい。

(☆☆☆◎◎◎)

【4】次の各問いに答えなさい。

(1)　5つの基本味とは，うま味の他に何があるか残り4つを答えなさい。

(2)　だしのうま味成分には，海藻や野菜に含まれる(　ア　)，肉や魚に含まれる(　イ　)，きのこに多い(　ウ　)などがある。

ア，イ，ウにあてはまるうま味成分を答えなさい。

(☆☆☆◎◎◎)

【5】栄養素や食品について次の各問いに答えなさい。

(1)　炭水化物を表す一般的な組成式(化学式)を答えなさい。

(2)　食物繊維は消化吸収されないのでエネルギー源になりにくいが，大切な働きがある。どのような働きがあるかを答えなさい。

(3)　海藻には多くの食物繊維が含まれている。その名称を1つ答えなさい。

(☆☆☆◎◎◎)

【6】次の住宅の平面図A・Bは，それぞれの家族の住宅である。家庭総合(4)ウ「住生活の科学と文化」において，この平面図を教材として活用した場合，どのような授業が考えられるか。下記のア～ウの観点にそって授業の流れを組み立てなさい。

ア　ねらい　　イ　導入・展開・まとめにおける指導内容

ウ　評価規準

A

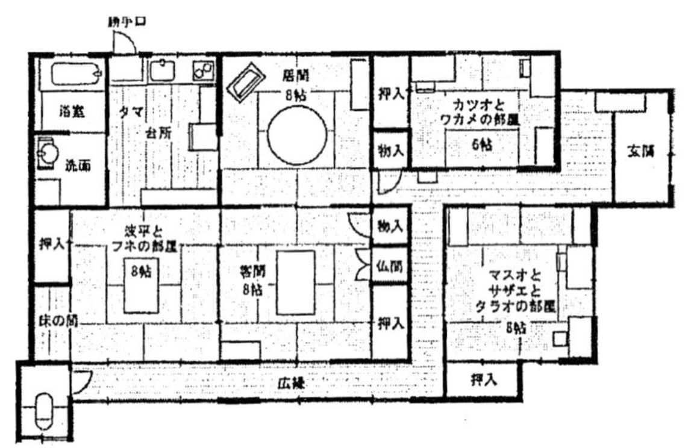

B

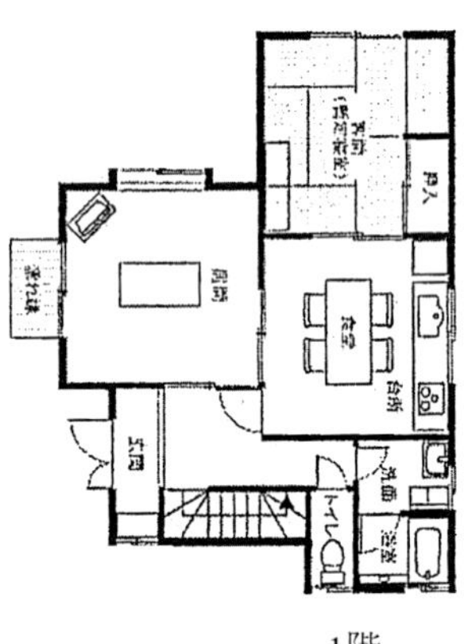

1階

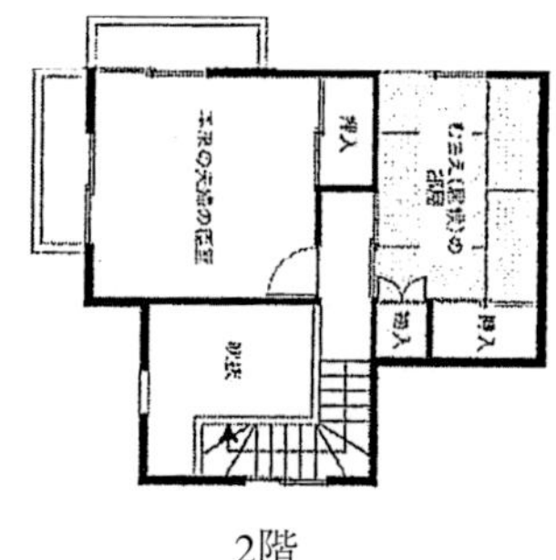

2階

(出典 http://www.megasoft.co.jp/3d/interview/kageyama/　3Dマイホームデザイナー)

(☆☆☆◎◎◎)

【7】次の文章を読み，各問いに答えなさい。

日本の住宅事情は高い水準にあるとは言えない。戦後の住宅不足から，高度成長期の量的住宅不足を経て，現在は住宅の質的不足の時代にあるといわれる。

この住宅問題を解決するために，「住生活の安定の確保および向上の促進」に関する施策がすすめられている。

(1)　2006年に制定された法律の名前を答えなさい。

(2)　(1)に基づき策定されたものは何か答えなさい。

(3)　住宅政策は，1世帯1住宅の実現という量の確保から質の向上へと移り変わってきた。(2)において数値目標を定めてその達成をめざしているのは，住宅性能水準，居住環境水準の他に何があるか答えなさい。

(4)　(1)や(2)のような住生活に関することを管轄している省庁はどこか答えなさい。

(☆☆☆◎◎◎)

【8】住生活に関する次の問いに答えなさい。

(1)　次の①から⑤は住居の特徴や考え方を，表した語句である。取り入れられた年代の古い順に並べ替えなさい。また，③の取り組みの例を1つ答えなさい。

①　食寝分離　　②　中廊下型住宅　　③　環境共生住宅

④　LDK　　⑤　書院造

(2)　日本各地には，その地域の気候風土を生かした地域特有の伝統的な住居が造られている。次の語句は，気候風土に応じた住まいの特徴を表したものである。それぞれの語句についてその特徴を説明しなさい。

①　合掌造り　　②　舟屋　　③　漆喰の瓦屋根

(☆☆☆◎◎◎)

【9】暮らしやすい住環境とは，住環境の5つの基本理念の条件が整っていることである。次の①～⑤はどの基本理念にあてはまるか答えなさい。

①　災害・災害などに備えている。

②　プライバシーへの配慮とコミュニケーションの場がある。

③　地域コミュニティの形成や環境負荷への配慮がある。

④　日照・通風・採光がよい。

⑤　交通機関，社会サービス，各種施設の利用がしやすい。

(☆☆☆◎◎◎)

【10】次の文章を読み，問いに答えなさい。

Sさんは，大学4年生である。ある日街を歩いていたら，店頭に飾ってあったバッグに目が留まった。手に入れたいと考えたが，かなり高価なものである。Sさんは，購入するかどうか迷っていた。

購入するに当たっての意思決定の過程を具体的に答えなさい。答える際には，5つの過程に分けて答えなさい。

(☆☆☆◎◎◎)

【11】次の各問いに答えなさい。

(a)衣服の着心地を左右する被服材料の多くは，繊維を原料としている。繊維は分類すると，(b)天然繊維と(c)化学繊維に分けることができる。それぞれの繊維の特徴を踏まえ，様々な用途の繊維製品が作られている。

(1) (b)の中で，長繊維名を答えなさい。

(2) (b)の中で，しわになりやすく乾きにくいが，吸湿性よく清涼感のある繊維名を答えなさい。

(3) (c)はさらに3つの繊維に分類することができる。3つの繊維名を答えなさい。

(4) (a)に関係する被服材料の性能を調べるバイレック法を簡潔に説明しなさい。

(☆☆☆◎◎◎)

【12】民族衣装として世界に誇れる着物は，昔から手工芸品などに作り変えがしやすい。その理由を答えなさい。

(☆☆☆◎◎◎)

【13】中学校学習指導要領(平成20年3月告示)第2章第8節技術・家庭科における家庭分野の目標について，各問いに答えなさい。

衣食住などに関するA実践的・体験的な学習活動を通して，(　ア　)に必要な基礎的・基本的な知識および技術を習得するとともに，(　イ　)について理解を深め，これからの生活を展望して，課題をもって生活をよりよくしようとする能力と態度を育てる。

(1) (　ア　)，(　イ　)にあてはまることばを答えなさい。

(2) 下線Aの学習活動の例を「A家族・家庭と子どもの成長」分野において1つ答えなさい。

(☆☆☆◎◎◎)

【14】次の文章は，高等学校学習指導要領(平成21年3月告示)について科目「家庭総合」の内容の取り扱いのうち「消費者問題と消費者の権利」の内容の範囲や程度を示している。文中の空欄①～⑤にあてはまる適語を答えなさい。

(　①　)化，情報化などの社会変化や，それに伴う販売や流通の多様化，消費者と事業者の(　②　)の格差など，消費者問題発生の社会的背景について考えさせる。その際，(　③　)法を基に消費者の権利とその実現の在り方，消費者保護に関する施策について理解させる。さらに，一人一人が権利の主体としての意識をもち，自ら進んでその消費生活に必要な情報を収集し，適切な(　④　)や消費行動によって意見を表明し，行動することなどが消費者の責任であり，権利を行使することにつながることを認識させる。

指導に当たっては，契約や消費者信用，(　⑤　)問題など，現代社会における課題を中心に取り上げ，消費者問題が生じる背景や守られるべき消費者の権利について理解させる。

(☆☆☆◎◎◎)

解答・解説

【中高共通】

【1】(1)　①　母子保健　　②　労働基準　　③　育児・介護休業　④　児童福祉　　(2)　母子健康手帳　　(3)　産前6週，産後8週　(4)　子が1歳6か月まで　　(5)　パパ・ママ育休プラス

〈解説〉(1)　母子に関わる法規は法律名，主な内容を整理すること。母性保護に関する法律は「母子保健法」の他に「労働基準法」，出産手当金や出産育児一時金の支給に関わる「健康保険法」，婚姻や出産を理由とする不利益取り扱いの禁止や妊娠中及び出産後の健康管理に関する措置を決めた「男女雇用機会均等法」があげられる。

③ 育児・介護休業法は2009年改正され，子育て期間中の働き方の見直しを図った。父親の育児参加により，取得率の低い男性の育児休業取得を促すものである。 ④ 児童福祉法では子育て支援センター，地域の子育てネットワークの充実などを図っている。 (2) 母子健康手帳は，母子保健法第16条第1項に基づくもので，市町村から妊婦に配布している。妊娠中の女性及び乳幼児の健康を記録する。

(4) 育児休業期間を延長できるのは，保育所に入所を希望しているが入所できない場合，1歳以降，子を養育する予定だった者が死亡・負傷・疾病などの事情で養育が困難になった場合である。 (5) パパ・ママ育休プラスは，父母が共に育児休業を取得する場合，休業を取れる期間を延長するという法改正の通称である。父母が同時で育児休業を取る場合だけでなく，父母が交代で育児休業をとる場合も，1歳2か月まで育児休業を可能にした。

【2】成年後見制度

〈解説〉成年後見制度は判断能力が不十分な高齢者や，成人に達した障害者を保護するためにできた制度である。契約や財産管理において不利にならないように，判断能力の程度に応じて代理人(後見人)が後見・補佐・補助を行う。後見人は本人の親族になることが多いが，親族がいなければ法律・福祉の専門家が後見人を務めることもある。成年後見制度を利用したいときは本人の住んでいる住所地の家庭裁判所に申し出る。身寄りがない場合は，市町村長が後見人開始の申し立てをすることも可能である。

【3】(1) 和食；日本人の伝統的な食文化 (2) 加工法…発酵，塩蔵など 加工食品…味噌，しょう油，納豆，酒，漬物，塩辛など

(3) 生産量が多い，味がよく栄養価が高い，季節感が味わえる

(4) 身土不二 (5) ア なす イ ねぎ ウ かぶら

(6) セリ，ナズナ，ゴギョウ，スズナ，スズシロ，ハコベラ，ホトケノザ (7) 握り箸，寄せ箸，迷い箸など

〈解説〉(1)　ここで掲げられている和食の特徴は「多様で新鮮な食材とその持ち味の尊重」「栄養バランスに優れた健康的な食生活」「自然の美しさや季節の移ろいの表現」「正月などの年中行事との密接な関わり」である。　(2)　魚の加工としては塩辛，くさや，なれずし，かつおぶしなどがあげられる。海藻の加工には塩蔵，つくだ煮がある。大豆の加工品は数多くあり，みそ・醤油・納豆などの発酵食品以外に豆腐，油揚げ，湯葉，豆乳などがある。　(3)　旬の食材のよさは生産量が多く価格が安くなる，栄養価が高い，旬の食材は国内産であるので，フードマイレージも低く環境負荷が低い，農産物・漁業の支援につながるといったことがあげられる。　(4)　問題の通り，身土不二(しんどふじ)は明治時代の医師石塚左玄が唱えている考え方で，人間の身体と土地は切り離せない関係にあり，その土地でその季節に採れたものを食べるのが健康によいとしている。同じような考え方に「食養生」がある。　(5)　ア　「吉川なす」「妙金なす」「新保なす」などと，地名が頭についたブランドになっている。それぞれ形も味も異なる希少価値の高いなすである。　イ　谷田部ねぎは白い部分が短く，釣り針状に曲がった形をしている。普通のねぎの育て方と異なり，途中で植え変えをし，2度目には斜めに土中深く植えて甘さを引き出している。すき焼き・鍋物・焼きねぎに最高のねぎといわれている。
ウ　穴馬かぶらは上が赤，下が白色のかぶら，河内赤かぶ，山内かぶらは茎・葉も漬け物にして利用する。福井県の野菜はそれぞれ色や形が異なり，特有の美味しさを出している。　(6)　七草がゆは松の内が明けた1月7日の朝にいただき，一年の無病息災を願った。お正月は食べ過ぎ・飲みすぎなど胃腸に負担をかけがちになる。さらに，昔のおせち料理は，緑黄野菜を使った料理は少なく，ビタミン・無機質が不足しがちだった。そこで，雪の下でも育つ若葉の生命力を取り入れ，新春に育ち始めた柔らかい七草を摘み，胃にやさしいお粥仕立てにして食べたのが始まりといわれている。　(7)　迷い箸は，どの料理を食べようかといろいろな料理に箸をつけること。ねぶり箸は，箸先をなめ回すこと。よせ箸は，箸で料理を手元にひきよせること。受け箸は，箸をもったままでおかわりをだしたり，受け取ったりすること。さし箸は，料理に箸をつきさして食べることである。

【4】(1) 甘味，酸味，塩味，苦味　(2) ア　グルタミン酸(ナトリウム)　イ　イノシン酸(ナトリウム)　ウ　グアニル酸

〈解説〉(1) 甘味，塩味，酸味，苦み，うま味で基本味になる。辛味が入らないことに注意しよう。味は基本的に，味蕾という舌の表面にざらざらした小さな突起で感じる。 (2) そのほかに，貝類に含まれるコハク酸があげられる。また，うま味の相乗効果も頻出なので，学習しておくこと。

【5】(1) $Cm(H_2O)n$　(2) ・満足感を持続させ食べ過ぎを防ぐ　・排便を促進させ便秘を予防　・大腸がんの予防　(3) アルギン酸(ガラクタン)

〈解説〉(2) 炭水化物は単糖類・少糖類・多糖類からなり，多糖類にはエネルギー源になるものと，エネルギーにならない食物繊維がある。具体的には，セルロース，ガラクタン，ペクチンである。これら食物繊維は便秘の改善，腸内細菌の改善，血中コレステロール濃度の上昇抑制，血糖値上昇の抑制，大腸がんの予防，有害物質の希釈・排出などの生理作用がある。 (3) 海藻に含まれる食物繊維はガラクタンであり，昆布やわかめに含まれるぬめり成分のアルギン酸も食物繊維である。海藻は酢の効果で食物繊維が柔らかくなり，体内に取り込みやすくなる。

【6】ア　(例) 平面表示記号など計画図面の表現方法がわかり，平面図を読み取ることができる(知識・理解)　イ　(例) 導入…Aの平面図を見せて，これがアニメーション番組の家族の家であることを説明し，誰の家なのかを考えさせる　展開…Aの中から平面表示記号を探させて，ワークシートに書かせ，何を表しているかを教科書などから調べさせる。Bの平面図が書かれたワークシートを使って，平面図がど

のような住居であるかを読み取らせ書かせる。　まとめ…住居の平面計画は平面表示記号などを使って表現することを伝える。

ウ　(例)　この平面図に書かれている平面表示記号を理解し，平面図を読み取ることができる(知識・理解)

〈解説〉住生活の科学と文化は「人の一生と住居」「住生活の計画と選択」「住生活と文化」「住生活と環境」で構成されている。その中で平面図を用いるのは主に「住生活の計画と選択」であるから，その内容に沿った授業を構成するのが最も適切であろう。　ア　ねらいは，①～③のようなことが考えられる。①平面表示記号がわかり，平面図を読み取ることができる。②AとBの住まい方の違いがわかる。③AとBの長所・短所がわかる。　イ　導入としては，①Aはサザエさん一家の家であること，②畳のある部屋を比較してみる，③A，Bの特徴的な家具を列挙してみるといったことが考えられる。展開としては①台所，居間，ダイニングキッチンの使い方，廊下の機能，トイレの位置と使い勝手や保健衛生上や健康上どんなことが考えられるか，ドアと引き違い戸(ふすま)との特徴を考えさせる。まとめとして，AとBの違いや特徴が分かるように発表形式で表にまとめるとよい。　ウ　平面表示記号がわかると，平面図から部屋のイメージが把握でき，A，Bの建物の特徴がわかるようになる。

【7】(1)　住生活基本法　(2)　住生活基本計画　(3)　居住面積水準　(4)　国土交通省

〈解説〉(1)　従来の住宅に関する政策は，国民のためにできるだけ数多くの住宅・住居を提供することに重点をおいたものであったが，住生活基本法では住宅の質の向上を目標に掲げている。　(2)　住生活基本法第15条第1項などに基づいて，具体的に策定されたものが住生活基本計画で，現在は2011年に改定され，2020年までの計画になっている。耐震基準の適合率・ユニバーサルデザイン化・省エネルギー対策・リフォームの実施率・住宅性能表示の実施率などの達成率向上を目指している。また，最低居住面積水準に満ちていない住宅を早期に解消するように提唱している。　(3)　住宅性能水準・居住環境水準・居住面積水準には，具体的数値が設定されている。居住面積水準には最低居住面積水準と誘導居住面積があり，誘導居住面積とは世帯人数に応じて豊かな住生活の実現の前提として，多様なライフサイクルに対応するために必要と考えられる住宅面積に関する水準である。それぞれの計算式を学習しておくこと。

【8】(1)　順番…⑤→②→①→④→③　　取組例…屋上の緑化，風力や太陽光エネルギーを活用した発電，蓄熱　　(2)　①　豪雪地帯であるため，雪が落ちやすいように茅葺きの屋根の傾斜が急になっている。また，屋根には厚みもあり蓄熱が可能である。2階部分より上が蚕室になっており，1階の居住部分で暖められた空気が上階に上がるため，養蚕に適しており，2階は穀物を干す場所としても使用されていた。　　②　1階部分が船のガレージや作業場として使い，2階を居室として利用している。漁業が盛んであるため，漁業と生活が一体化し，船が直接出入りできる居住形式が発達した。　　③　台風に対処するため，高さをおさえ，瓦が飛ばないように継ぎ目を漆喰で塗り固めてある。

〈解説〉(1)　①は1942年に建築学者の西山夘三が提唱したといわれる。②の中廊下型住宅は大正時代に提案され，廊下を挟んで南側の家族の部屋，北側を台所・便所・使用人の部屋，客間を玄関脇に配置，家族のプライバシーを客や使用人から守るような設計になっている。③の環境共生住宅は1998年に基準がつくられた。エコハウスともいい，自然エネルギーが最大限に生かされること，身近に手に入る地域の材料を使うなど環境に負担をかけない方法で建てられた住宅である。④のLDKはDKを更に進化させた様式で，DKに居間の機能を合わせた部屋のことである。⑤の書院造は室町時代の建築様式であり，現代の和風住宅にも影響を与えている。　(2)　①　合掌造りは雪の多い地域で，雪おろしが楽にできるよう，雪が積もりにくいように急勾配の屋根をもつ建物である。白川郷や五箇山に残っている。家の中には「いろり」

があり，いろりの煙の防腐・防虫効果で，住居に使用されている「かや」「縄」が長持ちし，毎日いろりを使用すれば70年はもつといわれた。屋根裏の床材は竹を使用し，煙が屋根裏に抜けやすくなっている。屋根裏を養蚕の作業場として使うようになっている。　②　京都伊根地区は日本海・若狭湾に面しており漁業が盛んで，階下は船場(船の収蔵庫)で上階が住居になっている。

【9】①　安全性　　②　快適性　　③　持続可能性　　④　保健性，健康性　　⑤　利便性

〈解説〉住環境の5つの基本理念は，WHO(世界保健機関)が提唱した居住環境の4つの理念(安全性，保健性，利便性，快適性)に持続可能性が追加されたものである。

【10】①　バッグが欲しい，バッグを手に入れたい，バッグを買いたい。なぜ欲しいのか(どんなときに使う，何を入れる)，本当に必要かどうかを考える。　②　商品について調べる。ほかの店を回ったり，カタログやインターネットを使う。価格・材料・値段・使いやすさ・機能・安全性・品質・取扱い方・アフターサービス・他の人の意見などを調べる。処分する際に環境に対して負担のかからないものかどうか調べる。　③　それぞれのバッグについて調べたことを比較検討する。どこで買うか検討する(インターネット，カタログの通信販売，ショッピングセンター，ディスカウントショップ，リサイクルショップなど)　④　購入有無，購入方法を検討する(中古品を買う，我慢する，どこの店で買う，クレジットで買う，現金で買うなど)　　⑤　バッグの購入は満足のいくものだったかを考える。本当に必要なものだったかを考える。

〈解説〉①　本当にそのバッグが必要かどうかを考える際，今流行のバッグであれば，あと何年流行するか，流行が終わっても使い続けるほどそのバッグが必要なのかも考えてみる。　②　他の店を回って，品質・外観・値段などの比較やカタログ・インターネットでの情報を得

ることなどの他に，環境の視点に立った検討を行ってほしい。環境負荷の少ないものかどうかチェックする。被服関係のリサイクル率は他業種に比べて低く，2～3年で買い替えるとしたら，購入によって廃棄物が増えることになる。作る人に公正取引(フェアトレード)が保障されているものかどうかもチェックすることも考えられる。　④　支払方法は，現金やクレジットカードでの支払いが考えられる。キャッシュカードで支払う場合は，返済計画なども考える必要があるだろう。

【11】(1)　絹　　(2)　麻　　(3)　合成繊維，半合成繊維，再生繊維　(4)　布の吸水性を調べる方法で，布を垂直に水の中に浸漬し，水が上昇した高さ(布の水の吸い上げ方)を測定する。

〈解説〉(1)　天然繊維は植物繊維の綿・麻，動物繊維の毛，絹がある。天然繊維の中で長繊維は「絹」である。　(2)　毛と迷うかもしれないが，毛はしわにならないので除外される。　(3)　再生繊維は天然に存在する成分を溶かし，再び繊維状にしたもので，レーヨンがよく知られている。半合成繊維は天然の繊維を化学反応させたもので，アセテートがあげられる。合成繊維は石油を原料にしたものがほとんどだが，とうもろこしを原料にしたポリ乳酸もある。　(4)　バイレック法は繊維の吸水性を調べる方法の一つである。吸水性の実験は，ほかに滴下法，沈降法がある。バイレック法は細長く切った布をつるして下端を水に浸漬し，10分後に水が上昇した距離(mm)を測る。上昇した距離が大きければ，吸水性が高いことがわかる。

【12】平面構成でできているので，作りかえがしやすい。

〈解説〉民族衣装は洋服のように体の線に沿って型紙を作り，裁断するのではなく，細長い反物を直線で裁断し，直線で仕立てあげるものが多い。着物の縫い目をほどいても，細長い布地のままなので，他の洋服やバッグなどの袋物に作り直せる。昔は着用しなくなった着物をはんてんやふとん，座布団に作り直し，最終的には布地を手で割いて「はたき」にするなど最後の最後まで利用していた。

【13】(1)　ア　生活の自立　　イ　家庭の機能　　(2)　・幼児とのふれあい体験学習　　・家族に関する物語等を活用しロールプレイングなど

〈解説〉学習指導要領に関する問題で，教科目標は最頻出であるため，全文暗記が望ましい。さらに文言の意味については，学習指導要領解説で確認し，内容を理解しておくことが重要である。　(2)　実践的・体験的な学習活動とは学んだ内容を生かして，生活上の課題を主体的にとらえ，実践を通してその解決を目指すことにより，生活を工夫し創造する能力や実践的な態度を育てる学習活動である。「生活の課題と実践」の指導事項は，家族又は幼児生活についての課題と実践，食生活についての課題と実践，衣生活又は住生活についての課題と実践である。

【14】①　グローバル　　②　情報量　　③　消費者基本　　④　意思決定　　⑤　多重債務

〈解説〉家庭総合の内容は「人の一生と家族・家庭」「子どもや高齢者とのかかわりと福祉」「生活における経済の計画と消費」「生活の科学と環境」「生涯の生活設計」「ホームプロジェクトと学校家庭クラブ活動」の6つの大項目で構成されており，本問は「生活における経済の計画と消費」に関する問題である。ここでは，消費者としての適切な意思決定に基づいて，責任をもって行動できるようにすること，今日の消費者問題について把握させること，消費者の自立を目指して行動することなどを学習する。特に，生活における経済の計画における内容の範囲や程度については，具体的に扱うようにすることとなっており，「契約や消費者信用及びそれらをめぐる問題などを取り上げて具体的に扱うこと」となっている。

2014年度　実施問題

【中高共通】

【1】次の文を読んで各問いに答えなさい。

私たちの食生活は，経済の発展とともに豊かになり，A必要な栄養素を十分に摂取できるようになった。その一方で，さまざまなB加工食品などの利用等による食の簡便化や，惣菜類の購入や外食によるC食の外部化がみられる。このような食生活の変化は，D食の安全性に関わる問題やE食糧自給率の低下，最終的には環境にまで影響を与えている。このため，F国民全体の啓発活動としてさまざまな活動が行われている。

(1)　下線Aに含まれる脂質は，食生活の変化とともに，性別・年齢を問わず過剰摂取になりがちな栄養素といえる。

以下の各問いに答えなさい。

ア　脂質のうち，体内でエネルギーとなる中性脂肪は，体内で1g当たり何kcalのエネルギーを発生させるか答えなさい。また，その中性脂肪は3つの脂肪酸とある物質が結合してできている。その物質名を答えなさい。

イ　脂質のうち，体の細胞膜を構成する物質名を答えなさい。

(2)　下線部Bについて，加工食品に表示が義務づけられているアレルギー物質7品目を全て答えなさい。(順不同)

(3)　下線部Cについて，「食の外部化」がもたらす，食生活上の問題点を2つあげ説明しなさい。

(4)　下線部Dについて

ア　特に，BSEや輸入野菜の残留農薬問題の発生などにより，消費者の食の安全性への志向が高まり，食品のリスク分析が行われるようになった。このことに関わる2003年制定の法律名を答えなさい。

イ　消費者が，インターネットを介して食品の履歴を調べることができる仕組みを答えなさい。

(5)　下線部Eについて，農林水産省は食糧自給率の向上をめざし「FOOD　ACTION　NIPPON」プロジェクトを立ち上げ，次のような「5つのアクション」を呼びかけている。以下の空欄に合う適語を答えなさい。

今が(　①　)の食べ物を選ぶ。

(　②　)でとれる食材を日々の食事にいかす。

ごはんを中心に，(　③　)をたっぷり使ったバランスのよい食事を心がける。

(　④　)を減らす。

自給率向上をはかるさまざまな取り組みを知り，試し，(　⑤　)する。

(6)　下線部Fについて，あなたの知っている福井県独自の食育推進の取り組みを1つ答えなさい。

(☆☆☆◎◎◎)

【2】調理に関して，以下の各問いに答えなさい。

(1)　調味料の「さ・し・す・せ・そ」とは，調味料を入れる順番を表すと言われる。「せ」が順番の後の方にくるのはなぜか理由を答えなさい。

(2)　にんじんのグラッセを作るときに必要な調味料を全て答えなさい。

(☆☆☆◎◎◎)

【3】高等学校家庭科「家庭基礎」の衣生活領域において，あなたが授業で取り上げたい実験を1つ答えなさい。また，その実験のねらいを明確にした上で，指導上の留意点を述べなさい。ただし，留意点はその実験に限るものとする。

(☆☆☆◎◎◎)

【4】織物の三原組織は【ア 平織，イ 斜紋織，ウ 朱子織】である。以下の各問いに答えなさい。

(1) 各組織ア～ウのよみがなを答えなさい。

(2) 【①ドスキン，②ローン，③サージ】はア～ウのどの組織にあてはまるか，記号で答えなさい。

(☆☆☆◎◎◎)

【5】次の文を読んで各問いに答えなさい。

昨年10月にIMF・世界銀行年次総会が開催され，クリスティーヌ・ラガルド専務理事が来日した。そこでは，緊急リポート『女性は日本を(そしてアジアも)救えるか？』が示され，パネリストのひとりであるラガルド氏は以下のことを述べた。

1) a 女性の労働力率を上げることは，世界のためだけではなく，日本のためになること

2) b 保育所の不足とc 家に留まるようにという社会的プレッシャーによって出産後多くの女性が仕事を辞めていること

3) 女性も，仕事が続けられるようにするためのd よりよい保育施設，e 支援，f 受け入れる文化があれば，それこそが日本経済を最良にするものだ

すでに少子高齢社会である我が国にとっては，今後ますます女性の働き方やその活躍促進は重要な行政課題となっていくと考えられる。以前より内閣府男女共同参画局をはじめ本県総務部男女参画・県民活動課でも男女共同参画推進に向けて，基本計画や指針を策定している。そのうち，本県の「第2次福井県男女共同参画計画」の基本的方向は以下の通りである。

Ⅰ g 世代に応じた意識改革と理解促進

Ⅱ 女性リーダーの出やすい社会づくりの促進

Ⅲ h 仕事と家庭の調和のとれた生活スタイルの実現

Ⅳ i 男女がいきいきと暮らせる環境の整備

Ⅴ j 女性に対する暴力の根絶

家庭科では「k　社会の変化に対応する」視点や課題意識を育てていくことが求められるが，男女共同参画社会についても小・中・高等学校を通し子どもの成長段階に応じた学習活動を盛り込んでいくことが期待される。

(1)　下線aについて，女性の労働力率が日本以上に男性のそれと差があるため国家として対策に乗り出しているアジアの国をひとつ答えなさい。

(2)　下線bについて，待機児童の増加と保育所不足は地域格差も大きく，特に大都市において問題となっている。少子化で子どもの数が減ったにも関わらず，なぜ保育所が不足するのか，(1)の女性の労働力率を踏まえて説明しなさい。

(3)　下線cについて，1960年代に広まった「子どものある年齢までは母親の手で育てないと，その後の子どもの成長に悪影響を与える」といった科学的根拠のない考え方を何と呼ばれているか，答えなさい。

(4)　下線dについて，集団保育では預かる幼児の健康を守る上で感染症予防がとても重要である。幼児がかかりやすい感染症のうち，近年，妊婦がかかると生まれてくる赤ちゃんに心疾患等を引き起こす可能性がある感染症は何か，答えなさい。

(5)　下線eについて，女性だけでなく夫である男性も育児休業取得が可能であるが，女性に比べ取得率はかなり低い。その理由についてどのようなことが考えられるか，述べなさい。

(6)　下線fについて，1985年にその条約を我が国が批准したことで，人々の性別役割分業の意識変革も含め，男女の労働格差を解消する契機となった国際条約名を漢字で答えなさい。

(7)　下線gについて，女子高校生が理系の道を志すことなども意識改革とされるが，そのように将来の自分の進路設計を行うことを何というか，カタカナで答えなさい。

　また，家庭科の授業において，どういった内容を指導する時に，進路設計を盛り込むことができるか，あなたの授業プランを述べなさい。

(8) 下線hについては，「地域による子育て・介護などの支援」も含まれる。地域住民が相互に助け合う方法の1つとして，子供を預けたい親と，預かりたい人が相互に登録する仕組みを何というか，答えなさい。

また，本県の子育て支援として元保育士や教員が相談員となって，子育てについての相談にのる体制づくりがある。その相談員としての県認定者を何というか，答えなさい。

(9) 下線iついては，「高齢者，障害者，外国人が安心して暮らせる社会づくり」も含まれる。高齢者や障害者が住みやすい生理衛生空間を授業で説明する場合，具体的にどのような工夫をあげるのがよいか5つ答えなさい。ただし，その工夫によってどう住みやすくなるのかを含めること。

(10) 下線jについては，中学・高校生の頃から学校において教育することも重要だといわれるが，恋人による暴力行為等は何と呼ばれているか答えなさい。

(11) 下線kについて，私たちを取り巻く社会の状況に応じて生活は日々変化する。最近の社会状況にも関連する以下の問いに答えなさい。

ア 今年2月に施行となった改正特定商取引法はどういった悪質商法をあらたに規制するための対策法か，その悪質商法名を答えなさい。

イ 少子高齢化を背景として世帯の高齢化が進み，日常の買い物にも困る高齢者「買い物弱者(買い物難民)」が本県でも問題となりつつある。原因としては自宅周辺の食料・日常品を扱う店舗の減少によって，交通手段がない高齢者にとっては日々の食料品購入などが困難になるからである。こういった欧米先進国でも見られる現象は何といわれるか，カタカナで答えなさい。

ウ 老齢年金支給年齢の引き上げにともない企業に定年の延長や廃止，嘱託なども含め継続雇用することを義務付けた法律が改正施行されたが，その法律の通称名を漢字で答えなさい。

エ　離婚後に子どもを連れて再婚することによってできる家族を何というか，カタカナで答えなさい。

オ　生活保護不正受給問題においては受給者の親族の経済的支援も問われることが多いが，民法において互いに扶養をする義務があるとされる親族を，記載されている文言通りに答えなさい。

カ　持続可能な社会には，住宅寿命を延ばすことも含まれるが，住宅や建築物を長持ちさせるのに効果的なことをカタカナで2つ答えなさい。

キ　我が国に限らず，地球温暖化の原因となる温室効果ガスを排出しないことは必要であるが，そういった社会は何社会といわれるか答えなさい。

ク　家庭，学校そして地域が連携し各ライフステージに応じた消費者教育体制を構築するために，昨年8月した成立した法律の通称名を漢字で答えなさい。

ケ　今後の段階的な消費税率引き上げは，住宅購入時期に影響を与えると考えられるが，今月に住宅購入契約をしたと仮定し，その資金2000万円を住宅ローンで賄う場合，あなたなら元金均等返済と元利均等返済とどちらを選択するか，その理由も含め答えなさい。

(☆☆☆☆◎◎◎◎◎)

【6】指導計画の作成について，各問いに答えなさい。

(1)　中学校技術・家庭科家庭分野における，学習内容A，B，C，Dをそれぞれ答えなさい。

(2)　高校における共通家庭科の指導計画の配慮事項について以下の各問いに答えなさい。

ア　各科目に配当する総授業時間数のうち，原則として，実験・実習に配当する時間は何分の何以上か，学習指導要領解説に記載の通り答えなさい。

イ　家庭科の指導に当たっては，教科・科目の目標を達成するとともに，他の教科との関連を図る必要がある。具体的に学習指導要領解説に記載されている中学校技術・家庭科，理科，保健体育科以外の教科名を2つ答えなさい。

(☆☆☆◎◎◎)

解答・解説

【中高共通】

【1】(1)　ア　9kcal，グリセリン　　イ　リン脂質　　(2)　えび，かに，卵，乳，小麦，そば，落花生　　(3)　・家庭での調理体験が減少するので，食品や料理などに関する知識や技術が伝承されにくくなった。・内食の意識が薄れ，調理を簡便化・省略化する中食の傾向が増えた。(4)　ア　食品安全基本法　　イ　トレーサビリティ　　(5)　①　旬　②　地元　　③　野菜　　④　食べ残し　　⑤　応援　　(6)　高校生食育王選手権大会

〈解説〉(2)　米国，カナダ，フランスにおいてアレルギー表示の義務化が進み，Codex委員会においても，アレルギー表示を規定する方向にあったことから，平成13年に5品目を特定原材料として表示を義務化，19品目を特定原材料に準ずるものとして，表示が推奨された。平成16年度の見直しで推奨表示に「バナナ」が追加され，さらに平成20年度の見直しで推奨表示だった「えび」「かに」が義務表示に格上げされ，現在は義務7品目，推奨18品目となった。　(6)　高校生を対象に，食に関する知識，調理技術や実践している食育活動などについて競うことを通じて，食に対する関心を向上させるとともに，「食を選択する力」を身に付け，望ましい食習慣の形成を図り，食育活動の実践を促進することを目的に平成19年より開催され，平成25年度までに7回開催されている。

【2】(1)　香りのある調味料は，その香りを損なわないようにするため。
(2)　バター，塩，砂糖

〈解説〉(1)　砂糖の「さ」，塩の「し」，酢「す」，醤油(せうゆ)の「せ」，味噌の「そ」。調味料はこの「さしすせそ」の順番で入れるのが美味しい料理を作る秘訣ともいわれている。一般的な料理では，砂糖は親水性が高く，先に入れないと味がしみにくいことから，「塩」は浸透圧作用でタンパク質の表面を固める等の理由で早めに用い，醤油や味噌のような発酵調味料は，基本的には加熱することで風味が損なわれていくのでできるだけ最後に用いるようにする。　(2)「グラッセ(glacer／glacé)」は，つけ合わせに用いるニンジン，小タマネギなどをバター，砂糖，少量の塩を加えた水で水分がなくなるまで煮て，表面につやを出すことを指す。また，冷製料理にゼリーをかける，マロングラッセのように菓子に糖衣をかけて表面につやをつけること等を指すこともある。

【3】実験名…布の性能(保温性)を調べてみよう。　ねらい…・保温性についてどのような事象をいうのかわかる。　・繊維の性質を理解することにより，被服にのぞまれる機能がわかる。　留意点…・温度の降下速度を考慮して，80℃程度のお湯を利用することとし，湯の扱いには十分注意させる。　・実験用布が手に入らない場合は，柔軟仕上げ剤を使用せず，洗濯した布を用意する。

〈解説〉「(2)　生活の自立及び消費と環境」の「イ　被服管理と着装」の内容について，実際の授業を想定し，どのようなねらいを持って，実験を設定するかを問うものである。実験については，被服管理に必要な「被服材料」や「洗濯」などに関連したものが想定できる。

【4】(1)　ア　ひらおり　　イ　しゃもんおり　　ウ　しゅすおり
(2)　①　ウ　　②　ア　　③　イ

〈解説〉「ドスキン」とは，5枚あるいは8枚の経繻子組織に製織後，縮絨し，起毛，カットを経てブラッシングを行ったもの。「ローン」は，細い織り糸を密に織った平織りの生地をいい，通常経に綿，緯にコーマ糸を用いる。元々はリネンで織られたが，現在は，ポリエステル／綿などの混紡糸でも作られている。リネンを模しているので，ハリがあり，薄いので　シャツ，ブラウス，ワンピースなどに使われる。「サージ」は梳毛糸の綾織り服地で，綾目が緯糸に対して45度の角度で現れる。学生服などに利用される。

【5】(1)　韓国　　(2)　共働き率や女性労働力率の上昇，出産後も働き続ける女性の増加，乳幼児の世話・養護を必要とする家庭の増加など。(3)　3歳児神話　　(4)　風しん　　(5)　男女間の賃金格差，性別役割分業意識，昇給の遅れなど　　(6)　女子差別撤廃条約　　(7)　キャリアプランニング　　プラン：青年期の課題など　　(8)　ファミリー・サポート，子育てマイスター　　(9)　・手すりがついて，身体を支えることができる。　・濡れても滑りにくい床で，転倒防止する。
・段差を解消し，つまずくのを防ぐ。　・開閉しやすいドアや引き戸とし，少ない力でも開閉できる。　・足下ライトによって，歩行の時，助けとなる。　(10)　デートDV　　(11)　ア　押し買い
イ　フードデザート　　ウ　高年齢者雇用安定法　　エ　ステップファミリー　　オ　直系血族・兄弟姉妹　　カ　リフォーム，メンテナンス　　キ　低炭素社会　　ク　消費者教育推進法　　ケ　(返済法：理由の順)　・元金均等返済：返済総額が少ない。　　・元利均等返済：最初は返済額が少ない。

〈解説〉(4)　風しんは，発熱，発疹，リンパ節腫脹を特徴とするウイルス性発しん症である。症状は不顕性感染から，重篤な合併症併発まで幅広い。免疫のない女性が妊娠初期に風しんに罹患すると，風しんウイルスが胎児に感染し，先天性心疾患，難聴，白内障を主症状とする先天性風しん症候群 (CRS)を引き起こすことがある。このうち，先天性心疾患と白内障は妊娠初期3か月以内の母親の感染で発生する。三大症状以外には，網膜症，肝脾腫，血小板減少，糖尿病，発育遅滞，精神発達遅滞，小眼球など多岐にわたる。　(5)　厚生労働省の調査な

どによると，育児休業を利用したい男性は3割以上いるにもかかわらず，実際には2.63％しか取得していないという実情がある。 (6) この条約は，人種・性・言語又は宗教による差別がなく，すべての者のために人権及び基本的自由を尊重する，といった国連憲章の内容を受けたものであり，1979年に国連総会で採択された。 (8) 福井県では，約500人の子育てマイスターがおり(平成22年4月)，子育て中の保護者の相談相手，マスメディアを通じて県民から寄せられた相談に対して，アドバイスを行うといったことを行っている。 (10) デートDVには身体的暴力だけでなく，精神的暴力(いわゆる「つきまとい」等)や経済的暴力(デート費用を負担させる等)なども該当する。 (11) ア 押し買いとはその家にある品物を安値で買ったことにして，持ち去ってしまうこと。「押し売り」の逆をイメージすればよいだろう。
イ 欧米ではフードデザート地域にジャンクフード店などが進出してきたため，肥満の人が増えたといった社会問題も生じている。
カ リフォームは内外装の改築，メンテナンスは整備や手入れなどをいう。 ケ 解答はどちらでも可だが，その利点を明確にすることが求められている。それぞれの特徴をまとめて学習するとよいだろう。

【6】(1) A 家族・家庭と子どもの成長 B 食生活と自立
C 衣生活・住生活と自立 D 身近な消費生活と環境
(2) ア 10分の5(以上) イ 公民(科) 数学(科)

〈解説〉(1) 小中学校の系統性を明確にする等の理由から，今回の改訂で小中学校ともに4つの内容に整理されたことに注意したい。
(2) ア 家庭科は実践的・体験的な学習活動を通して学習するという教科の特徴を把握しておきたい。なお，学習指導要領解説によると，「実験・実習には，調査・研究，観察・見学，就業体験，乳幼児や高齢者との触れ合いや交流活動などの学習活動が含まれる」としている。
イ 特に，数学科との関連は学習指導要領で初めて示されたことに注意したい。

2013年度 実施問題

【中高共通】

【1】次の文を読んで各問いに答えなさい。

「食べる」ことは「生きる」ことであり，A何を食べて生活してきたかは，その国・地域の文化につながる。我が国においてもB稲作文化に含まれる各地域の風土で育まれた食文化が伝承され，根付いてきた。

近年は「飽食の時代」といわれるが，C貿易によって日本人の食生活水準は保たれ，世界と日本人の食卓との結びつきが強まった時代といえる。また人々の生活が多様化し価値観の変化とも相まって，D味の均質化，食事の画一化といったことも指摘されるようになった。そこで，日本人の食生活を見直しE従来の食文化を守り後世に伝えようという機運も高まってきた。

家庭科はF平成20年3月告示の小・中学校学習指導要領，平成22年5月告示の高等学校学習指導要領において「食に関する指導を行う中核的な教科」として位置付けられ，食育を担う教科として明記された。

(1) 下線部Aについて，世界には穀物を主食とする地域が多いが，現在，世界三大穀物といわれるのは何か答えなさい。また穀物が主食として芋類よりも適している点を簡潔に説明しなさい。

(2) 下線部Bについて，アミノ酸価を求める式は以下の通りであるが，空欄①に合う適語と精白米の第一制限アミノ酸名を答えなさい。

$$\text{アミノ酸価}=\frac{\text{第一制限アミノ酸含量(mg/gN)}}{\text{(①　　)の中の上記アミノ酸含量(mg/gN)}}\times 100$$

(3) 下線部Cについて

ア　輸入食品をはじめ食品の安全や表示に関わる問題が多発したことから，平成15年に内閣府に委員会が設置された。この委員会の名称を答えなさい。また，この委員会が推進しているリスクコミュニケーションについて簡潔に説明しなさい。

イ　主食用の米は自給率100％であるが，高い関税をかける代わりに，一定量の米輸入を約束する制度によって外国産米も流通している。この制度によって設定される最低輸入数量は何といわれるか，カタカナで答えなさい。

(4)　下線部Dについて，幼少の頃からの食事によって味覚は鍛えられるといわれるが，摂取量が不足すると味覚障害を引き起こす無機質の種類を答えなさい。

(5)　下線部Eについて

ア　政府は平成24年3月に国連教育科学文化機関に対して「和食日本人の伝統的な食文化」を登録申請した。早ければ平成25年秋に可否決定されるが，何に登録されるよう申請しているのか答えなさい。

イ　和食の盛りつけには特徴があるが，以下の説明文の空欄に合う適語を語群から選びなさい。

和え物は食器に山高に盛るのが基本であり，最後に木の芽や針生姜など(①　　)盛りをのせる。尾頭付きの魚は(②　　)を左に(③　　)を手前に盛る。その際，添え物は魚の(④　　)に盛ることが多い。

【語群：上，尾，右，天，平，奥，手前，背，山，腹，左，下，頭】

ウ　本県は越前打刃物の産地として有名である。和包丁のひとつである柳刃包丁について説明した以下の文の空欄に合う適語を答えなさい。

形状は(①　　)刃で，主に(②　　)を作るときの(③　　)切りに使う。切り口を型崩れさせないためには，刃が(④　　)く，刃渡りが(⑤　　)い柳刃包丁を(⑥　　)から食材に入れ(⑦　　)まで一気にすっと手前に動かすように捌く。

(6)　下線部Fについて，家庭科では小・中・高等学校における内容の系統性や連続性が重視されているが，次の文章を読んで空欄に合う適語を答えなさい。

学習指導要領にはその基本理念である「(①　　)力」を具現化する内容が盛り込まれている。家庭科では小学校で家族，中学校で地域，高等学校では社会全体へと視点を広げ学習していくよう体系化し，小学校5年生と中学校1年生の学習の最初に(②　　)を設定することが明記され，小・中学校ともに構成は同じA，B，C，Dの4つの内容から成る。

平成10年改訂の学習指導要領では中学校で扱われたが，今回は小学校に盛り込まれたものとしてBの内容では(③　　)の基礎的事項の扱いがある。ただし，我が国の伝統的な日常食として(④　　)の調理は引き続き小学校に盛り込まれた。中学校技術・家庭科のAの内容では幼児と(⑤　　)活動が必修となり，Cの内容では「(⑥　　)の基本的な着装を扱うことができる」となった。中学校技術・家庭科ではA～Cの内容に生活の課題と実践が選択事項とされているが，指導に当たっては(⑦　　)な学習を進めるようにして，高等学校家庭科における(⑧　　)と学校(⑨　　)活動につなげていく。

高等学校では小・中学校での内容を深め，高校生の生活課題と生涯生活設計，(⑩　　)プランニングなどの学習を通して，生活を総合的にマネジメントする内容の充実が図られた。

(☆☆☆◎◎◎◎)

【2】次の文を読んで各問いに答えなさい。

人間と動物との違いのひとつに被服で身体を覆うかどうかがあるが，人はこの世に生まれ落ちてから死ぬまで被服を身にまとう。被服着用起源には諸説あるが，被服は国・地域の文化，居住地の気候，時代背景に応じて変遷するものである。そして，その機能としては大別して$_{A}$2つある。

現代は背広やズボン，スカートなどの洋服が被服の主流だが，世界各地には引き継がれた$_{B}$民族衣装があり，主に冠婚葬祭などでは着用されている。その材料となる繊維については古代より利用されてきた$_{C}$天然繊維をはじめ，従前の化学繊維に$_{D}$新たな性能を付加した繊維も開発・生産され，被服以外にも活用されている。つまり，目的に応じた多様な製品を生み出すため繊維は進化・開発され続けているといえる。

以前は日本においても各家庭内で家族の被服は作られたが，今日の一般的な家庭において，被服は作るモノではなく$_E$選択・購入するモノとなっている。ミシンのない家庭も珍しくなく，雑巾であっても製品として販売される時代である。そのため家庭科においては製作に関する知識と技術の習得を図ると同時に，$_F$被服の安全性，$_G$被服管理，$_H$環境への配慮などの学習を通して，多様な視点から被服ならびに衣生活をとらえる必要がある。

(1)　下線部Aについて，ルーブル美術館所蔵のフランスの太陽王ことルイ14世の肖像画からは，王がかつらをつけ，服を重ね，ハイヒールを履いて身体を大きく立派に見せていることがわかる。これは被服の何という機能か答えなさい。

(2)　下線部Bについて，昨年，来日したブータン国王は「ゴ」という民族衣装を着用していた。「ゴ」と日本の和服との着方の共通点について具体的に1つ説明しなさい。

(3)　下線部Cについて，毛は織物，編物，不織布のいずれにも加工できる。不織布加工を授業において実践する場合の方法を3つ答えなさい。

(4)　下線部Dについて，答えなさい。

環境問題の面からクールビズやウォームビズが提唱されるようになったが，後者において効力を発揮し，ソックス，肌着，スキーウエア等に用いられる繊維を何というか答えなさい。ただし，商標名では答えないこと。

(5)　下線部Eについて，既製服を選ぶ際にはその色も関係する。見え方を左右する色の3つの要素をすべて漢字で答えなさい。

(6)　下線部Fについて，パジャマなどの袖等がゆったりしたものは火がつきやすいため，着用したままでの調理は危険である。特にネルやフリース素材はわずかな炎が接触しただけで毛羽に火がつき，一瞬のうちに被服全体に燃え広がる。この現象を何というか，また燃焼しにくくする加工方法を何というか答えなさい。

(7) 下線部Gについて，衣替えで保管する際は防虫対策が必要である。繊維を食べる害虫を成虫名で1つ答えなさい。また混用すると化学反応を起こしやすい防虫剤の組み合わせを1つ答えなさい。ただし，商標名では答えないこと。

(8) 下線部Hについて，津軽地方で「津軽こぎん」といわれる模様には，布を再利用する伝統的技法が生かされている。それは布地を重ねて丈夫で暖かい衣服として再利用できるようにするためであったが，その技法名を答えなさい。

(☆☆☆☆◎◎◎◎)

【3】次の文を読んで各問いに答えなさい。

【Sさん(中学1年生)の一日】

朝をむかえ，Sさんはベッドの中で目覚めた。洗顔をして朝食を食べ，登校した。授業を終えて，部活動で汗を流し帰宅した。夕食後，台所と食事室と同じ空間にある居間のソファで家族と一緒に今日一日の出来事を話したりテレビを見たりしている。そろそろ勉強をしようとSさんは自分の部屋に入った。宿題がとても多くて大変だったが，一段落したので，大好きなアイドルグループの音楽を自分の部屋のソファに座って聴いた。その後，入浴してさっぱりしてからベッドに入った。「今日も一日頑張ったなぁ。」と，つぶやくと間もなくSさんは深い眠りについた。

(1) Sさんの部屋のように，部屋にベッドやソファなどを置き，椅子を使う生活のことを「イス座」様式という。一方，畳などに直接，座ったり横になって生活する様式のことは何というか。また，Sさんの部屋がその様式になった場合の利点を答えなさい。

(2) 文中の台所と食事室と居間が同じ空間となっている部屋の形態を何というか。アルファベット3文字で答えなさい。また，この形態の長所と短所を1つずつ答えなさい。

(3)　Sさんの生活の様子から，平成20年告示の中学校学習指導要領解説技術・家庭編に示されている住居の基本的な機能を1つ答えなさい。

(4)　Sさんの部屋は，出入り口が片開き扉，窓が両開き窓，押し入れが引き違い戸になっている。それぞれの平面表示記号を描きなさい。

(5)　平成24年5月に，関東地方で浄水場に有害物質が混入し断水措置がとられた。その物質は住宅の建材に使用されると健康被害を引き起こすおそれがある。その物質名と住宅において見られる健康障害の総称を何というか答えなさい。

(6)　暮らしやすい環境を考えた場合，住む家を含めてその周り全体を巻き込んだ「まちづくり」の視点も必要となってくる。福祉のまちづくりをとおして，生活者の意見から生まれた「高齢者，障害者等の移動等の円滑化の促進に関する法律」を略称では何法というか答えなさい。

(☆☆☆◎◎◎◎)

【4】次の表は給料明細の例である。表をみて，各問いに答えなさい。

基本給	扶養手当	住宅手当	時間外手当	—	支給総額
238,000	—	14,000	13,600	—	265,600

健康保険料	厚生年金料	雇用保険料	介護保険料	税　金		(ウ) 総額合計
5,879	11,794	929	—	13,250 (ア)	9,000 (イ)	40,852

(1)　税金として差し引かれるものの中で，(ア)は国税，(イ)は地方税である。それぞれの名称を答えなさい。

(2)　支給総額からさまざまな費用が差し引かれるため，実際に労働者がもらう金額と会社が支払う金額が異なってくる。このように費用が差し引かれることを何というか，(ウ)に当てはまる言葉を答えなさい。

(3)　表に記載されている介護保険料が差し引かれ始める年齢を答えなさい。

(☆☆◎◎◎◎)

【5】保育に関する次の各問いに答えなさい。

(1) 近年，保育所への入所要件を満たしているにも関わらず入所できないことが，大きな社会問題となっている。このような子どものことを何というか漢字で答えなさい。また，その数を減らすために，2010年から国と自治体が取り組んでいる事業の名称を答えなさい。

(2) 様々な保育事業の一つに「放課後児童クラブ」がある。どのようなものか説明しなさい。

(3) 子どもと子育てを社会全体で応援する総合的支援策が平成22年1月に閣議決定され，今後の施策の方向性が示された。この閣議決定されたものは何ビジョンというか，答えなさい。

(4) 平成24年4月1日に母子健康手帳が改正された。その中に新たに盛り込まれたものをすべて選び，番号を答えなさい。

① 手帳の大きさの指定が解除された。

② 胆道閉鎖症の早期発見のため便色カードが取り入れられた。

③ 妊娠中の夫の協力や父親の育児参加に関する記述を追加した。

④ 成長発達項目の一部について，「はい・いいえ」ではなく時期を書くようになった。

⑤「事故の予防」欄に，チャイルドシートの使用に関する記載が追加された。

(5) 新生児や6か月以下の乳児に対する過度な行為は，未発達な脳に出血を生じさせ，脳の障害を起こす恐れがあるということで，母子健康手帳にも予防に関する記載がされている。その行為によって引き起こされる症状の総称を何というか答えなさい。

(☆☆☆☆◎◎◎◎)

【6】高齢者の生活に関して次の各問いに答えなさい。

(1) 高齢者は，老化により日常の生活動作を不自由に感じる場合がある。そこで擬似体験によって，次の状態を生徒に理解させたい。どのような方法が考えられるか説明しなさい。

〔手指の感覚が鈍くなり，関節が固まって動かしにくい状態〕

(2)　老化による身体機能の低下のうち，視覚に関するものを3つ答えなさい。

(3)　高齢者の生活を支えるものとして公的年金制度があるが，年金受給者のうち第3号被保険者とは誰のことか答えなさい。

(4)　高齢者福祉の課題として，財政問題があげられる。支える側と支えられる側の関係は，「肩車型」「胴上げ型」「騎馬戦型」という言葉で表現されることがある。この言葉を過去，現在，未来の順に並べ替えなさい。また，このように変化してきた背景や理由などを【少子高齢化】，【社会保障制度】，【現役世代】の3つの言葉を使って説明しなさい。

(☆☆☆☆☆◎◎◎)

解答・解説

【中高共通】

【1】(1)　三大穀物…小麦，米，とうもろこし　　適している点…水分が少ないため，貯蔵性があり，輸送しやすい。　(2)　①　アミノ酸評点パターン　　精白米の第一制限アミノ酸名…リジン　　(3)　ア　委員会名…食品安全委員会　　リスクコミュニケーション…食品の安全性について消費者を含む関係者との間で情報の共有や意見交換を行うこと。　イ　ミニマムアクセス　　(4)　亜鉛　　(5)　ア　無形文化遺産　イ　①　天　　②　頭　　③　腹　　④　手前　　ウ　①　片　　②　刺身　　③　引き　　④　薄　　⑤　長　　⑥　刃元　　⑦　刃先　(6)　①　生きる　　②　ガイダンス　　③　五大栄養素　　④　米飯とみそ汁　　⑤　触れ合う　　⑥　和服　　⑦　問題解決的　　⑧　ホームプロジェクト　　⑨　家庭クラブ　　⑩　キャリア

〈解説〉(2)　アミノ酸評点パターンとは，必須アミノ酸9種類のそれぞれの必要量のことである。また，第一制限アミノ酸とは，食品中の各必

須アミノ酸量と評点パターンの必須アミノ酸量とを比較して，最も不足しているアミノ酸である。 (4) 亜鉛は牡蠣などの魚介類や肉，卵，小麦胚芽に多く含まれている。 (5) 無形文化遺産とは，無形文化遺産の保護に関する条約(平成15年締結)に基づくもので，国内の無形文化遺産を特定，目録を作成し，ユネスコにおいて「人類の無形文化遺産の代表的な一覧表(代表一覧表)」，および「緊急に保護する必要がある無形文化遺産の一覧表(緊急保護一覧表)」を作成することなどを定めている。無形文化遺産の一覧表に記載されたものとして，文楽，石州半紙，結城紬などがあげられる。

【2】(1) 社会生活的機能 (2) ・前の打ち合わせが左前である ・帯をして，たくし上げている ・懐に物入れ機能がある
(3) ・アルカリ性洗剤を使う ・お湯を使う ・強く揉む
(4) 吸湿発熱性繊維 (5) 色相，彩度，明度 (6) 現象…表面フラッシュ現象 加工…防炎(難燃)加工 (7) ヒメカツオブシムシ，ヒメマルカツオブシムシ，コイガ，イガなど 混用すると化学反応を起こしやすい組み合わせ…パラジクロロベンゼンと樟脳，パラジクロロベンゼンとナフタリン，樟脳とナフタリンから1つ
(8) 刺し子

〈解説〉(1) 衣服の2つの機能とは，保健衛生上の機能と社会生活上の機能の2つであり，身体を大きく見せることは社会生活的機能に該当する。 (2) ゴはブータン男性の着る民族衣装で，ブータン女性の民族衣装はキラという。 (4) 吸湿発熱性繊維とは，汗などの水分を吸収し，その吸着熱を利用して発熱する繊維のこと。元々，綿等でも吸湿発熱生はあるが，綿を上回る吸湿性，発熱性を持つレーヨンなどが代表例とされる。 (6) 技法名は他に，難燃加工ともいう。 (7) 混用して化学反応を起こすと，液化してしみの原因になることから，薬剤の混用には十分な注意が必要である。

【3】(1)　ユカ座　　ユカ座の利点…部屋の機能が固定されず，用途によりさまざまな使い分けができる。　(2)　部屋の形態…LDK　　形態の長所…すべてがひとつの部屋で行われるので配膳や後片付けに便利。　短所…調理作業による臭いや煙が部屋の中にも入り込み，食事の場として，また，生活の場としては雰囲気にかけることがある。

(3)　心身の安らぎと健康を維持するはたらき

(4)　片開き扉　　　　両開き窓　　　　引き違い戸

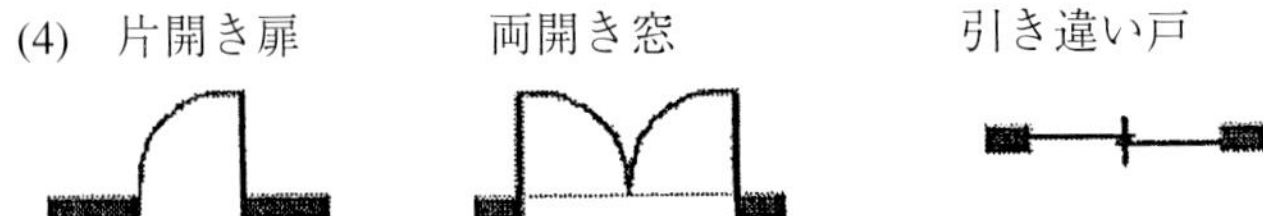

(5)　物質名…ホルムアルデヒド　　総称…シックハウス症候群

(6)　バリアフリー新法

〈解説〉(2)　Lは居間(リビング)，Dは食事室(ダイニング)，Kは台所(キッチン)を表している。　(3)　住居の基本的な機能はほかに，風雨，寒暑などの自然から保護する働き，子どもが育つ基盤としてのはたらきがある。　(5)　ホルムアルデヒドは合成樹脂の原料として，家具や建築資材，壁紙を貼る接着剤や塗料などに含まれている。しかし，毒性が強く，視覚障害や皮膚などの炎症の原因となる。　(6)　バリアフリー新法はハートビル法とバリアフリー法を統合した法律で，平成18年に施行された。

【4】(1)　ア　所得税　　イ　住民税　　(2)　控除　　(3)　40歳

〈解説〉(1)　所得税は累進課税制度をとっており，収入が高いほど，税率も高くなる。一方，住民税には都道府県民税と市区町村民税があり，税率は10%である。　(2)　実収入から非消費支出を差し引いた額を可処分所得という。　(3)　介護保険料は介護保険制度によって定められており，介護保険の被保険者は40歳以上(第2号被保険者)である。

【5】(1)　子どもの名称…待機児童　　事業名…待機児童解消「先取り」プロジェクト　　(2)　保護者が労働等により，昼間家庭にいない小学校などに通う子どもたちに，遊びや生活の場を提供し，その健全な育

成を図る事業　(3)　子ども・子育てビジョン　(4)　②と④
(5)　揺さぶられっ子症候群

〈解説〉(1)　厚生労働省発行の保健所関連状況取りまとめによると，平成24年4月1日時点での待機児童数は，24,825人で，2年連続で減少している。 (2)　放課後児童クラブは学童保育や学童クラブとも言われる。 (5)　日本では2002年から母子健康手帳に掲載されて注意が呼び掛けられるようになった。児童虐待にもなりうると，社会問題にもなってきている。

【6】(1)　薄いゴム手袋を2枚重ねてつけ，指を2本ずつテープで縛る。 (2)　老人性白内障，緑内障，視野狭窄，飛蚊症，老眼，加齢黄斑変性のうちから3つ　(3)　第2号被保険者の配偶者　(4)　胴上げ型 → 騎馬戦型 → 肩車型　背景や理由…日本は少子高齢化が進行し，人口構成が大きく変化したことなどから，高齢者を支える現役世代の割合は減少し，社会保障制度の機能を維持し制度を維持することが困難になってきている。今後も高齢者数は増加し続けるため，給付は高齢者中心，負担は現役世代中心という現在の社会保障制度を見直す必要がある。

〈解説〉(1)　高齢者擬似体験では，加齢による身体的な変化(筋力，視力，聴力などの低下)を知り，高齢者の気持ちや介護方法，高齢者とのコミュニケーションの取り方を体験的に学ぶことができる。 (2)　第1号被保険者は20歳以上60歳未満の自営業者・農業者とその家族，学生，無職の人等のこと，第2号被保険者とは，民間会社員や公務員など厚生年金，共済年金の加入者のことである。 (4)　胴上げ型，騎馬戦型，肩車型とは，高齢者(65歳以上)と高齢者を支える現役世代の人数関係を表す。現役世代が多い順に胴上げ型，騎馬戦型，肩車型となる。1965年では，高齢者：現役世代が1：9.1と「胴上げ型」であったが，2012年は1：2.4で騎馬戦型といわれる。さらに，2050年には1：1.2人となり肩車型になるという試算がある。

2012年度　実施問題

【中高共通】

【1】住居・環境に関する次の各問いに答えなさい。

(1) 市町村レベルの防災対策のひとつで，家庭科授業において実践可能なものがある。それは何か答えなさい。

(2) 地球温暖化防止のために，資源・エネルギーの有効利用を図り，周辺の自然環境と調和し，健康で快適に生活できるよう工夫された住宅およびその地域環境のことを何住宅というか。また，その住宅において，断熱効果とともにヒートアイランド現象を緩和することが期待できるものは何か，漢字4文字で答えなさい。

(3) 家庭で設置可能な燃料電池について，その仕組みと，新しいエネルギー供給源として期待される理由を簡潔に答えなさい。

(4) パッシブシステムとは何か。伝統的民家にみられる例を挙げながら簡潔に説明しなさい。

(5) 2000年4月施行の住宅品質確保法の柱のひとつに住宅性能表示制度がある。その表示には9項目あるが，そのひとつに温熱環境がある。これは何を意味するか，簡潔に説明しなさい。

(6) 自然災害によって体育館などに避難する場合がある。そのような避難所で満たすことが難しい住まいの機能について簡潔に述べなさい。

(☆☆☆◎◎◎◎)

【2】子どもの発達と保育に関する次の各問いに答えなさい。

(1) 日本の里親制度には，3親等以内の親族が養育する「親族里親」も含まれる。子どもからみて，「親族里親」に当てはまる尊属で3親等以内の親族は誰か，当てはまるすべての親族を子どもの側からみた場合の名称で答えなさい。

(2) 子育てにおいては父親，母親の両性のかかわりが重要である。母親のみならず父親の育児参加を推進するため，福井県でも昨年12月に作成・配布し始めたものがある。その冊子の名称を答えなさい。

(3) 社会全体で子どもたちを見守り，育てていくことを推し進めるために2003年にある支援対策推進法が制定された。その法律名を漢字で答えなさい。

(4) 子どもの年齢に応じて心理的ケアは異なるが，乳児期では保護する・授乳等の育児行動が重要となる。それによって子どもに確立される感情の発達で，以後の社会性を身につける基盤となるものは何か，答えなさい。

(5) 子どもの生活において遊びは欠かせない。遊びかたの発達において，遊びのルールをもちながら役割分担し一緒に遊ぶのは何といわれる仲間遊びか，答えなさい。

(☆☆☆◎◎◎)

【3】高齢者の生活と福祉に関する次の各問いに答えなさい。

(1) 高齢者に発症リスクが高く，体を動かさない生活を続けることによって心身の機能が低下する症状が出る疾患群を何というか，答えなさい。

(2) 介護の質と量の充実を目指すために，1994年に策定された高齢者福祉政策は何というか，答えなさい。

(3) 単独世帯が増えることによって，家族による支援が難しくなっている。家族とではなく，コミュニケーションと相互扶助のため少人数で共同生活を送ることがあるが，そのような生活共同体(集住形態)を何というか，答えなさい。

(4) 社会福祉の理念のひとつであるノーマライゼーションを簡潔に説明しなさい。

(5) 近年の介護の基本的考え方には，QOLの実現を目指すということがある。これは何の略かカタカナで書き表し，簡潔に説明しなさい。

(☆☆☆◎◎◎)

【４】家庭経済に関する次の各問いに答えなさい。

(1)　勤労者の場合，給与から前もって差し引かれる社会保険料は社会保障制度を支えるものである。このような義務的・公的な費用への家計支出は何といわれるか，漢字で答えなさい。

(2)　公的年金制度は，現在働いている現役世代が高齢世代を支えるという特徴がある。これは何といわれるか，漢字で答えなさい。

(3)　生活設計において必要となる意思決定について，具体的な例をあげて簡潔に説明しなさい。

(4)　経済状況の悪化や労働人口の減少により，女性の労働力率を上昇させることが必要とされる。だが現実には男女の就業機会には格差もあり，賃金格差も大きい。1995年に男女労働者が共に仕事と家庭を両立できるように，必要な措置を国に義務づけた条約が批准され，1999年にある法律が改正された。その条約を制定した国際機関名と法律名を答えなさい。ただし，法律は改生後の名称とし，漢字で答えなさい。

(☆☆☆◎◎◎)

【５】衣生活に関する次の各問いに答えなさい。

(1)　今年は今まで以上に節電につとめる必要がある。そのため，環境省では従来からの取組みを<u>さらに強化した取組み</u>を推進している。

ア　下線部の取組みの名称を答えなさい。

イ　この取組みを推進するためには涼しい着方を工夫する必要がある。どのような工夫が考えられるか。家庭科で指導する内容に沿って2つ答えなさい。

(2)　被服製作の際，仮縫いをして試着したら次のようなしわができてしまった。補正の方法を答えなさい。

そで山の両脇から肩に向かって出るしわ

(3)　ミシンについて，次のような状況の場合，実際に縫うとどのようなことが起こるか，3つ答えなさい。

針のつけ方が浅い，あるいは針を正しくつけていない

(4)　工業標準化法に基づく成人男性用衣料サイズの表示「92A4」のうち，「4」について説明しなさい。

(☆☆☆◎◎◎)

【6】食品衛生に関する次の各問いに答えなさい。

(1)　食中毒の原因となるO111，O157，O26などの細菌を総称して何というか，漢字8文字で答えなさい。

(2)　食中毒が発生した場合，関係自治体では原因究明調査および被害拡大防止策を講じるが，これらは何という法律に基づき実施されるか。この法律の名称と管轄している省庁を答えなさい。

(3)　次の表は食中毒を起こす細菌やウイルスについてまとめたものである。空欄①～⑥にあてはまる語句を答えなさい。なお，予防策は食中毒予防の三原則の中で最も適するものを1つ答えなさい。

名称	原因菌の主な生息場所	原因菌の特徴	予防策 (三原則で答えること)
①	鶏肉，卵	熱に弱い。	⑤
②	膿んだ傷口	加熱しても死なない。	⑥
③	人や動物の腸管，土壌，下水	芽胞は加熱しても死なない。	
④	二枚貝	熱に弱い。アルコールや逆性石けんは効果が無い。	

(4)　近年，全国的に，食後数時間で一過性の嘔吐や下痢の症状を呈し，軽症で終わる事例が多数報告され，病因物質不明有症事例として処理されてきた。これには，ある水産物に生息する寄生虫が関与していることが報告された。厚生労働省は，この寄生虫による症状が出た場合は食中毒事例として取り扱い，提供した店に指導を行うよう都道府県の自治体などに通知した。この水産物の名前を答えなさい。

(5)　米穀に関する問題が発生したときに，流通ルートを速やかに特定するため，米穀等の取引等の記録の作成・保存や，産地情報を取引先や消費者に伝達することを義務付けた法律を何というか答えなさい。

(☆☆☆☆◎◎◎◎)

【7】平成20年3月に告示された小・中学校学習指導要領および平成21年3月に告示された高等学校学習指導要領において，「家庭」では小・中・高の体系化が重視されている。次の各問いに答えなさい。

(1) 次の文章は，学習指導要領解説の一部で，快適な住生活についてそれぞれの校種で学習させなければならない学習内容についての記載である。(　ア　)～(　カ　)に入る適切な語句を答えなさい。

○小学校

「C快適な衣服と住まい」の(2)のイについては，主として暑さ・寒さ・(　ア　)・(　イ　)及び(　ウ　)を取り上げること。

○中学校

(　エ　)の事故の防ぎ方や(　オ　)への備え，室内の(　カ　)調節，音と生活とのかかわりなどの視点から室内環境の整え方が分かり，具体的に工夫できるようにする。

(2) 中学校で初めて学習する手縫いの名称を答えなさい。

(3) 金銭のやりとりをしないが，金銭と同じ価値があるため，使い方に配慮する必要があるものは何か，小学校と高等学校で取り上げるものを答えなさい。

(4) 小学校の食生活の内容で，従前は中学校での扱いとなっていたが，小学校でその基礎的事項を扱うことになった指導事項は何か。

(5) 小学校の調理実習に用いる食品については，従前と同様に扱わないようにするものがある。それは何か，また，その理由を答えなさい。

(☆☆◎◎◎◎)

解答・解説

【中高共通】

【1】(1) 安全マップ作り，避難場所・避難経路・家族との連絡のとり方の確認，非常持ち出し袋など日頃の備えの確認 など (2) 住宅名…環境共生(住宅) ヒートアイランド緩和策…屋上緑化

(3) 仕組み…水素と酸素から電気を作る 期待される理由…省エネ効果があり，CO_2の発生を削減できる。各家庭においては電気代，あるいはガス代等光熱費の節約に繋がる。 (4) 自然環境が持っている日射･風･気温等のエネルギーを有効に活用する建物の作り方や設計手法のこと。人間にとって快適な環境を作り出し，省エネルギーにつながる。例として，天窓により自然の明るさを活用する。縁側や窓等で開口部を大きく広くとることで風通しを良くする。庇を長くしたり植物等による緑のカーテンを作ることで，強い陽射しを遮る等が考えられる。 (5) 夏涼しく冬暖かい住環境が理想だが，その際にできる限りエネルギー使用量を削減しつつ，暖冷房を行うための工夫がされているかどうか(断熱化等)の省エネルギー対策の程度を表示する。

(6) 大勢の人々が共に避難している空間では，就寝分離やプライバシーの保護(家庭の空間や個人の空間の確保等)は難しいと考えられる。

〈解説〉(1) 避難訓練や心肺蘇生術の実践は困難だが，地域環境や家庭での準備を確認する学習ならば実践可能である。 (2) 環境共生住宅の特徴として，分別ゴミ保管庫や雨水貯留タンク等があげられる。断熱効果への期待と漢字4文字から，屋上緑化があてはまる。

(3) 燃料電池の原理としては，中学校理科で学んだ水の電気分解を思い出すとよい。 (4) 機械等に頼らず，直接自然のものを上手く活用している例を考えよう。本来，日本の伝統的な住宅には，四季の変化に対応した住まいが工夫されている。 (5) 一般社団法人住宅性能評価・表示協会によると，表示制度は現在，①構造の安定，②火災時の安全，③劣化の軽減，④維持管理・更新への配慮，⑤温熱環境，⑥空

気環境，⑦光・視環境，⑧音環境・遮音対策，⑨高齢者への配慮，⑩防犯対策の10項目になっている。　(6)　住宅の役割と非常事態での避難所生活との「ギャップ」を考えてみると容易に解答できるだろう。

【2】(1)　(父方母方それぞれにおける)祖父母，叔父・伯父，叔母・伯母，曾祖父母　(2)　パパチケット　(3)　次世代育成支援対策推進法　(4)　アタッチメント(愛着)　(5)　協同遊び

〈解説〉(1)は父母が死亡・行方不明・拘留等により養育できない場合，その親族が里親になるケースである。尊属とは自分よりも上の立場をさす。3親等以内の者なので，父方母方いずれにおいても，まず2親等である祖父母，次に3親等である伯父(父母の兄姉該当)・叔父(父母の弟妹該当)及び伯母・叔母，さらに曾祖父母も含まれる。　(2)　福井県子育て支援情報によると，2010年12月に「子どもは夫婦が協力して育てるという意識の形成を図り，子育てを楽しむ父親を増やすために」本書を作成した。第1子誕生にあたる母子手帳の交付と一緒に配布されている。　(3)　子育て中の労働者が仕事と家庭を両立するための雇用環境の整備等についてふれている。　(4)　特定の人との愛着が形成されると，子どもはその絆をよりどころにして成長していく。　(5)　仲間遊びには一人遊び・並行遊び・連合遊び・協同遊びがある。

【3】(1)　生活不活発病　(2)　新ゴールドプラン　(3)　グループホーム　(4)　障害者や高齢者なども普通の生活を送ることができるようにすること。　(5)　名称…クオリティーオブライフ　説明…人間の生活を身体機能や物質的豊かさからだけでなく，文化面や交友関係，生きがいなど精神的豊かさも含めて総合的に捉える考え方

〈解説〉(1)　外出が減り，座りっぱなしになる等，生活が不活発になって全身の機能が低下する症状をいう。　(2)　高齢者のための福祉対策は，1963年に老人福祉法が制定され，その後高齢化が進む中1989年に「ゴールドプラン(高齢者保健福祉推進10ヵ年戦略)」，1994年は「新ゴールドプラン」，1999年には「ゴールドプラン21」が制定され，高齢者の

自立支援のために地域や介護サービスの充実が図られている。
(3) グループホームは家庭に近い小規模の住環境の中で，数人から数十人の単位で共同生活をする施設。スタッフの支援を受けながら，認知症高齢者が共同生活を送る認知症対応型共同生活介護施設もある。
(4) ノーマライゼーション(normalization)とは通常化の意味。障害者や高齢者等が，地域で普通の生活を営むことを当然とするもので，福祉の基本的考えでもある。 (5) QOL(quality of life)とは，人生の満足度に焦点を当てた「生活の質」「人生の質」「生命の質」をさしている。

【4】(1) 非消費支出 (2) 世代間扶養 (3) 例えば，「就職」は経済面での自立につながることでもあり，就職はどうするか，どこに就職するか，どのような仕事をするか等生活設計においても重要な意思決定といえる。その他「結婚」「住宅購入」などもある。 (4) 国際機関名…ILO(国際労働機関) 法律名…改正男女雇用機会均等法

〈解説〉(1) 社会保険料は健康保険料や年金等が該当し，衣食住や通信費及び教育費等，直接消費するための費用(消費支出)とは異なる。これらは家計支出上，消費ではないが支出する費用ということで「非消費支出」という。 (2) 国民皆保険制度では，世代と世代が助け合うという考えに基づいた制度であるため，現在働いている現役世代が保険料を納めることで高齢者の年金を支える。 (3) 生活設計における必要な意思決定にはいろいろあるが，経済面の基盤である働くことすなわち就職や，家族を創造していく結婚，またその中で重要な買い物になる住宅取得などは家計にも大きく関わることから，生活設計における重要な意思決定といえる。 (4) ILO(International Labor Organization)は，国連機関の1つ。女子差別撤廃条約の精神を雇用の場で具体化した条約である。

【5】(1)　ア　スーパークールビズ　　イ　・吸湿性や通気性が優れている等，涼しい着方ができる衣服の組成・繊維を着用する。　・被服気候の学習と結びつけ，首元を広く開口すること(開襟等)で涼しく感じられるようにする，等。　(2)　そで山を高くする(あげる)
(3)　針が折れる，針目が飛ぶ，上糸が切れる，下糸とかみ合わない(縫えない)等。　(4)　身長区分で4番にあたる，すなわち身長165cmに該当するサイズのこと。

〈解説〉(1)　ア及びイについて，2011年3月に起きた東日本大震災による影響で電力(供給)不足が懸念され，該当する地域を中心に節電対策がとられた。従来，CO_2削減のための夏場の節電対策として，ノーネクタイ等の「クールビズ」が推進されていたが，それ以上の節電対策として，上着やワイシャツではなくポロシャツの着用等でより一層冷房に頼らない節電対策がとられた。家庭科の授業としては，通気性や吸湿性等繊維の性質の学習，および快適に着用するための基礎知識である被服気候等にふれた学習が考えられる。　(2)　肩に向かってしわができるのは，肩山が高いためである。　(3)　針が正しくつけられていないと針に関するトラブルが発生すると同時に上糸と下糸が絡み合うミシンそのものの操作も不可能になる。　(4)「92 A 4」の92は胸囲区分で男性の場合は胸囲(チェスト)のサイズそのまま，Aは体型区分で胸囲と胴囲の寸法差，4は身長区分の番号で165cmを意味している。

【6】(1)　腸管出血性大腸菌　　(2)　法律名…食品衛生法　　省庁…厚生労働省　　(3)　①　サルモネラ(属)菌　　②　(黄色)ブドウ球菌
③　ウェルシュ菌　　④　ノロウイルス　　⑤　菌を殺す　　⑥　菌をよせつけない　　(4)　ひらめ　　(5)　米トレーサビリティー法(米穀等の取引等に係る情報の記録及び産地情報の伝達に関する法律)

〈解説〉(1)　一般に報道等で伝えられるのは「病原性大腸菌O157」という表現だが，漢字8文字で総称を答えるので「腸管出血性大腸菌」となる。
(2)　食中毒関係は食品衛生法であり，健康に関することなので厚生労働省が管轄省庁となる。　(3)　①　カンピロバクターも考えられるが，鶏肉に比較的多いのはサルモネラ(属)菌である。　② 毒素型の細菌である。仕出し弁当等でみられる食中毒は，調理人によるこの種の食中毒が多い。　③ ウェルシュ菌はヒトや動物の腸管内に常在菌として生息し，また土壌や下水等の自然界にも広く分布している。芽胞を有する杆菌である。　④ かき等の貝類に冬場でも多発する食中毒である。　(4) 厚生労働省のホームページ(食中毒関係)で確認するとよいだろう。嘔吐や下痢等軽症ながら原因不明の食中毒が報告されている。水産物として該当するのは「ひらめ」である。　(5) 食品に関する情報伝達という時は「トレーサビリティー」を連想するとよい。米に関しては米穀や米飯類，米加工食品等を対象に「米トレーサビリティー法」がある。

【7】(1) (ア) 通風　(イ) 換気　(ウ) 採光　(エ) 家庭内　(オ) 自然災害　(カ) 空気　(2) まつり縫い　(3) 小学校…プリペイドカード　高等学校…クレジットカード　(4) 五大栄養素　(5) 扱わないもの…生の肉や魚　理由…安全面･衛生面への配慮(小学校段階では調理に関して基礎段階であるため，扱いや衛生面で生の肉や魚は管理が難しいと考えられるから)

〈解説〉平成20年告示の学習指導要領で小中学校家庭科の内容表記が統一され「家族・家庭生活」「食生活」「衣生活と住生活」「消費生活や環境」の4つで示された。これは，学習の接続をスムーズにし校種間の連携を意識しているためである。　(1) 住生活領域に関し，小学校では暑さ・寒さの関連で通風・換気・採光を扱うことが明記されている。一方，中学校では防災を意識した内容や快適な室内環境の整え方として，音に関する内容も盛り込まれている。　(2) 小学校では手縫いの基礎として並縫い・半返し縫い・本返し縫い・かがり縫いを扱っている。　(3) 現金以外での支払方法として，カードに関する学習は必至である。三者間契約によるクレジットカードの学習は，高等学校で扱うことになっている。　(4) 五大栄養素については，平成10年告示の学習指導要領でいったん中学生の範囲となったが，平成20年告示の学習指導要領で小学校に復活した。　(5)　かつて学校給食で発生した食中毒事件の影響もある。食に関する安全性が重視されている昨今，調理技術が十分とは言えない小学校段階では食中毒への危険性が高い生の肉や魚の扱いは難しいと考えられている。

2011年度　実施問題

【中高共通】

【1】海外からの輸入品が増加し，企業が生産コストを抑えることにより，私たちは衣料品を安く手に入れることができるようになった。しかし，その一方で安易に衣服を廃棄する傾向が強まり，環境に対して悪影響を及ぼしている。環境に負荷を与えないためにも適切な衣服計画が必要となる。衣生活と環境について次の問題に答えなさい。

(1)　資源の有効利用，環境への負荷軽減の観点から，購入から廃棄までの各段階でそれぞれどのような配慮が考えられるか。5Rと結びつけ，具体的な事例をあげなさい。また，それが5Rの中の何と関連しているかを答えなさい。

[購入]→[活用]→[手入れ]→[保管]→[再利用]→[廃棄]

(2)　次の言葉を30字程度で説明しなさい。

ア　生活雑排水

イ　オーガニックコットン

(☆☆☆☆☆◎◎◎)

【2】被服製作について次の問題に答えなさい。

(1)　次の文は平成11年3月告示の高等学校「家庭」学習指導要領解説の一部である。(　　)に適する語句を答えなさい。

被服製作の題材については，身体の(　ア　)を覆う(　イ　)を中心として扱い，(　ウ　)での学習経験と関連を図り，学校及び(　エ　)に応じて適切に設定する。

(2)　次の作業を一般的な製作の順に並べ替えたとき，4番目と9番目の作業を答えなさい。

試着　　地直し　　本縫い　　採寸　　着装　　デザインを決める
補正　　裁断　　型紙の準備　　仮縫い　　仕上げ　　しるしつけ

(3)　次の布地幅はそれぞれ何と呼ばれているか答えなさい。

ア　144cm　　イ　36cm　　ウ　92cm

(☆☆☆☆◎◎)

【3】安全な住生活を営むためには防火，防犯，耐震などの安全性に配慮した住まい方を考える必要がある。その中の地震対策について次の問題に答えなさい。

(1)　高校生が実行可能な地震対策を3つ書きなさい。

(2)　建物に関する安全性は，1950年に制定された，建物を建築する際の最も基本的な法律によって定められている。この法律の名称を答えなさい。

(3)　土台や梁などが直交するところに取り付けて補強し，ゆがみを少なくする斜材を何というか答えなさい。

(4)　柱と柱の間に，対角線上に入れる補強材を何というか答えなさい。

(☆☆☆☆◎◎)

【4】次の問題に答えなさい。

(1)　平成21年9月1日に内閣府の外局として消費者庁が発足したが，その主な目的を答えなさい。

(2)　平成18年に新しく作られた貸金業法が，平成22年6月19日に全面的に施行された。次の文は消費者金融の利用者にとって重要な借入れのルールを示したものである。(　　)に適する数字や語句を答えなさい。

「総量規制」

借入残高が(　ア　)を超える場合，新規の借入れができなくなる。

借入れの際に(　イ　)書類が基本的に必要になる。

「上限金利の引き下げ」

法律上の上限金利が，(　ウ　)%から，借入金額に応じて(　エ　)%～(　オ　)%に引き下げられる。

(3)　問題のある販売方法によって商品を購入してしまい，クーリングオフ制度を利用して解約しようと考えている。解約可能となる条件を3つ答えよ。

(☆☆☆☆◎◎◎)

【5】平成21年3月に告示された高等学校学習指導要領の「家庭」について，次の問題に答えなさい。

(1) 従前の「生活技術」を改編し，名称を変更した科目を答えなさい。

(2) 家庭科の学習を実際の生活と結び付け，課題解決学習を行うホームプロジェクトや学校家庭クラブについては新たに目標が設定された。(　　)に適する語句を答えなさい。

自己の(　ア　)や(　イ　)の生活と関連付けて生活上の(　ウ　)を設定し，解決方法を考え，計画を立てて(　エ　)することを通して生活を(　オ　)に探究する方法や(　カ　)の能力を身に付けさせる。

(☆☆☆☆☆◎◎◎)

【6】日本は，先進国のなかでも極めて低い食糧自給率である。その背景としては，①国民の食生活の多様化　②農産物の自由化　③国内の農業生産量の減少などがあげられるが，世界の食糧事情も絡み，国策として食糧自給率の増加が重要課題となっている。食糧自給率と関連した次の問題に答えなさい。

(1) 特に食糧自給率が低く，国民の食生活とも関連の深い農産物を二つ答えなさい。

(2) 平成17年に農林水産省が国内農業生産のみで供給できるカロリーを試算した結果，主食の代替にもなり得ると考えられた農産物名を一つ答えなさい。

(3) 背景①に関して，1970年以降摂取が減少し続けている農産物を答えなさい。

(4) 1日の摂取エネルギーのうち脂質，たんぱく質，炭水化物が占める割合を何というか。さらに背景①によりその割合がどのように変化したかを簡潔に説明しなさい。

(5) 食料をはじめ多くのものを輸入に頼る日本にとって，生産国なしには我々の生活は成り立たない。近年，農薬や機械化に頼らずに生産されたものを正当な価格で購入することを通じて，現地の生産者の健康や環境を破壊せずに，公平な取引を推進し，生産国の人々の自立を支援する運動が展開されるようになってきた。特定非営利活動法人が中心となって行われるこの運動を何というか答えなさい。

(☆☆☆☆◎◎◎)

【7】次の文は福井県における食育に関連する推進計画の基本理念の一説である。後の問いに答えなさい。

私たちのふるさと福井は，全国トップクラスの健康長寿県であり，これを支えている大きな要因として，①ごはんを中心にいろいろな食材をバランスよく組み合わせた食生活があげられます。現在も生活の中には，報恩講料理など地元の食材を活かした郷土料理や越前おろしそば，へしこ等伝統的な②食文化が息づいています。また，本県出身の(　ア　)は，化学的食養長寿論の中で，地方に先祖代々伝わってきた伝統的食生活にはそれぞれ意味があり，その土地に行ったらその土地の食生活に学ぶべきであるという「身土不二」すなわち「(　イ　)」の原理を発表するとともに，食の栄養，安全，③選び方，組み合わせ方の知識とそれに基づく食生活が心身ともに健全な人間をつくるという教育，すなわち「食育」の大切さを説いています。生産から食べるまでの体験活動などにより，県産農林水産物を選択することや食生活の改善，食を大切にする気持ちを醸成する「食育」と，新鮮で安全な食材を生産し，それを積極的に食生活に取り入れていく「(　イ　)」が結びついたものが健康長寿な「ふくいの食」の特徴であると言えます。私たちは，この「ふくいの食」を通じて健康で豊かな人間性の育成を目指していく必要があります。　(福井県HPから抜粋)

(1)　下線部①を何というか。

(2)　食生活の見直し，健康づくり，生活習慣病の予防，食糧自給率の向上につなげていくことを目的とし，食生活指針に基づいて料理例と概量が示している平成17年6月に発表されたものを何というか答えなさい。

(3) 下線部②は国によって異なるが，日本料理の場合，基本となる献立の構成を何というか答えなさい。

(4) 次の日本料理においてア～オの料理は1～5のどこに配膳されるのが適当か。番号で答えなさい。

料理名： ア 飯 イ 筑前煮 ウ みそ汁
エ 青菜のおひたし オ だし巻き卵

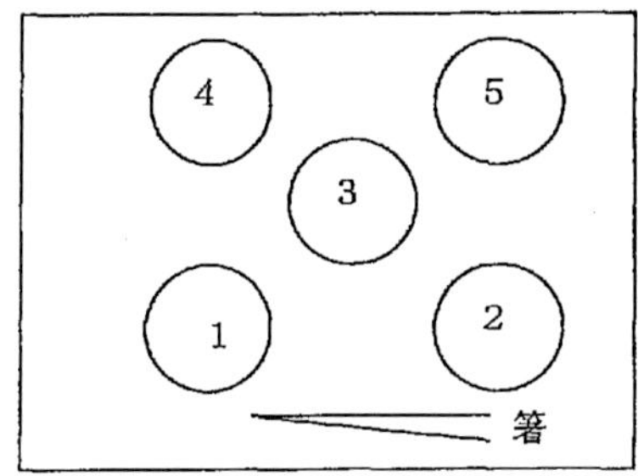

(5) 文中の(　　)に適する語句を答えなさい。

(6) 下線部③の目安として多くの食品表示がある。安全な食品を食べたいという消費者の要求に対し，農薬や化学肥料を使わずに栽培された農産物を使用し，化学的に合成された食品添加物や薬剤の使用を避けることを基本として加工された食品につけられる表示を何というか答えなさい。

(☆☆☆☆☆◎◎◎)

【8】現在，日本は少子高齢社会である。その背景としては①平均寿命の伸び ②人々の生き方の多様化などがあげられる。次の問題に答えなさい。

(1) 下線部①の結果，高齢者をめぐる社会問題も顕在化してきた。介護問題ではA介護者，要介護者がともに高齢者という場合やB介護者のストレスも原因のひとつといわれる虐待も起こっている。

ア 下線部Aのような介護は何といわれるか。漢字で答えなさい。

イ　改正介護保険制度によって介護保険のとらえ方が予防重視システムとなったが，それにともない各地に設立され，地域住民の心身の健康維持や生活の安定，保健・福祉・医療の向上，財産管理，虐待防止など様々な課題に対して，地域における総合的なマネジメントを担い，課題解決に向けた取り組みを実施していくことをその主な業務とする施設を何というか答えなさい。

ウ　下線部Bの増加にともない2006年に制定された法律名を漢字で答えなさい。

(2)　下線部②は，A一人の女性が一生のうちに産む子どもの数が減ってきたことにもあらわれる。これには女性だけでなく男性も含めた人々の生き方が関わっている。例えば，Bあえて結婚しない，C婚姻届を提出しない結婚，D結婚後も子どもはもうけず共働き，E成人後も独身のまま親と同居し親の経済力や基礎的生活条件に依存することなどの生き方がある。しかし，一方，子育てしやすい環境整備がなされ，男性の家事労働への参加率ならびにF育児休業取得の率増加が見込まれれば，少子化に歯止めがかかるともいわれている。そこで福井県でも多くのG子育て支援策を打ち出している。また，H働く人が子育てや介護，自己啓発，地域活動などといった仕事以外の生活と仕事を自分が望むようにどちらかに偏ることなく実現させていこうという考えも広がりつつある。

ア　下線部A～E，Hを何というか，答えなさい。

イ　下線部Fに関して平成22年6月30日より施行された改正育児・介護休業法では，夫婦で育児休業を取る場合，2ヶ月育児休業期間が延長されるようになった。これを何というか答えなさい。

ウ　下線部Gにおいて，福井県では，小さな子どもを連れた保護者や妊婦に対する気配りを県民一人ひとりが持ち行動を起こしてもらい，子育てに優しい社会の実現を目指す運動を実施している。その運動を何というか答えなさい。

エ　ふくいウェルフェア事業実行委員会は福井県の協賛を得て，18歳未満の子どもが3人以上いる子育て家庭にカードを発行している。買い物や食事の際にそのカードを提示することで，協賛企業(店舗)で割引や特典が授与される。そのカードを何というか答えなさい。

(☆☆☆☆◎◎◎)

解答・解説

【中高共通】

【1】(1) (段階…具体例，名称の順) 購入…過剰包装を断る，リフューズ　活用…修理しながら長く使用する，リペア　手入れ…繊維に適した手入れをする，リデュース　保管…防虫・防カビ剤を入れる，リデュース　再利用…使用したものを再生し再び製品として活用する，リサイクル　廃棄…人に譲る，リユース　(2) ア　家庭から排出される汚水のうち，トイレからの排水以外のもの　イ　農薬や化学肥料などを使わずに栽培・収穫された綿花

〈解説〉(1) 循環型社会を目指すための行動として，Reduce(リデュース，ゴミを減らす)，Reuse(リユース，再利用する)，Recycle(リサイクル，再び資源として利用する)のいわゆる3Rが推奨されてきたが，この3RにRefuse(リフューズ，不要なものは買わない)を入れた4R，さらにRepair(リペア，修理して長く使い続ける)を入れた5Rも提唱されている。5Rを問う問題は多くはないが，3R，4Rは頻出問題であることから，受験生としては5Rまで憶えていたほうが無難であろう。

(2) ア　生活雑排水は，一般家庭などから出る，し尿以外の排水のことで，台所・洗濯・洗面所排水を合わせた総称である。　イ　オーガニックコットンとは，3年間農薬や化学肥料を使わないで栽培された農地で，農薬や化学肥料を使わないで生産された綿花のこと。頻出用語なので確認しておこう。

【2】(1)　ア　躯幹部　　イ　衣服　　ウ　中学校　　エ　生徒の実態　(2)　4番目：地直し　　9番目：補正　　(3)　ア　ダブル幅　　イ　並幅　ウ　ヤール幅

〈解説〉(1)　学習指導要領解説P63参照のこと。新学習指導要領からの出題ではないので注意すること。　(2)　順に並べ替えると，デザインを決める → 採寸 → 型紙の準備 → 地直し → しるしつけ → 裁断 → 仮縫い → 本縫い → 補正 → 試着 → 仕上げ → 着装，となる。　(3)　一般的に生地屋で売られている布地の幅は71cm(シングル幅)，90cm(ヤール幅)，110cm，150cm(ダブル幅)であり，和服を作る場合は並幅(36cm)を使う。

【3】(1)　・家具などが倒れないように，留め金や支え棒で固定する。・避難場所，避難経路を確認しておく。　・家族との連絡方法を決めておく。　(2)　建築基準法　　(3)　火打ち　　(4)　筋交い

〈解説〉(1)「高校生が実行可能な」がポイントである。他に，自分の部屋で逃げ道を確保しておく(扉が開くよう家具を配置する)，非常食を用意しておく等があげられる。　(2)　建築に関する法律の出題で最も多いのは建築基準法である。　(3)　火打ちとは木造建築の土台・梁・桁など，水平に直交する部材の補強として用いられる斜め材のことである。筋交いと混同しないよう注意すること。　(4)　筋交いとは，軸組構造住宅で柱と柱の間に対角線に取りつけられる補強材のことである。

【4】(1)　各省庁にまたがっていた消費者行政を一元化するため　(2)　ア　年収の3分の1　　イ　年収を証明する　　ウ　29.2　エ　15　　オ　20　　(3)　業者の営業所以外であること，購入価格が3000円以上であること，契約書面の受理日から8日以内であること

〈解説〉(1)　消費者庁の設置目的は『消費生活における被害を防止し，安心して安全で豊かな消費生活を営むことができる社会の実現に寄与する』である。「消費」をキーワードとする問題は増加傾向にある。

消費者の4つの権利も頻出問題なので，あわせて学習しておこう。
(2) 総量規制とは個人の借入総額が，原則，年収等の3分の1までに制限される仕組みをいう。上限金利の引き下げについては，従来の出資法では金銭の貸し付けを行う者が業として金銭の貸し付けを行う場合においての上限金利29.2%，利息制限法がそれぞれの金額に応じ20%，15%となっていたが，出資法の上限金利が20%に引き下げられた。
(3) 他に，政令で指定された商品またはサービスの契約であること，消費者であること等がある。クーリングオフの出題は頻出なので，しっかり頭に入れておくこと。

【5】(1) 生活デザイン (2) ア 家庭生活 イ 地域 ウ 課題 エ 実践 オ 科学的 カ 問題解決
〈解説〉(2) ホームプロジェクトは高校家庭科の特色のひとつであり，「各自の生活の中から課題を見いだし，課題解決を目指して主体的に計画を立てて実践する問題解決的な学習活動」を指す。ホームプロジェクトと学校家庭クラブ活動については，今後も出題される可能性があるため，学習指導要領解説などで概要などを確認しておくこと。

【6】(1) 小麦，大豆 (2) さつまいも (3) 米
(4) 名称…PFC比率 変化…炭水化物が減り，脂質の比率が高くなった (5) フェアトレード
〈解説〉(1) 2009年度の日本の食糧自給率は，小麦が11%，大豆が6%であった。生産量は多いものの，原料は輸入に頼っている代表的な農産物である。 (2) さつまいもは主食の代替にもなりうる農産物である。あまり出題はないが，頭に入れておくとよい。 (3) 米の摂取量は，食の西洋化，欧米化が進んで減少傾向にある。そんな中，再び日本食を見直したり，小麦粉の代わりに米粉を使用するといった工夫が行われているが，まだまだ振るわないのが現状である。 (4) PFC比率とは，たんぱく質(P)，脂質(F)，炭水化物(C)のそれぞれから，摂取する総エネルギーのうち何%取ればよいかを示す比率で，15～20%をたん

ぱく質(P)から，20～25%を脂質(F)から，そして55～60%を炭水化物(C)から摂取するのが理想的であるとしている。　(5)　フェアトレード(公平貿易)とは，発展途上国で作られた作物や製品を適正な価格で継続的に取引することによって，生産者の持続的な生活向上を支える仕組みをいう。

【7】(1)　日本型食生活　　(2)　食事バランスガイド　　(3)　一汁三菜　(4)　ア　1　　イ　4　　ウ　2　　エ　3　　オ　5　　(5)　ア　石塚左玄　　イ　地産地消　　(6)　有機JASマーク

〈解説〉(2)　食事バランスガイドは，健康で豊かな食生活の実現を目的に策定された「食生活指針」(平成12年3月)を具体的に行動に結びつけるものとして，平成17年6月に農林水産省と厚生労働省により決定された。「食事の基本」を身につけるための望ましい食事のとり方やおおよその量をわかりやすく示している。　(3)　用語としては，一汁一菜，一汁五菜もあるが，日本食の基本は一汁三菜と憶えておいたほうが無難。　(4)　配膳の問題は頻出である。手前左が飯，手前右が汁もの，真ん中が香のもの(酢の物)，奥左が煮もの，奥左が生もの(焼きもの)となる。本問の場合，真ん中に青菜のおひたしを，右奥にだし巻き卵をおくことがポイントとなる。　(5)　石塚左玄は地産地消の先駆者である。郷土人に関する出題はよくあるのでおさえておこう。

(6)　有機食品のJAS規格に適合した生産が行われていることを登録認定機関が検査し，その結果，認定された事業者のみが有機JASマークを貼ることができる。

【8】(1)　ア　老老介護　　イ　地域包括支援センター　　ウ　高齢者虐待防止法　　(2)　ア　A　合計特許出生率　　B　非婚　　C　事実婚　D　ディンクス　　E　パラサイトシングル　　H　ワーク・ライフ・バランス　　イ　パパ・ママ育休プラス　　ウ　ママ・ファースト運動　エ　すまいるFカード

〈解説〉(1)　ア　高齢者が高齢者を介護することを老老介護という。

イ　地域包括支援センターとは，平成18年4月1日から介護保険法の改正に伴い創設された機関で，地域住民の心身の健康維持や生活の安定，保健・福祉・医療の向上，財産管理，虐待防止など様々な課題に対して，地域における総合的なマネジメントを担い，課題解決に向けた取り組みを実践していくことをその主な業務としている。　ウ　高齢者虐待防止法は，高齢者に対する虐待が深刻な状況にあり，高齢者の尊厳の保持にとって高齢者に対する虐待を防止することが極めて重要であること等から高齢者虐待の防止，養護者に対する支援等に関する施策を促進する法律である。　(2)　ア　A　合計特殊出生率とは，人口統計上の指標で，一人の女性が一生に産む子供の数を示す。統計で使われる用語は混同しやすいので，注意すること。　B　非婚は未婚と同じだが「結婚できないのではなく，結婚したくない。」という人のこと。　H　ワーク・ライフ・バランスは，労働と私生活の(適度な)バランスである。　イ　パパ・ママ育休プラスは，父母がともに育児休業を取得する場合には，休業を取れる期間を延長するという法改正の愛称である。　ウ　ママ・ファースト運動は，電車やバスで席を譲ったり，ベビーカーでの段差の上り下りを手助けするなど，妊娠中の方や小さな子どもを連れた方を優先する県民運動である。　エ　すまいるFカードの制度は，社会全体で子育てを応援し，子育てにやさしい地域社会づくりを目指して，18歳未満の子どもが3人以上いる子育て家庭を，県内の協賛企業が応援する事業である。ウ，エのように県独自の施策等に関する出題は増加傾向にあるので，ホームページなどで確認しておきたい。

2010年度　実施問題

【中高共通】

【1】近年，我が国においては，①食中毒の発生，食品偽装や輸入食品からの有毒物質の検出等，食の安全，信頼をおびやかす事件が多く発生している。私たちの食生活の安全と衛生について，次の問題に答えなさい。

(1) 下線部①について，2007年，2008年に日本で発生した事件の中から，(ア)食中毒の発生，(イ)食品の偽装表示，(ウ)食品の産地偽装に関するものについて，1つずつ概要を説明しなさい。

(2) 福井県では，カンピロバクターおよびふぐ毒による食中毒が相次いで発生したことから，今年4月6日～19日の2週間，食中毒多発注意報が発令された。次表は本県の過去5年間の食中毒の発生状況を表している。下の問題に答えなさい。

<病因物質別食中毒件数>

	H16	H17	H18	H19	H20
ノロウイルス	1	5	6	1	1
腸管出血性大腸菌	0	0	0	0	3
その他の病原大腸菌	1	0	0	1	0
サルモネラ	0	1	0	0	0
腸炎ビブリオ	2	1	0	0	1
ウエルシュ菌	1	0	0	0	1
カンピロバクター	3	2	0	0	1
その他の細菌	0	0	1	0	2
ふぐ毒	0	0	0	0	0
きのこ毒	0	0	0	1	0
病因物質不明	1	2	5	3	5

(福井県HPから抜粋)

ア　表から読み取れることについて，次の観点から説明しなさい。

(ア) 年による食中毒発生件数

(イ) 病因物質の特徴とその背景

イ　微生物による食中毒の予防三原則を答えなさい。

ウ　ノロウイルスによる食中毒が特に発生しやすい季節を答えなさい。

エ　調理実習において，親子丼，みそ汁，生野菜のサラダを作ることになった。

カンピロバクターによる食中毒を防ぐために，指導すべき注意点を2つ答えなさい。

(3)　食品の製造過程において使用される次のア～オの食品添加物について，その目的をa～fの中から選んで記号で答えなさい。

ア　硫酸カルシウム　　イ　亜硝酸ナトリウム

ウ　ソルビン酸　　エ　クチナシの実　　オ　キシリトール

a　食品に甘みを与える

b　豆腐を作る際の凝固剤となる

c　食品を着色する

d　カビや細菌などの繁殖を抑制し，保存性を高める

e　肉類や魚卵等を発色させ，色の鮮度を保つ

f　油脂などの酸化による品質の低下を防ぐ

(☆☆☆☆◎◎◎◎)

【2】次の文を読んで，下線部の内容が正しいものには○を付け，誤っているものは正しく書き直しなさい。

(1)　小麦粉に水を加えて練ると<u>グルテニン</u>を形成し，粘りと弾力性を生じる。

(2)　あじとかつおの旬は<u>夏</u>である。

(3)　「トクホ」と呼ばれている特定保健用食品には，<u>農林水産省</u>が認可した食品であることを示すマークが付けられている。

(4)　砂糖の原料はさとうきびやさとうだいこんなどで，主成分は二糖類の<u>麦芽糖</u>である。

(5)　食品の中で，アレルギーを起こしやすいため表示が義務付けられている5品目は，<u>らっかせい，大豆，卵，乳，そば</u>である。

(☆☆☆◎◎◎)

【3】補修の技術について，小学校で学習した手縫いの基礎を復習した後，自作の資料を使って，まつり縫いの方法を指導したい。生徒の理解を深め，まつり縫いの技術を身に付けさせるために，効果的な資料を作成しなさい。解答欄をA4用紙に見立てて，実際に表しなさい。

(☆☆☆◎◎◎◎)

【4】安全で快適な住まい方の工夫に関する次の文を読んで下の問題に答えなさい。

・　太陽の光は住まいに(　ア　)と(　イ　)を与え生活に欠かすことができない。また，紫外線による(　ウ　)作用，人体では(　エ　)の生成を促進し，気分をそう快にする(　オ　)効果もあるので，健康を維持するためにも不可欠である。

・　近年の住宅は(　カ　)が高くなり，室内の汚れた空気が循環しにくくなっている。その対策として，(　キ　)と①換気があり，室内空気の汚染を防止するだけでなく，②結露や，カビ，ダニの発生も防止する。

(1)　(　ア　)～(　キ　)の中に適する語句を次から選んで記号で答えなさい。

a　通風　　b　心理的　　c　熱　　d　気密性　　e　ビタミンD
f　明るさ　　g　殺菌

(2)　下線部①換気の方法は大きく2つに分けられる。それぞれの名称を書き，どのような方法か説明しなさい。

(3)　下線部②結露について説明しなさい。また，押し入れの結露対策を答えなさい。

(4)　安全で快適に住まうためには室内環境の整備とともに防災対策も必要である。一般家庭でも火災警報器の導入が義務付けられ，新築住宅は平成18年から，既存の住宅は市町村条例で定められた日までに導入が義務付けられている。福井県では永平寺町が平成20年から義務付けられたが，その他の市町について設置が義務付けられているのはいつからか，年月日を答えなさい。また，住宅の中で必ず設置しなければならない場所はどこか答えなさい。

(☆☆☆◎◎◎◎)

【5】高等学校家庭においては，①人は一生をとおして，各ライフステージごとの課題を達成しつつ発達するという考え方に立って，家族や家庭生活，乳幼児や高齢者の生活と福祉などについて総合的に理解させることが大切である。次の表を見て下の問題に答えなさい。

乳児期(a)	幼児期	児童期	青年期	壮年期	老年期(b)

(1) 下線部①のような考え方を何というか答えなさい。

(2) (a)について，乳児期とは生後何ヶ月までをいうか答えなさい。

(3) (b)について，前期高齢者とは，何歳から何歳までをいうか答えなさい。

(4) (b)について，「古希」と呼ばれる年祝いの年齢を答えなさい。

(5) 次の空欄にあてはまる語句を答えなさい。

「乳幼児の心身の発達や高齢者の身体的，心理的な加齢に伴う変化については，人によって速度や発現の時期が異なる。つまり，(　　)が大きい。」

(6) 乳幼児の身体(運動機能)の発達の方向性を2つ答えなさい。

(7) 充実した人生を送るために，将来の生活にむかって目標を設定し，その実現のために計画を立てることを何というか答えなさい。

(☆☆☆◎◎◎◎)

【6】消費行動における意思決定について，次の文を読んで後の問題に答えなさい。

消費者が意思決定を行う際には，[(　ア　)の自覚，情報収集，解決策の比較検討，決定，(　イ　)]などの過程が考えられ，(　ウ　)，時間，(　エ　)の適切な活用とかかわらせて考える必要がある。

意思決定を行う際に重要となるのが生活情報の収集，選択，活用であり，その発信源として①行政や企業などがあげられる。多種多様の情報については，②その発信源を確認し，正確さを判断する能力を身に付け，適切な情報を取捨選択して目的に応じて活用できるようにしなければならない。

(1)　(　ア　)～(　エ　)の中に適する語句を答えなさい。

(2)　下線部①について，独立行政法人で国民生活の安定と向上に寄与するための調査・研究，情報の提供を行っている機関名を答えなさい。

(3)　下線部②について，特に企業が発信する情報については注意する必要がある。その理由を答えなさい。

(4)　環境省が実施している「エコポイントの活用によるグリーン家電普及保進事業」は，エアコン，冷蔵庫などのグリーン家電製品を購入すると，様々な商品・サービスと交換可能なエコポイントを取得できるものである。この事業の目的を3つ答えなさい。

(☆☆☆◎◎◎◎)

【7】次の文は，平成20年3月に公示された中学校学習指導要領解説　技術・家庭編の家庭分野の内容について，解説から抜き出してまとめたものである。後の問題に答えなさい。

家庭分野の内容は，小学校家庭科の内容との(　ア　)化を図り，中学生としての自己の生活の(　イ　)を図る視点から，すべての生徒に履修させる内容の「A家族・家庭と子どもの成長」,「B(　ウ　)と自立」,「C(　エ　)・(　オ　)と自立」,「D身近な(　カ　)と(　キ　)」の4つの内容で構成されている。

なお，学習を体系的に行う視点から，内容のAの(1)「自分の(　ク　)と家族」に小学校家庭科の学習を踏まえた家庭分野の①ガイダンス的な内容を設定している。

また，学習した知識と技術などを(　ケ　)し，これからの生活を(　コ　)する能力と実践的な態度を育むことの必要性から，②「生活の課題と実践」に関する指導事項を設定している。

(1)　(　ア　)～(　コ　)の中に適する語句を答えなさい。

(2)　下線部①について，履修させるべき時期について答えなさい。

(3)　下線部②について，履修の方法について答えなさい。

(☆☆☆☆☆◎◎◎)

解答・解説

【中高共通】

【1】(1)　ア　中国産冷凍ギョウザ問題…中国産冷凍ギョウザを食べた人がおう吐等の健康被害を訴えた。検査の結果，ギョウザから農薬メタミドホスが高濃度で検出された。　イ　菓子メーカーの偽装表示問題…北海道の菓子メーカーが賞味期限表示の付け替えをして販売した。　ウ　ウナギの産地偽装…徳島県に拠点があるウナギ輸入販売会社等が，中国産ウナギを「愛知県三河一色産」と偽装し，出荷した。
(2)　ア　(ア)　年による発生件数には差があるが，毎年10件前後の食中毒が発生している。　(イ)　年による差はあるが，病因物質不明の食中毒が多い傾向がみられる。食中毒は潜伏期間の長いものがあるため，病因物質の特定が難しいことが考えられる　　イ　菌をつけない(清潔，洗う)　　菌を殺す(加熱殺菌)　　菌を増やさない(低温保存，早く食べる)　　ウ　冬　　エ　・生の肉汁が生の野菜に付かないように，まな板，包丁，はし等を分けるなど扱いに注意する。　・肉を扱ったあとは，手を洗ってから他の食品を扱う。　(3)　ア　b　　イ　e(d)　ウ　d　　エ　c　　オ　a

〈解説〉(1)　他に，カップ麺の異臭事件や三重県の和菓子の賞味期限偽装事件，などがあった。　(2)　ア　(ア)　他に，H17，18はノロウィルスがよく発生している，H20はそれまで出ていなかった腸管出血性大腸菌がよく発生している，など。　(イ)　他に，ふぐ毒はそれまで発生がみられなかった，など。　イ　基本なのでしっかり頭に入れておくこと。　ウ　ノロウイルスは冬に発生しやすい。　エ　他に，・食肉に触れた器具は，使用後洗浄，殺菌する。　・肉にはよく火を通す。(中心部75℃以上1分間加熱)　など　(3)　食品添加物は頻出である。それぞれしっかり頭に入れておくこと。

【2】(1)　グルテン　(2)　○　(3)　厚生労働省　(4)　ショ糖
(5)　らっかせい，小麦，卵，乳，そば

〈解説〉(1)　小麦粉に水を加えて練って出来るのはグルテンである。
(3)　トクホには厚生労働省認可を示すマークが入っている。
(4)　砂糖の主成分はショ糖である。　(5)　大豆は入っていない。小麦である。

【3】解説参照

〈解説〉観点

①　まつり縫いの方法が分かる。
・布の折り方
・針の入れ方
・針の出し方
・でき上がりの様子(表)
・　〃　(裏)
・針目の間隔(表)
・　〃　(裏)

②　まつり縫いの用途がわかる。

③　全体的に工夫がみられ分かりやすい。

【4】(1)　ア　c(f)　イ　f(c)　ウ　g　エ　e　オ　b　カ　d　キ　a　(2)　名称：強制(機械)換気　方法：換気扇などの機械を用いて人工的に換気を行う。　名称：自然換気　方法：窓を開けるなど開口部により自然に換気を行う。　(3)　結露：水蒸気を含んだ室内の暖かい空気が，外気などで温度が下がり，空気中の水蒸気が水滴となっ

て窓ガラスに付着すること。　押し入れの結露対策：押し入れをこまめに開けて換気する。　(4)　年月日：平成23年6月1日　場所：寝室

〈解説〉(1)　紫外線による効果としては，殺菌作用，人体でビタミンDの生成の促進，心理的効果などがあげられる。　(2)　換気の方法には強制換気と自然換気がある。　(3)　結露対策は他に，・建築計画の段階で外壁に接する押入れを作らない。・中に入れるものを壁に付けず，すきまを作る。・壁と床にすのこを敷き，空気の流れを良くする。・押入れの壁に断熱材を貼る。など。　(4)　全国の市町村条例では，住宅用火災警報器を寝室と寝室につながる階段・廊下への取り付け義務にプラスして台所への取り付けを義務化したり推奨している。

【5】(1)　生涯発達　(2)　12ヶ月　(3)　65歳から74歳　(4)　70歳　(5)　個人差　(6)　頭部→足部(臀部)　中心→末端　(7)　生活設計

〈解説〉(1)　生涯発達とは，誕生から死に至るライフステージ全体における人間のよりよい適応のあり方を示すものである。　(2)　乳児期は，出生直後から1歳または1歳半くらいまでの発達期をさす。　(3)　前期高齢者とは，高齢者のうち，65歳以上，75歳未満の人のことである。(4)　古希とは，70歳の年祝いをいう。　(5)　乳幼児や高齢者の心身の発達や変化については個人差が大きい。　(6)　乳幼児は，頭部から臀部へ，中心から末端へと発達していく。　(7)　個人の生涯または家庭生活において，計画的なよりよい生活を追求するための設計を生活設計という。

【6】(1)　ア　問題(課題)　イ　評価(再確認)　ウ　金銭(エネルギー・資源)　エ　エネルギー・資源(金銭)　(2)　国民生活センター　(3)　企業が発信する情報は，自社の製品のメリットのみを強調していることが多いから。　(4)　・地球温暖化対策の推進　・経済の活性化　・地上デジタル放送対応テレビの普及

〈解説〉(1)　文章をよく読み，答えを導くこと。　(2)　国民生活センターは，2003(平成15)年10月1日に独立行政法人国民生活センター法(平

成14年法律123号)に基づいて設立された。国民生活の安定と向上に寄与するための調査・研究，情報の提供を行うのが目的である。
(3)　メリットのみでなく，デメリットにも着目して選択購入する必要がある。　(4)　この事業は，地球温暖化対策の推進，経済の活性化及び地上デジタル放送対応テレビの普及を図ることを目的として実施するものである。

【7】(1)　ア　体系　　イ　自立　　ウ　食生活　　エ　衣生活　オ　住生活　　カ　消費生活　　キ　環境　　ク　成長　　ケ　活用　コ　展望　(2)　第1学年の最初に履修させる。　(3)　生徒の興味・関心等に応じて1または2事項を選択して履修させる。
〈解説〉(1)～(3)　新学習指導要領解説第2章第2節2を参照のこと。

2009年度　実施問題

【中高共通】

【1】脂質に関する次の文を読んで，下の問題に答えなさい。

脂質は，(　①　)，りん脂質，コレステロールなどに分類される。(　①　)のほとんどは脂肪酸と(　②　)が結合したものである。脂肪酸のうち，体内で合成できない脂肪酸を(　③　)といい，A食物から摂取する必要がある。脂質は肉類や魚介類，(　④　)などに多く含まれる。また，食品に含まれる脂質を抽出した食品には油脂類がある。油脂類は，B光や温度，酸素などの影響で化学変化を起こし，食用に適さなくなることがある。

(1)　(　　　)の中に適する語句を書き入れなさい。

(2)　(　①　)は優れたエネルギー源であるが，1gあたりどのくらいのエネルギーを発生するか答えなさい。

(3)　コレステロールのはたらきと，過剰摂取によって引き起こされる症状を答えなさい。

(4)　りん脂質の1つであるレシチンが多く含まれている食品を答えなさい。

(5)　下線部Aについて，どのような食品に含まれるか2つ答えなさい。

(6)　下線部Bのことを何といいますか。またそうならないようにするために，保存する際の注意点を答えなさい。

(☆☆☆◎◎◎)

【2】次の表は無機質のはたらきと多く含む食品を示したものである。後の問題に答えなさい。

名称	はたらき	多く含む食品
カルシウム	骨や歯の成分、血液の凝固作用、筋肉の収縮作用	牛乳、乳製品、(　④　)、野菜、海藻類
リン	骨や歯、エネルギー代謝に関与	乳製品、穀物、魚類
(　①　)	細胞の浸透圧の調節	食塩
カリウム	筋肉の弾力性を保つ、細胞の浸透圧の調節	いも、野菜、(　⑤　)、海藻類
(　②　)	血色素、筋肉の構成成分	肉・レバー、緑黄色野菜
(　③　)	酵素、味らい細胞の構成成分	玄米、豆類、ナッツ類、貝、肉類

(1) (　①　)～(　③　)にあてはまる無機質名を，(　④　)，(　⑤　)にあてはまる食品名をそれぞれ答えなさい。

(2) カルシウムの吸収に関与するビタミン名を答えなさい。

(3) 日本人に不足しがちな無機質を2つ答えなさい。

(4) リンは，多くの食品に含まれているため不足しにくく，摂りすぎに注意しなければならない。摂りすぎると，どのような弊害が考えられるか答えなさい。

(5) (　②　)について，吸収を促進するものと，吸収を抑制するものを答えなさい。

(6) 無機質を多く含む牛乳について次の問いに答えなさい。

ア　牛乳の調理上の性質について2つ述べなさい。

イ　動物の乳に乳酸菌や凝乳酵素を加えて固め，水分を除去して成形し熟成させたものを何というか答えなさい。

ウ　牛乳や脱脂乳に乳酸菌を加えて発酵させ，凝固させたものを何というか答えなさい。

(7) 海藻のこんぶに含まれるうまみ成分と，寒天の原料となる海藻類を答えなさい。

(☆☆☆◎◎◎)

【3】平成20年3月28日に公示された中学校学習指導要領では，技術・家庭科家庭分野の中に日本の伝統的和服について，「基本的な着装を扱うこともできること。」が明記された。次の文は，女物の浴衣の着方を順に説明している。(　　　)の中に適する語句を書き入れなさい。

① 衿先をそろえて背中心と(　ア　)の位置を決める。

② 下前の衿先を左の腰骨の位置に合わせる。

③ 上前を重ねて，(　イ　)を締める。

④ (　ウ　)から手を入れて(　エ　)を整える。

⑤ 衿元を合わせて胸もとに紐を締める。

(☆☆☆◎◎◎)

【4】衣服の手入れについて次の問題に答えなさい。

(1) 衣服にチョコレートのしみがついてしまった。しみ抜きの方法を書きなさい。

(2) 衣服のしわや変形を修正するためにはアイロンがけが効果的である。上手にアイロンがけをするには「温度」の他に何に気をつければよいか，2つ答えなさい。

(3) 洗濯をする際に柔軟仕上げ剤を入れる目的を説明しなさい。

(4) 保管時に防虫剤を使用する場合の注意点を書きなさい。

(☆☆☆◎◎◎)

【5】人は生まれてから死ぬまでの一生の間，各ライフステージごとの課題を達成しつつ発達していく。次の文はそれぞれのライフステージの特徴や課題を説明している。後の問題に答えなさい。

・(①)期は，出生にともなう新しい環境へ適応していく時期で，(②)の獲得や基本的生活習慣の形成，まわりの人との信頼関係を築いていくことが課題である。

・(③)期は，(④)生活の中で仲間と積極的にかかわり，自然や社会への視野を広げ学習能力や生活能力を獲得していく。

・青年期は，子どもから大人への移行期で，心身が発達し悩みや葛藤が生じる時期であり，<u>Aいろいろな面での自立</u>に向けて準備することが課題となる。

・老年期(高齢期)は退職など職業生活の変化にともなう生活の再設計が求められ，生きがいづくりや(　⑤　)管理が課題になる。

(1)　(　　　)の中に適する語句を書きなさい。

(2)　下線Aについて，「生活面」と「精神面」から説明しなさい。

(☆☆☆◎◎◎)

【6】私たちの生活は，職業労働と家事労働によって支えられている。次の問題に答えなさい。

(1)　それぞれの意義と特徴を答えなさい。

(2)　家事労働の一つに家計の管理があるが，下図は家計の構成をあらわしたものである。

①　次の収入と支出の項目は図のA～Hのどれに当てはまるか。記号で答えなさい。

ア　預貯金引き出し　　イ　光熱費　　ウ　社会保険料

②　変動する経済社会の変化が家計のサービス化，キャッシュレス化などを招き，管理を難しいものにしている。家計のキャッシュレス化について説明しなさい。

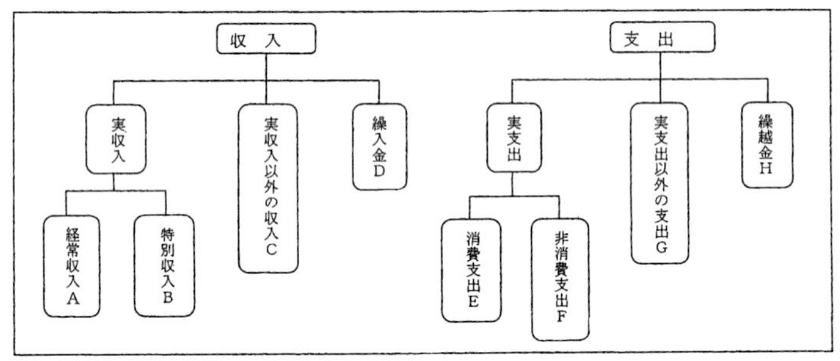

(☆☆☆◎◎◎)

【7】住環境の整備について，次の文章が説明している法律の名前を答えなさい。また，下線部①，②について，後の問題に答えなさい。

住居を建築する際には，その構造や設備の強度・安全性，①建築する建物と敷地との関係や敷地と道路との関係，②室内環境等，国民の生命・健康・財産を守ることを目的に様々なことに配慮しなければならない。それらの基準を定めたもっとも基本的な法律である。

(1) 次の式は下線部①に関連して，日照や通風を確保するために定められているものである。何を表しているか答えなさい。

建築面積／敷地面積×100(%)

(2) 下線部②に関連して，部屋の採光のために有効な開口部の面積は，その居室の床面積に対してどのくらいでなければならないか答えなさい。

(☆☆☆◎◎◎)

【8】次の(1)～(3)は，子どもの人権と福祉について書かれたものです。それぞれ何に書かれているか(ア)～(オ)の中から選んで答えなさい。

(1) 児童は，人として尊ばれる。児童は，社会の一員として重んぜられる。児童は，よい環境の中で育てられる。

(2) 児童に関するすべての措置をとるに当たっては，公的若しくは私的な社会福祉施設，裁判所，行政当局又は立法機関のいずれによって行われるものであっても，児童の最善の利益が主として考慮されるものとする。

(3) すべて国民は，児童が心身ともに健やかに生まれ，且つ，育成されるよう努めなければならない。

すべて児童は，ひとしくその生活を保障され，愛護されなければならない。

(ア) 児童福祉法　　(イ) 児童の権利に関する条約

(ウ) 児童権利宣言　　(エ) 児童虐待の防止等に関する法律

(オ) 児童憲章

(☆☆☆◎◎◎)

【9】高等学校の家庭科の学習で学んだこと，身についた技術を使って，学校・家庭・地域における生活の充実，向上を図る実践活動に，ホームプロジェクトと学校家庭クラブ活動がある。次の問題に答えなさい。

(1)　学校家庭クラブの指導に当たっての留意点を2つあげなさい。

(2)　ホームプロジェクトの学習活動の進め方について説明しなさい。

(☆☆☆◎◎◎)

【10】経済発展や便利で快適な生活を優先してきた結果，環境問題や資源・エネルギー問題が生じてきており，家庭科，技術・家庭科においても，生徒が環境負荷の少ない生活を目指して，生活意識や生活様式を見直すことができるようにすることが求められている。調理実習の5つの指導場面において考えられる，環境に関する指導内容について，次の指示に従って説明しなさい。

調理実習における指導場面	環境に関する指導場面
材料等調達	
調理	
試食	
後始末	

(☆☆☆◎◎◎)

解答・解説

【中高共通】

【１】(1)　①　脂肪　②　グリセリン　③　必須脂肪酸　④　種実類　(2)　9kcal　(3)　はたらき：ホルモン，胆汁酸，細胞膜の成分となる。　症状：動脈硬化　(4)　卵黄　(5)　魚油，なたね油，しそ油，えごま油，サフラワー油，オリーブ油，だいず油，とうもろこし油のうちの2つを記述　(6)　酸敗，変敗　保存する際の注意点：密閉容器を用い，冷暗所で保存する。

〈解説〉脂質についての設問である。脂質は摂りすぎても，摂らなくても困ってしまう栄養素である。「脂肪」とは，脂質の1種類である。コレステロールはすぐにエネルギーとはならず，組織脂肪となる。鶏卵や魚卵に多く含まれ，その他には動物の細胞，特に脳の神経組織に存在し，コレステロールが無ければ細胞膜はできない。成長期にはとても必要な栄養素である。多価不飽和脂肪酸のうち，動物の体内では合成されず食物から摂取しなければならない脂肪酸を必須脂肪酸という。必須脂肪酸にはリノール酸とα-リノレン酸がある。

【2】(1) ① ナトリウム　② 鉄　③ 亜鉛　④ 小魚　⑤ 果物　(2) ビタミンD　(3) 鉄，カルシウム　(4) カルシウムとのバランスが悪くなり，カルシウムの吸収を阻害する。

(5) 促進するもの：ビタミンC　抑制するもの：タンニン

(6) ア 脱臭，食感をなめらかにする，白色にする，焦げ色をつける，タンパク質の熱凝固を強める，酸により凝固する，膜を形成する から2つ記述　イ チーズ　ウ ヨーグルト　(7) うまみ成分：グルタミン酸　寒天の材料：テングサ，おごのり

〈解説〉無機質についての設問である。体を構成する元素のうち，炭素，水素，酸素，窒素以外の元素を一括して無機質(ミネラル)と呼ぶ。無機質は体内に5%含み，微量だが重要な生理機能を行っており，体内では合成する事ができないため，食べ物からとる必要がある。意識してとりたい代表的なミネラルとしてカルシウム(Ca)，鉄(Fe)があり，とりすぎに注意したい代表的なミネラルとしてリン(P)，ナトリウム(Na)がある。リンを過剰に摂取すると，骨に貯蔵しているカルシウムを血中に放出することで，バランスを保とうとする。多くのリン酸塩を含む調理加工品を中心とした食生活は，カルシウム不足を招く。

【3】ア すそ　イ 腰紐　ウ 身八ツ口　エ おはしょり

〈解説〉夏の浴衣は，ひとえ長着の一種である。服装史上の小袖が昭和初期以降長着といわれるようになった。用いる布地によって，季節や着用目的に応じた装いとなる。長着は，身ごろ・そで・おくみ・えり・

かけえりから構成されている。

【4】(1)　ベンジンでたたいて当て布に移し取り，洗剤液でたたく。(2)　湿度(水分)，圧力　(3)　布を風合いよく，柔らかく仕上げる，静電気防止，汚れにくくなる　(4)　混用しない。比重が重いので，上部に置く。

〈解説〉しみぬきの原則は，できるだけ早く処置する・広げない・こすらない・熱をかけない事である。しみには，水溶性のしょうゆ，ソース，ケチャップ，コーヒー，紅茶，ジュースなどの水溶性とチョコレート，口紅，ファンデーション，クレヨンなどの油性しみ，また，水溶性の中でもタンパク質を含むしみによって，しみぬきの方法が違う。方法を間違うと，布地の風合いが損なわれたり，変色したり，毛羽立ったりするので注意が必要である。

【5】(1)　①　乳幼児　②　言葉　③　学童(児童)　④　集団　⑤　健康　(2)　生活面：衣食住に関する身の回りの家事，健康管理を自分自身で実行できること　(3)　精神面：さまざまな問題に対して，自分で意思決定し，自覚と責任を持って行動できること　自分らしさ，アイデンティティを確立すること　知性と教養を備えること

〈解説〉個人の成長・発達には，いくつかの大きな節目があり，その節目によって区切られた期間をライフステージという。ここで取り上げた個人の成長・発達と同様に，家族も年月とともに成長・発達していき，いくつかのライフステージに分ける事ができる。それぞれの家族によって家族のライフステージの順序，期間は異なるが，家族の生活のために解決していかなければならない生活課題がある。一般的には独身期，新婚期，育児期，教育期，子どもの独立期，老後期に分けて考えられている。

【6】(1)　職業労働　意義：生活に必要な収入を得る。　特徴：有償　分業化されている　組織・集団のルールで動く　内容に制約がある

家事労働　意義：家族の健康，安全，自立，家庭生活の維持向上　特徴：無償　愛情に基づく　時間帯が決まっていない　内容に制約が無い　(2)　①　ア　C　イ　E　ウ　F　②　商品を購入する際，その場では現金の受け渡しを行わず，カード等で支払いをすること

〈解説〉(1)　生活設計の中で職業労働と家事労働は密接にかかわりあっている。それぞれの特徴を理解するし，一人一人が無理なく従事できることが求められている。そのためには社会条件の整備も必要であり，フレックスタイム，サテライトオフィス，SOHO，企業内保育，育児時短などいくつかの試みがなされている。　(2)　実収入以外の収入とは実質的には財産の増加とならないみかけ上の収入で，実支出以外の支出とは実質的には財産の減少とならないみかけ上の支出のことである。

【7】法律名：建築基準法　(1)　建ぺい率　(2)　$\frac{1}{7}$

〈解説〉建築基準法は個々の建築物が具備しなければならない構造耐力，建築防災および避難，建築衛生等に関する安全性確保のための技術的基準，建築物の集団である街や都市において要求される安全かつ合理的な土地利用のための建築物の秩序を確保するための基準を軸として，総括的な規定と制度的規制とによって，社会生活の基本的な部分を守るべく，最低の基準を定めた法，すなわち公法である。28条では，住宅の居室には，採光に有効な窓その他の開口部をもうけ，居室の床面積の1/7以上とし，換気のための面積は$\frac{1}{20}$以上とすると定めている。

【8】(1)　オ　(2)　イ　(3)　ア

〈解説〉第二次世界大戦の惨禍の体験から，1948年の国連総会で世界人権宣言が採択された。その主旨を引継ぎ「児童の権利宣言」が1959年に国際連合において採択された。わが国では，それに先駆けて1951年に「児童憲章」が制定された。「児童の権利宣言」から30年後1989年に「児童の権利に関する条約」が国連総会で採択され，わが国は1994年4月にこの条約を批准した。また，2000年には，「児童虐待の防止等に

関する法律」が制定施行された。この法律には，子どもの虐待についての定義が法的に初めて定められた。

【9】(1)　・ホームプロジェクトを発展させ，学校生活や地域の生活を充実向上させる意義を十分理解させる。・家庭科の授業の一環として，計画立案参加させる。・ボランティア活動については，地域の社会福祉協議会との連携を図るようにする。・HR活動，生徒会活動，学校行事，総合的な学習の時間など学校全体の教育活動との関連を図るようにする。のうちから2つを記述　(2)　生活の中から課題を見いだし(SEE)，課題解決を目指して主体的に計画を立て(PLAN)実践し(DO)，その結果について反省と評価をし(SEE)，次の実践につなげる。

〈解説〉ホームプロジェクトと学校家庭クラブ活動の共通点は，生活の中から課題を見いだし，課題解決を目指し主体的に計画を立てて実践する問題解決的な学習活動である。家庭科で学習した知識や技術を実際の生活の中に生かし，問題解決能力と実践的態度を育てることである。相違点は，ホームプロジェクトは，各自が各自の家庭生活の中に課題を見つけ，自分で計画・実行し，反省・評価をして，次の課題に発展させ，生活の向上を目指す実践活動であり，学校家庭クラブ活動は，ホームプロジェクトを発展させたもので，ホームルーム単位又は家庭科の講座単位，学校単位で，学校や地域の生活の中から課題を見いだし，課題解決を目指して，グループで主体的に計画を立てて実践する問題解決的な学習活動である。

【10】調理実習における指導場面：環境に関する指導内容の順に記述

材料等調達：廃棄量の計算等をして，過不足を減らす

作業手順：熱源が効率よく使えるよう作業手順を考える

調理：水道の使い方，廃棄量を少なく，熱源の無駄を減らす

試食：残飯を減らす

後始末：ゴミの処理(ゴミの分別)，油の処理，洗剤の使い方

〈解説〉特に材料調達部分では，以下に示すグリーンコンシューマーの10

原則が参考となる。 ① 必要なものを必要なだけ買う。 ② 使い捨て商品ではなく，長く使えるものを選ぶ。 ③ 包装はないものを最優先し，次に最小限のもの。容器は再使用できるものを選ぶ。 ④ つくるとき，使うとき，捨てるとき，資源とエネルギー消費の少ないものを選ぶ。 ⑤ 化学物質による環境汚染と健康への影響の少ないものを選ぶ。 ⑥ 自然と生物多様性をそこなわないものを選ぶ。 ⑦ 近くで生産・製造されたものを選ぶ。 ⑧ つくる人に公正な分配が保証されるものを選ぶ。 ⑨ リサイクルされたもの，リサイクルシステムのあるものを選ぶ。 ⑩ 環境問題に熱心に取り組み，環境情報を公開しているメーカーや店を選ぶ。

2008年度　実施問題

【中高共通】

【1】「衣生活の管理と健康」に関する次の文を読んで，下の問題に答えなさい。

被服はその用途，着用目的により様々な性能が要求されるが，どんな場合においても共通して求められるのは，A　着心地の良さとB　手入れや保管のしやすさである。これらは被服材料の性能，つまり繊維の性質や組織，糸・布地の構造などが大きく関係しており，短所についてはC　様々な加工や処理を行うことで，より優れた性能に改善する工夫もなされている。

また，最近では，D　ポリ乳酸繊維やPTT繊維が開発されるなど，衣生活においてもE　環境と安全に配慮する視点が大切になっている。

(1)　下線部Aにかかわる性能にはどのようなものがあるか。2つ答えなさい。

(2)　下線部Bにかかわる次の性能について説明しなさい。

(ア)　染色堅ろう性　　(イ)　耐熱性

(3)　下線部Cについて次の加工法の用途例を1つずつ答えなさい。

(ア)　パーマネントプレス加工　　(イ)　透湿防水加工

(ウ)　難燃加工

(4)　下線部Dの原料を答えなさい。

(5)　下線部Eについて，環境に配慮した衣生活を送るために私たちが日常できる工夫を2つ答えなさい。

(6)　被服が持つ性能はその構成によっても変わってくる。次の表は平面構成と立体構成の特徴を示したものである。(　　　)に適する語句を書き入れなさい。

	平面構成	立体構成
裁断・縫製	（ ① ）裁ち・（ ① ）縫い	（ ② ）裁ち・（ ② ）縫い
特徴	体型に合わせて（ ③ ）や（ ④ ）を用いて着付けをする。	（ ⑤ ）、（ ⑥ ）、タック、ギャザーなど技法を使って体型、サイズに合わせて縫い、立体化する。
	・ 体に密着しないため（ ⑦ ）性がよい。 ・ ゆとりが多く、様々な体型に対応しやすいが（ ⑧ ）しやすい。	・ 体に密着するため（ ⑨ ）性がよい。 ・ 機能的で活動しやすいが、（ ⑩ ）しないように収納する必要がある。

(☆☆☆◎◎◎)

【2】住まいは家族が生活する拠点である。住空間の計画について次の問題に答えなさい。

(1) 住まいは私たちの生活行為によって4つの空間に分けられる。( )の中に適する名前を答えなさい。

① トイレ，浴室 →( )空間

② 居間，客間 →( )空間

③ 寝室，書斎 →( )空間

④ 台所 →家事労働空間

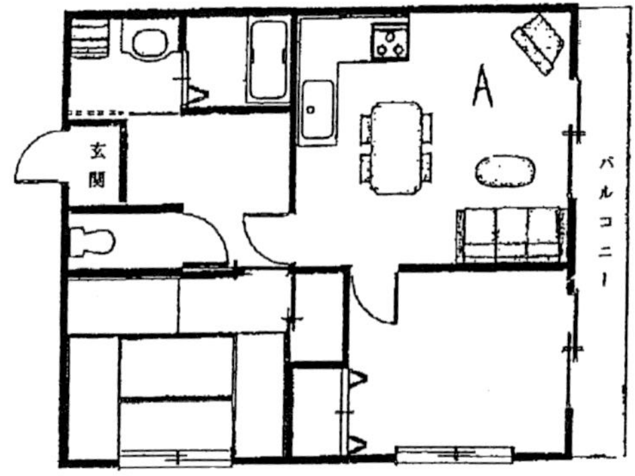

(2) 上の図について，次の問題に答えなさい。

① このように，間取りや各室の関係，窓や出入り口などを示す図のことを何というか答えなさい。

② このような住居の間取りを「2LDK」と表すが，この意味を説明しなさい。

③ 住宅内で人が動く場合の経路を示した線を何というか答えなさい。

④　次の場所の平面表示記号は何を表しているか答えなさい。

ア　トイレの出入り口

イ　洗面所の出入り口

ウ　洋室，和室の窓

⑤　洋室にシングルベッドを置きたい。平面表示記号を書きなさい。

⑥　Aのような空間について，長所と短所を1つずつ答えなさい。

(☆☆☆◎◎◎)

【3】我が国の少子高齢化に関する次の問題に答えなさい。

(1)　全国的に少子化が進行しており，福井県も例外でなく合計特殊出生率は年々減少傾向にあった。しかし，福井県は，全国的に見ると出生率が常に平均を上回って高いことや，平成17年には前年度より上昇し，全国第2位となったことなどが注目をあびている。福井県の合計特殊出生率が高い理由として考えられることを3つ答えなさい。

(2)　高等学校学習指導要領「家庭総合」では，高齢者の福祉について次のように示されている。下の問題に答えなさい。

高齢社会の現状と課題について考えさせ，高齢者福祉の基本的な理念と高齢者福祉サービスについて理解させる。

①　高齢者福祉の基本的な考え方について(　　　)の中に適する語句を書き入れなさい。

高齢者がいつまでも(　ア　)らしく(　イ　)を保ち，(　ウ　)を生かして(　エ　)した生活ができるように支えること。

②　高齢者福祉サービスについては，(　ア　)施設福祉サービス(　イ　)在宅福祉サービスがある。それぞれ代表的なものを1つずつ答えなさい。

③　高齢者本人の尊厳を守り，家族の介護負担の軽減を目指す目的で，2000年4月に施行された制度の名称を答えなさい。

④　③の制度において，(　ア　)財源となる保険料を拠出する年齢，(　イ　)サービスを受けることができる年齢を答えなさい。

(3) 次の語句と関係のあるものを選び，記号で答えなさい。

① 介護サービス計画　② 入浴，排泄，食事の手助け

③ 介護支援専門員　④ ノーマライゼーションの理念

(ア) ホームヘルパー　(イ) ケアマネージャー

(ウ) ケアプラン　(エ) 老人福祉法

(☆☆☆◎◎◎)

【4】「消費者の権利と責任」について，次の問題に答えなさい。

(1) 消費者の利益擁護を図ることを目的として，消費者契約法が平成12年4月に制定され，平成13年4月から施行されている。この法律は，消費者と事業者の間のすべての契約に適用され，不適切な勧誘で契約した場合はその契約を取り消すことができる。適用される不適切な勧誘の例を1つ答えなさい。

(2) 消費者契約法の制定に伴い，消費者全体の利益を擁護するため，一定の消費者団体に事業者の不当な行為に対する差止請求権を認める制度が平成19年6月7日から施行されている。この制度の名前を答えなさい。

(☆☆☆◎◎◎)

【5】生徒に，幼稚園や保育所等で幼児との触れ合いをさせる際，事前に指導しなければならない点はどのようなことか，

(1) 衛生　(2) 安全　(3) マナー

の面からそれぞれ1つずつ答えなさい。

(☆☆☆◎◎◎)

【6】私たちが健康で充実した生活を送るために摂取することが必要な栄養について，次の文の空欄に適する語句を入れ，後の問題に答えなさい。

炭水化物は，三つの元素，炭素・(　①　)・(　②　)の化合物である。炭素の数が(　③　)つのものに，ブドウ糖，果糖，ガラクトースがあ

り，これらは，これ以上小さく分解することができないので(　④　)といわれる。(　④　)が二つ結合したものが(　⑤　)で，多数結合したものが多糖類である。また，炭水化物は，消化酵素の影響を受ける(　⑥　)と，受けないためエネルギー源にならない食物繊維に分けることができる。

たんぱく質の特徴は，炭水化物とちがって，構成元素に(　⑦　)や(　⑧　)を含むことである。体内で分解されると約(　⑨　)種類のアミノ酸になり，(　⑩　)から吸収される。

(1)　⑤のうち，体内で果糖とブドウ糖に分解されるものの名前を答えなさい。

(2)　食物繊維のうち，こんにゃくに含まれるものの名前を答えなさい。

(3)　でんぷんが口の中で分解される際に働く消化酵素名を答えなさい。

(4)　うるち米のでんぷん組成について説明しなさい。

(5)　体内における水の働きについて説明しなさい。

(6)　次の表をもとに食品A，Bのアミノ酸価を求め，たんぱく質としての栄養価を診断しなさい。また，第一制限アミノ酸がある場合は，その正式な名前を答えなさい。

	I	Le	L	S	A	Th	T	V	H
アミノ酸評点パターン	180	410	360	160	390	210	70	220	120
A	180	300	240	85	340	170	88	250	96
B	290	470	390	190	540	230	79	300	170

(☆☆☆◎◎◎)

【7】次の(1)(2)は，食品の安全を確保するためにとられているシステムの説明文である。それぞれ何について書かれたものか答えなさい。

(1)　食品の生産，加工，調理等において衛生的な工程管理がなされているかどうかを点検して，厚生労働大臣により承認するシステム

(2)　いつ，だれが，どこで作ったか等，食品の履歴を消費者がすぐにインターネット等で確認できるシステム

(☆☆☆◎◎◎)

【8】あなたが，家庭科で中学生につけたいと考える力について，学習指導要領の目標や内容をふまえながら説明しなさい。
(イメージ図を加えてもよい。)

(☆☆☆◎◎◎)

解答・解説

【中高共通】

【1】(1)　運動機能的性能　温熱的性能　(2)　(ア)　染色堅ろう度が大きくなる性能で，色落ちが少ない性能である。　(イ)　熱に対する抵抗力を高めてある性能である。　(3)　(ア)　カーテン
(イ)　スキーウェア　(ウ)　消防服　(4)　トウモロコシ
(5)　着なくなった衣服をリサイクルする。破れたりした服をすぐに捨てるのではなく，補修して着る。　(6)　①　直線　②　曲線
③　帯　④　紐　⑤　ドレープ　⑥　プリーツ　⑦　通気
⑧　着崩れ　⑨　機能　⑩　型崩れ

〈解説〉(1)　他に，感覚的性能　(2)　(ア)　染色堅ろう度とは，繊維製品が，その製造工程からその後の使用や保管中の色々な作用に対する色の抵抗性をあらわし，1～5級の数値で○級とか○-△級といった表現で変退色と汚染(色移り)を表現する。　(イ)　革製品は，耐熱性が低いので手入れ，保管に注意が必要である。　(3)　(ア)　パーマネントプレス加工は，製品に永久的な折り目を付与する。　(イ)　透湿防水加工は，水蒸気を外部に放散するが，外部から水(液体)は，透過しない性能である。　(ウ)　難燃加工は，繊維の燃えやすい材料を，燃えにくくするために施す加工である。　(4)　ポリ乳酸繊維は，別名「とうもろこし繊維」とも呼ばれ､とうもろこしを原料に乳酸菌による乳酸発酵を行って出来る乳酸を重合してポリ乳酸とし，繊維化して製造される。PTT繊維は最近話題の繊維で，デュポン社がPTTの原料であ

るプロパンジオールをトウモロコシから発酵法により製造するバイオ技術を確立したことにより一躍有名となった。　(5)　他に，必要以上に購入しない。再利用された衣類(フリース等)を選択購入する。　など。　(6)　被服の平面構成と立体構成の比較は頻出なので頭に入れておくこと。

【2】(1)　①　生理衛生　　②　家族生活　　③　個人生活

(2)　①　平面図　　②　部屋が2つに，居間，食堂，台所がある間取り。　③　動線　　④　ア　片開き戸　　イ　片引き戸

ウ　引き違い窓

⑤

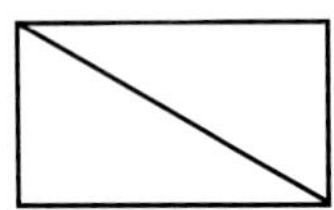

⑥　長所：家族で食生活を中心に楽しめる空間ができる。

短所：煙・臭いがこもる。

〈解説〉(1)　①　排せつ・入浴・洗面・化粧などの個人の生理衛生に関する生活空間で，トイレ・浴室・洗面・更衣室などがある。

②　団らんや接客などの家族生活の空間であり，その中心となるところである。　③　勉強，睡眠などの個人生活の空間であり，人生の$\frac{1}{3}$をしめる睡眠の場である寝室を中心とした最もプライベートなところで，主寝室・こども室・老人室などがある。　(2)　①　平面図とは，建物をある適当な高さで水平に切断した面を図面化したものである。住宅の間取りを表示した図面，間取り図も平面図の範疇に入る。

②　LDKとは，居間，食堂，台所が一室となった空間のこと。

③　動線とは，人や物が移動する軌跡や方向を表す線のこと。主に，都市，住居，部屋などの空間の中での人間の行動軌跡を示す。

④　平面表示記号は頻出なので頭に入れておくこと。　⑤　平面表示記号は頻出なので頭に入れておくこと。　⑥　他に，長所：それぞれが孤立しないので部屋が広くなる。短所：食事をする人に調理で使用

した食器等が見えてしまう。　など

【3】(1)　・三世代同居率・親世帯との近居(30分以内の距離)率の高さと，女性の就業率の高さ。　・農業や繊維産業など家業を担ってきた福井県の女性は，従来から家事・家業・育児をこなし，働き者であったことが，就業率の高さの背景。　・代々の母親自身が祖父母と共に過ごした経験を持ち，「祖父母との生活経験が大切である」と考えている。母親のこの経験が，祖父母と母親とのポジティブな関係を築いている。
(2)　①　(ア)　その人　　(イ)　健康　　(ウ)　知識や経験
(エ)　自立　　②　(ア)　介護老人福祉施設　　(イ)　家庭介護用品購入費助成事業　　③　介護保険制度　　④　(ア)　40歳以上
(イ)　65歳以上　　(3)　①　(ウ)　　②　(ア)　　③　(イ)　　④　(エ)

〈解説〉(1)　他に，・祖父母に支えられて育児をしてきた父母は，自身が祖父母となったとき，「孫の世話をするのは当然」と考える。
・育児にかかる経費についても，部分的には祖父母が担っている。
(2)　①　高齢者福祉の基本的な考え方は，「高齢者がいつまでもその人らしく，住みなれた地域で安心して生活できる福祉社会の構築」である。　②　(ア)　他に，養護老人ホーム，軽費老人ホームなど。
(イ)　他に，生活管理指導員(ホームヘルパー)派遣事業，食の自立支援事業(配食サービス)など。　③　介護保険制度は社会の高齢化に対応し，2000年(平成12年)度から施行された社会保険制度である。
④　介護保険料は40歳以上の人が納め，サービスは65歳以上の人が受けられる。　(3)①　介護サービス計画はケアプランと呼ばれている。
②　ホームヘルパーは，在宅で，入浴，排泄，食事の手助けをする。
③　介護支援専門員はケアマネージャーと呼ばれている。　④　ノーマライゼーションは1960年代に北欧諸国から始まった社会福祉をめぐる社会理念の一つで，老人福祉法の理念の一つである。

【４】(1)　不実告知　　(2)　消費者団体訴訟制度

〈解説〉(1)　他に，断定的判断，不利益事実の不告知，不退去，監禁がある。　(2)　消費者団体訴訟制度とは，消費者全体の利益を擁護するため，一定の消費者団体に事業者の不当な行為に対する差止請求権を認めるものである。

【５】(1)　免疫力が弱いので，接する前に手洗い，うがいをし，病気の感染などを防ぐようにする。　(2)　力が弱いので，手加減して遊ぶようにする。　(3)　言葉遣いに注意する。

〈解説〉他に，(1)　外遊びをした際は，最後に手を洗うようにする。
(2)　はさみなどを使う際は手を切らないように注意する。　(3)　生徒同士の私語は慎む。　など。

【６】①　水素　　②　酸素　　③　6　　④　単糖類　　⑤　二糖類　⑥　糖質　　⑦　窒素　　⑧　硫黄　　⑨　20　　⑩　小腸
(1)　砂糖　　(2)　グルコマンナン　　(3)　アミラーゼ　　(4)　うるち米はアミロースを15～20％含み，残りはアミロペクチンである。
(5)　血液の主成分として，栄養成分や酸素などを体の各組織へ運び，また各組織から不要産物を体外へ排出する。　(6)　A　85÷160≒0.53　含硫アミノ酸　　B　79÷70≒1.13　　トリプトファン

〈解説〉炭水化物は，炭素，水素，酸素の3元素からなる化合物である。ブドウ糖，果糖，ガラクトース等は6炭糖である。これ以上加水分解されない糖類の構成単位が単糖類であり，代表的なものはグルコース(ブドウ糖)，フルクトース(果糖)，ガラクトースなどである。炭水化物には，エネルギー源となる糖質と，人間の消化酵素では消化されないためエネルギー源にはならない食物繊維がある。たんぱく質の構成元素には窒素と硫黄がある。たんぱく質は約20種類のアミノ酸という基本単位から成り立っている。たんぱく質は消化によってアミノ酸に分解され小腸から吸収され，体の各組織のたんぱく質に合成されて，細胞の主な成分となる。　(1)　砂糖は果糖とブドウ糖が固く結合した二

糖類である。従って体内でそのまま養分として吸収されず，必ず単糖類の分解が必要である。　(2)　こんにゃくの食物繊維は水溶性食物繊維のグルコマンナンである。　(3)　唾液の中にあるアミラーゼによって，デンプンが分解される。　(4)　うるち米はアミロースを15～20%含み，残りはアミロペクチンであるが，もち米はすべてアミロペクチンである。　(5)　体内における水の働きは　①溶解性が強く，体内における化学反応は水溶液の形で行われる。　②血液の主成分として，栄養成分や酸素などを体の各組織へ運び，また各組織から不要産物を体外へ排出する。(体の各組織から運ばれた血液中の成分は，腎臓の糸球体でろ過され，必要な成分は尿細管で再吸収して利用し，体内の不要産物を尿として排出する)　③電解質を溶かし，そのバランスを維持する。浸透圧の平衡を維持し，体細胞の形態を保つ。　④発汗作用により体温を調節する。など，生命の維持に重要な働きを行っている。(6)　アミノ酸価とは，食品のたんぱく質に含まれるアミノ酸の量が，必要量に対してどれくらいかを算出し，必要量に対して最も少ないアミノ酸を第一制限アミノ酸とし，この第一制限アミノ酸で，たんぱく質の栄養価を評価しようというものである。

【7】(1)　HACCP(ハサップ)　(2)　食品トレーサビリティー

〈解説〉(1)　HACCPとは，食品の安全性を高度に保証する衛生管理の手法の一つで，具体的には，食品の製造業者が原材料の受入から最終製品にいたる一連の工程の各段階で発生する危害を分析し，その危害の発生を防止することができるポイントを重要管理点として定め，重点的に管理することにより，製造工程全般を通じて製品のより一層の安全性を確保するという手法であり，国際的にもその導入が推進されている。我が国では平成七年にHACCP方式による衛生管理を法的に位置づけた「総合衛生管理製造過程の厚生労働大臣承認制度」が創設された。　(2)　トレーサビリティーとは，英語のtrace(足跡を追う)と，ability(できること)を合わせた言葉で，「追跡可能性」と訳されている。家畜の飼育あるいは植物の栽培から流通，加工を経て消費者の口に入るまでのルートをたどることができるように，記録などを保持するシステムのことを言う。

【8】(解答例)　社会に出て生きていく上で役立つ知識を身につけさせ，衣食住，家族，乳幼児，高齢者福祉に関してより多くのことを考えさせる機会をもたせ，社会に貢献できるにはどうするか，快適な生活を送るにはどうするかなどを考える力を身につけさせたい。

〈解説〉学習指導要領より抜粋

〔家庭分野〕1　目標

実践的・体験的な学習活動を通して，生活の自立に必要な衣食住に関する基礎的な知識と技術を習得するとともに，家庭の機能について理解を深め，課題をもって生活をよりよくしようとする能力と態度を育てる。

2007年度　実施問題

【中高共通】

【1】次の文章は，平成17年7月15日に施行された食育基本法の前文の一部である。下の問題に答えなさい。

二十一世紀における我が国の発展のためには，子どもたちが健全な心と身体を培い，未来や(①)に向かって羽ばたくことができるようにするとともに，すべての国民が心身の健康を確保し，生涯にわたって生き生きと暮らすことができるようにすることが大切である。

子どもたちが豊かな人間性をはぐくみ，(②)力を身につけていくためには，何よりも「食」が重要である。今，改めて，A<u>食育を，生きる上での基本であって，知育，徳育及び体育の基礎となるべきもの</u>と位置付けるとともに，様々な経験を通じて「食」に関する知識と「食」を(③)力を習得し，健全な食生活を実践することができる人間を育てる食育を推進することが求められている。

(1) 文中の空欄に適切な語句を書き入れなさい。

(2) 日本で初めて下線部Aのように説いた人物について，次の問題に答えなさい。

① (ア) 名前　(イ) 出身地(県名)　(ウ) 活躍した時代を答えなさい。

② 著書「化学的食養長寿論」の中で示されている「身土不二」という考え方は，次の二つの食べ方を意味している。空欄に適切な語句を入れなさい。

・ 住んでいる土地でとれたものを食べる・・・(エ)の考え方

・ その季節にできたもの((オ)の食材)を食べる

(3) この法律ができた背景として考えられることを次の二つの面からそれぞれ説明しなさい。

① 日本人の食生活の変化　② 食の安全安心

(4) 食育に関する本県の取組みに関連して，次の文章は何を説明したものか答えなさい。

① 全国に先駆けて，平成17年度から小・中・県立学校に配置した。これまでの給食管理に加えて，児童生徒への個別的な指導，各教科等で教科担任と連携した食育，家庭・地域との連携・調整等に従事する。

② 小浜市は，古くから海や山の幸に恵まれ，北前船や鯖街道を通して日本各地に食品を送っていたことから，現在「○○国○○」と称することで食育についての独自の取組みを展開している。

(5) 福井の食生活は健康長寿にもよいといわれている。その一つに，米を中心にして多くの野菜と新鮮な魚を取り入れた食事がある。これらの食品の調理に関して次の問題に答えなさい。

① 3合のうるち米を炊く場合の水の量は何mlですか。

② 皮をむいたじゃがいも500gを使って煮物を作りたい。廃棄率を13％とすると，じゃがいもは何個必要か計算しなさい。(使用するじゃがいもは1個150gとする。)

③ 魚や野菜の煮物を作る際使われる，落としぶたの役割について説明しなさい。

④ 青魚に多く含まれる不飽和脂肪酸で，動脈硬化や高血圧の予防，脳の活性化などの働きがあるものを二つあげなさい。

⑤ 米に少なく，魚に多く含まれる必須アミノ酸名を答えなさい。また，「米と魚」などのように，一緒に食べることで全体としてたんぱく質の栄養価を高めることができることを何というか答えなさい。

(6) 食育の推進とともに，各地域の伝統的な料理や産物が見直されている。次の問題に答えなさい。

① 次の説明文は，県内のどのような料理や産物について書かれたものか答えなさい。

ア 冬の期間の水田を有効に使うために江戸時代ごろから栽培が始まったといわれており，奥越に春を告げる野菜といわれている。甘さの中にもほろ苦さのある特有の味わいを持ち，発がんをおさえる抗酸化物質をバランスよく含む。

イ　福井県が独自に開発した糖度の高い中型トマトで，名付け親は福井県出身の作家，津村節子氏である。

ウ　若狭地方に伝わる保存食で，材料の鯖などを糠漬けにしたものである。

エ　形が笹の葉に似ていることから笹鰈の別名を持つ。古くから高級食材として都でも珍重されており，この地方のシンボルといえる。

オ　結城秀康の重臣本多富正が，城下の人々の非常食として栽培と食べ方を奨励したことが発端といわれている。栄養価が高く，薬味に含まれるジアスターゼは消化を助ける働きを持つ。

②　次のア～オは，どこの都道府県の郷土料理か答えなさい。

ア　じぶ煮　　イ　ほうとう　　ウ　皿鉢料理　　エ　船場汁

オ　卓袱料理

(☆☆☆◎◎◎)

【2】食に関しては，小学校5年生からの家庭科において指導すべきこととして学習指導要領および解説に示されている。次の内容は①小学校家庭科　②中学校技術・家庭科　③高等学校家庭基礎・家庭総合・生活技術のどこで指導することが示されているか①～③の番号で答えなさい。

ア　家族の一日の献立が作成できる。

イ　水の働きが分かる。

ウ　食品の栄養的な特徴を知り，食品を組み合わせてとる必要があることが分かる。

エ　ゆでることができる。

オ　調理に必要な材料の分量が分かる。

カ　食事の栄養価計算ができる。

キ　生鮮食品の良否と加工食品の表示を扱う。

ク　資源・エネルギーに配慮した購入や調理にも触れる。

ケ　魚，肉，野菜などを中心に扱う。

コ　我が国の伝統的な日常食であるご飯とみそ汁の調理ができる。

(☆☆☆◎◎◎)

【3】被服製作をするにあたっては，着用目的に合わせた材料の選択や，体型に合うよう正しい採寸をする必要がある。

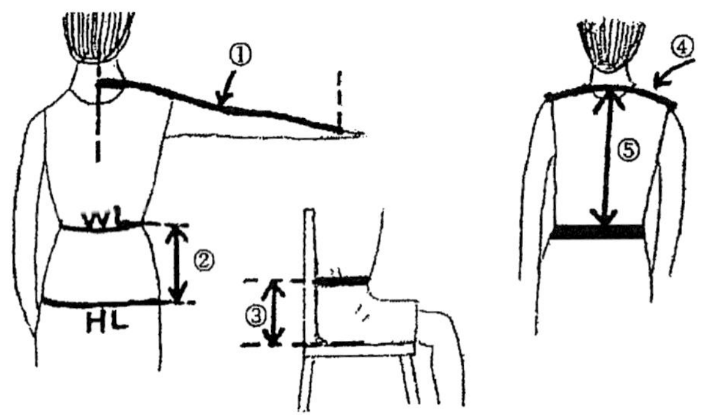

(1)　図の①から⑤はどこの寸法を表しているか答えなさい。

(2)　胸囲の採寸方法について，男子，女子それぞれ説明しなさい。

(3)　混紡の布と交織の布についてそれぞれ説明しなさい。

(☆☆☆◎◎◎)

【4】日本は現在少子化が進行しており，社会全体はもちろん各家庭の子どもをめぐる状況にも大きな変化をもたらしている。次の文章を読み，下線部が正しければ○を，間違ってる場合は正しい語句を記入しなさい。

一人の女性が生涯に生む子どもの数を示すものを<u>①平均出産率</u>といい，2005年の数値は<u>②1.29</u>まで低下した。国は，少子化対策として2004年に<u>③「子ども・子育て応援プラン」</u>を策定して，若者の自立支援や親の働き方の見直しを行っている。また，地域には子どもや親からの相談に応じる窓口として<u>④ファミリーサポートセンター</u>が設置されたり，子どもを預けたい親と預かりたい人が登録して助け合い，急な残業などの突発的な保育ニーズ等にも対応できる⑤子育て支援センターも設置されつつあり，地域全体で子育てを応援していく環境が少しずつ整備されてきている。本県でも，「元気な子ども・子育て応援計画」に基づいて，病気の子供を預かる「病児デイケア」やいろいろな場面で母親の相談に応じる「子育てマイスター」の登録など様々な取組みが行われている。

(☆☆☆◎◎◎)

【5】遊びは，子どもの生活そのものであり，心身の発達に欠かすことのできないものである。次の遊びに使われる遊具をすべて選びなさい。

(1)　構成遊び　(2)　模倣遊び　(3)　感覚遊び　(4)　受容遊び
(5)　運動遊び

ア　三輪車　イ　おしゃぶり　ウ　人形　エ　絵本
オ　積み木　カ　折り紙　キ　ボール　ク　がらがら
ケ　布(風呂敷)　コ　CDプレーヤー

(☆☆☆◎◎◎)

【6】次の文章は家族・家庭について述べたものである。文を読んで下の問題に答えなさい。

家庭の機能には，家庭が①家族個人に対して果たしている機能と②社会に対して果たしている機能がある。これらのいくつかは，産業の発展とともに，専門化した組織や国・地方自治体などに移行されるようになったが，今も家庭は，わたしたちの生活の基盤として多くの役割を果たしている。

(1)　下線部①②について，それぞれの機能を2つずつ答えなさい。
(2)　家庭の機能が専門機関や公的機関に移行することを何というか答えなさい。

(☆☆☆◎◎◎)

【7】暮らしやすい住まいについて，次の問題に答えなさい。

(1)　高齢者の加齢に伴う体の変化は，しばしば家庭内事故の原因となる。次の機能の低下に対する住居の安全対策としてどのようなことが必要か答えなさい。

①　視力の低下　　②　運動機能の低下

(2)　ユニバーサルデザインについて，その意味を説明し実際の例をあげなさい。

(3)　私生活とは別に共用空間を設け，家事，育児などを共にすることを可能にした集合住宅を何というか答えなさい。

(☆☆☆◎◎◎)

【8】消費生活に関連した，次の問題に答えなさい。

(1)　高等学校　普通教科「家庭」における各科目の学習指導要領に示されている「消費者の権利と責任」について，取り上げる内容を3つ答えなさい。

(2)　消費者金融に関する，次の文章の(　)の中に，適切な数字や語句を入れなさい。

出資法に定められている上限金利は(　ア　)%であり，出資法と利息制限法の上限金利の中間部分で，現在廃止が検討されている金利のことを(　イ　)金利という。

(☆☆☆◎◎◎)

解答・解説

【中高共通】

【1】(1) ① 国際社会 ② 生きる ③ 選択する

(2) ① (ア) 石塚左玄 (イ) 福井県 (ウ) 明治時代

② (エ) 身土不二 (オ) 旬 (3) ① 日本人の食生活が大きく変化し，それに伴う社会的問題が無視できなくなってきた

② 近年はBSEの発生をはじめとした食品の安全性を揺るがす問題を受け，国民の食の安全・安心に対する関心が高まってきた

(4) ① 栄養教諭 ② 食のまちづくり条例 (5) ① 608ml

② 4個 ③ 落とし蓋をして煮物をすると，沸き上がった煮汁が蓋にあたって落ちるので，少ない煮汁でも汁が全体にまわり，まんべんなく味を含ませることができる。 ④ DHA EPA ⑤ リジン相乗効果 (6) ① ア 勝山水菜 イ 越のルビー ウ へしこ エ 笹鰈寿司 オ 越前そば ② ア 石川県 イ 山梨県 ウ 高知県 エ 大阪府 オ 長崎県

〈解説〉(1) 食育基本法前文より抜粋 二十一世紀における我が国の発展のためには，子どもたちが健全な心と身体を培い，未来や国際社会に向かって羽ばたくことができるようにするとともに，すべての国民が心身の健康を確保し，生涯にわたって生き生きと暮らすことができるようにすることが大切である。子どもたちが豊かな人間性をはぐくみ，生きる力を身に付けていくためには，何よりも「食」が重要である。今，改めて，食育を，生きる上での基本であって，知育，徳育及び体育の基礎となるべきものと位置付けるとともに，様々な経験を通じて「食」に関する知識と「食」を選択する力を習得し，健全な食生活を実践することができる人間を育てる食育を推進することが求められている。 (2) 福井県出身で陸軍薬剤監だった『石塚左玄(いしづかさげん)』は，45歳のときに出版した「化学的食養長寿論」の中で，地方に先祖代々伝わってきた伝統的食生活にはそれぞれ意味があり，その土地に行った

らその土地の食生活に学ぶべきであるという「身土不二(しんどふじ)」の原理を発表するとともに，食の栄養，安全，選び方，組み合わせ方の知識とそれに基づく食生活が心身ともに健全な人間をつくるという教育，すなわち『食育』の大事さを説いている。身土不二とは，「人と土とは切っても切れない関係にある」という考え方で，「人の口に入る食物は土が育てている，だから生まれ育った土地でとれる旬の食材こそが，その人の身体を育てるのに適している」という意味になる。(3)　基本法が制定された背景は，同法の中で次のように具体的に述べられている。　・社会経済情勢がめまぐるしく変化し，日々忙しい生活を送る中で，人々は，毎日の「食」の大切さを忘れがちである。
・「栄養の偏り」,「不規則な食事」,「肥満や生活習慣病の増加」,「過度の痩身志向」などの問題。　・新たな「食」の安全上の問題。
・「食」の海外への依存の問題。　・豊かな緑と水に恵まれた自然の下で先人からはぐくまれてきた，地域の多様性と豊かな味覚や文化の香りあふれる日本の「食」が失われる危機にある。　(4)　①　2006年4月1日付で栄養教諭を10人任用。その栄養教諭の仕事や給食の内容を紹介している。　②　小浜市は全国に先駆けて「食のまちづくり条例」を制定した。　(5)　①　普通のお米は，重量比で1.35倍のお水が炊飯する時に必要　　②　500÷0.87≒574.7　574.7÷150≒3.8
③　落し蓋とは，煮物などをする時に，鍋の直径よりひとまわり小さい蓋を材料の上に直接のせて使う蓋のことを言う。落し蓋をして煮物をすると，沸き上がった煮汁が蓋にあたって落ちるので，少ない煮汁でも汁が全体にまわり，まんべんなく味を含ませることができる。また，熱効率がよく経済的である。　④　EPA(エイコサペンタエン酸)，DHA(ドコサヘキサエン酸)は多価不飽和脂肪酸でオメガ-3とも呼ばれ，青魚に多く含まれている。　⑤　魚のタンパク質は必須アミノ酸の「リジン」を多く含んでいる。穀類，特に米を主食としている日本人は，このリジン不足が心配されているので，「米と魚」の組み合わせは，必須アミノ酸のバランスが理想的で抜群に相性が良い。
(6)　①　ア　勝山水菜は，春を代表する勝山市の地域特産物で，雪に

埋もれる厳しい自然環境で育つため，独特の栄養分と甘味がある。また，最近の研究で勝山水菜にはがんの予防に効果のある物質が良好な状態で含まれていることがわかった。　イ「越のルビートマト」は福井県が独自に開発した40グラム前後の中型トマトで，福井県出身の作家，津村節子さんによって「越の国」(福井)で生まれたルビーのように真っ赤なトマトということで命名された。　ウ　へしことは，脂のたっぷりのった新鮮な春鯖を若狭地方に昔から伝わる独特の製法で糠漬け(一旦塩漬けし，再度米糠で1年以上本漬けする)し熟成したもの。
エ　皇室献上の福井県の特産品，笹鰈を押し寿司にしたもの。
オ　本多富正は京都の伏見から金子権左衛門という人を連れてきて，そばに大根おろしを添えて食べることをこの地域に広めた
②　ア　治部煮とは鴨または鶏肉を，治部煮専用のすだれ麩や野菜と煮た金沢を代表する郷土料理のひとつ。　イ　平安時代に中国から伝わっと言われる甲州名物のほうとう。　ウ　土佐料理といえば，皿鉢料理である。　エ　船場汁とは，大阪の問屋街である船場で生まれた郷土料理。　オ　卓袱料理(しっぽくりょうり)とは，唐南蛮の料理に日本料理の特徴を取り混ぜたもので，朱塗りの円卓を普通6～7人で囲み，大鉢・中鉢で出された料理を思い思いに小皿にとって食べる，会食の料理。

【2】ア　③　イ　③　ウ　①　エ　①　オ　①　カ　③
キ　②　ク　③　ケ　②　コ　①

〈解説〉小学校学習指導要領より抜粋

(4)　日常の食事に関心をもって，調和のよい食事のとり方が分かるようにする。

ア　食品の栄養的な特徴を知り，食品を組み合わせてとる必要があることが分かること。

イ　1食分の食事を考えること。

(5)　日常よく使用される食品を用いて簡単な調理ができるようにする。

ア　調理に必要な材料の分量が分かり，手順を考えて調理計画を

立てること。

イ　材料の洗い方，切り方，味の付け方及び後片付けの仕方が分かること。

ウ　ゆでたり，いためたりして調理ができること。

エ　米飯及びみそ汁の調理ができること。

オ　盛り付けや配膳(ぜん)を考え，楽しく食事ができること。

カ　調理に必要な用具や食器の安全で衛生的な取扱い及びこんろの安全な取扱いができること。

中学校学習指導要領より抜粋

(1)　中学生の栄養と食事について，次の事項を指導する。

ア　生活の中で食事が果たす役割や，健康と食事とのかかわりについて知ること。

イ　栄養素の種類と働きを知り，中学生の時期の栄養の特徴について考えること。

ウ　食品の栄養的特質を知り，中学生に必要な栄養を満たす1日分の献立を考えること。

(2)　食品の選択と日常食の調理の基礎について，次の事項を指導する。

ア　食品の品質を見分け，用途に応じて適切に選択することができること。

イ　簡単な日常食の調理ができること。

ウ　食生活の安全と衛生に留意し，食品や調理器具等の適切な管理ができること。

高校学習指導要領より抜粋

ア　食生活の管理と健康

栄養，食品，調理，食品衛生などに関する基礎的な知識と技術を習得させ，家族の食生活を健康で安全に営むことができるようにする。

ア　食生活の科学と文化

栄養，食品，調理などについて科学的に理解させるとともに，食生活の文化に関心をもたせ，必要な技術を習得して充実した食生活を営むことができるようにする。

(4) 食生活の設計と調理

栄養，食品，調理などに関する知識と技術を習得させ，充実した食生活を営むことができるようにする。

ア 家族の食生活と栄養

家族の食生活の現状と課題について考えさせ，健康と栄養とのかかわりについて理解させるとともに，健康の保持増進に配慮した食生活の工夫ができるようにする。

イ 食品と調理

食品の栄養的特質と調理上の性質について理解させ，献立作成ができるようにするとともに，調理技術の習得を図り，家族の食事を整えることができるようにする。

ウ 食生活の管理

食生活環境の変化及び食生活の安全と衛生について理解させ，健康や安全に配慮した食生活の管理ができるようにする 。

【3】(1) ① 裄丈 ② 腰丈 ③ また上 ④ 肩幅 ⑤ 背丈 (2) 男子は，「上胸囲，脇の下の最太部」を測る。女子は，「胸の一番高い部分」を測る。 (3) 混紡の布とは，種類の違う繊維を混ぜ合わせた布のこと。交織の布とは，種類の違う繊維を織り合わせた布のこと。

〈解説〉(1) 採寸方法は頻出なので頭に入れておくこと。 (2) 女子は胸の部分が出ているので一番高いところとなる。 (3) 混紡とは，種類の違う繊維を混ぜること。交織とは，種類の違う繊維を織り合わせること。

【4】① 合計特殊出生率　② 1.25　③ 新新エンゼルプラン　④ 子育て支援センター　⑤ ファミリーサポートセンター

〈解説〉① 合計特殊出生率とは，一人の女性が生涯に生む子供の数の平均を示す。 ② 2005年の合計特殊出生率は1.25。 ③ 2004年に新新エンゼルプランが決定された。 ④ 子育て支援センターとは，地域全体で子育てを支援する基盤の形成を図るため，子育て家庭の支援活動の企画，調整，実施を担当する職員を配置し，子育て家庭等に対する育児不安等についての指導，子育てサークル等への支援などを通して，地域の子育て家庭に対する育児支援を行うことを目的としている。 ⑤ ファミリー・サポートセンターとは，子育ての援助を受けたい方と援助を行いたい方が会員になり，仕事や急な用事で子どもの世話ができない時に，会員間で子育ての手助けを行うこと。

【5】(1) オ カ　(2) ウ ケ　(3) イ ク　(4) エ コ　(5) ア キ

〈解説〉【構成遊び】いろいろなものを組み立てたり，作り出したりするところに楽しみを感じる。積み木，絵をかく，ねんど細工，折り紙など。1歳ころから始まり，学童期になっても盛んに行われる。社会性立場からの分類。とりとめのない動作。2歳以降の児に多く，取り立てて何もせず，その時々に興味の持つものを眺めたりする。人の後をただついていくといった動作。 【模倣，想像遊び】子どもの周囲にある生活を真似ることによって楽しむ。ごっこ遊び，模倣遊びは，2歳ころから 3，4歳が盛んで，5歳近くまで続ける。このころには，想像力が盛んになり模倣の欲求が強くなる。 【感覚遊び】感覚を働かせることが，楽しみを起こすような遊びである。2 歳くらいまで。その後ほかの遊び方が増えてくる。がらがらを聞いて喜ぶ，音を聞いてはじめは喜んでいたが，後に自分で動かす。 【受容遊び】絵本を見たりお話を聞いたり，テレビを見たりという種類。受身になって受け取る遊び。1歳ころから現れ3歳で盛んになりそれ以降，本当の意味で楽しむことが出来る。 【運動遊び】手足や身体の運動が楽しみをもたらすような遊びである。早くから，長く続けられる。年齢とともに遊びの内容が変化する。手足を引っ張ったり，物をつかんで投げる，三輪車に乗れるなど。

【6】(1) ① ・家族がともに住む空間は，外部世界から一線をひいたプライベートな場として定義され，安らぎの場・憩いの場として機能する。 ・共同生活の単位としての家族は生産と消費の単位として機能する。 ② ・家族は子どもを育てて，社会に適応できる人間に教育する機能をもつ。 ・子どもは家族のなかで人間性を形成し，文化を内面化して，社会に適応する能力を身につけていく。 (2) 家庭機能の外注化

〈解説〉(1) 家族には，大きくわけて五つの機能があるといわれてきた。 ① 性的機能――結婚という制度は，その範囲内において性を許容するとともに婚外の性を禁止する機能を果たす。これによって性的な秩序が維持されるとともに，子どもを産むことによって，社会の新しい成員を補充する。 ② 社会化機能――家族は子どもを育てて，社会に適応できる人間に教育する機能をもつ。子どもは家族のなかで人間性を形成し，文化を内面化して，社会に適応する能力を身につけていく。 ③ 経済機能――共同生活の単位としての家族は生産と消費の単位として機能する。 ④ 情緒安定機能――家族がともに住む空間は，外部世界から一線をひいたプライベートな場として定義され，安らぎの場・憩いの場として機能する。 ⑤ 福祉機能[保健医療機能]――家族は家族成員のうちで働くことのできない病人や老人を扶養・援助する働きをする。 (2) 保育園や幼稚園に預けることなど，家庭ですることを外注化していると考える

【7】(1) ① 電気等を明るくする。 ② 段差をなくす
(2) 意味：「すべての人のためのデザイン」を意味し，年齢や障害の有無などにかかわらず，最初からできるだけ多くの人が利用可能であるようにデザインすること。 例：シャンプーの横にギザギザの手で

触って判別できる突起をつけ，リンス等と混同しないようにする。

(3)　コレクティブハウス

〈解説〉(1)　①　暗い電気だと見えにくいので明るいものに変える，また，スイッチを大きいものにかえるのもよい。　②　段差をなくすことで転倒を防ぐとよい。　(2)　ユニバーサルデザインとは，ユニバーサル＝普遍的な，全体の，という言葉が示しているように，「すべての人のためのデザイン」を意味し，年齢や障害の有無などにかかわらず，最初からできるだけ多くの人が利用可能であるようにデザインすることをいう。よく取り上げられる身近なユニバーサルデザインの例としては，次のものがありる。・シャンプー容器のギザギザ　・テレホンカードの切れ込み　・使い勝手がよい自動販売機　・ノンステップバス　・缶ビールの点字表示　・選べる公衆電話　・多機能トイレ　・エレベーターとエスカレーターと階段　(3)　コレクティブハウスとは，プライベートの住戸は通常通り確保しながら，その他に共有のリビング・キッチン・ランドリー・ライブラリー・キッズルーム等の空間を持つ集合住宅。

【8】(1)　契約，消費者信用，問題の発生しやすい販売方法

(2)　ア　29.3　　イ　グレーゾーン

〈解説〉

(1)　学習指導要領より抜粋

ウ　内容の(3)のアの消費者の権利と責任については，契約，消費者信用，問題の発生しやすい販売方法などを取り上げて具体的に扱うこと。イについては，環境負荷の少ない生活の工夫に重点を置くこととし，地球環境問題に深入りしないこと。

(2)　出資法の上限金利は現在年29.2%と定められている。出資法と利息制限法が統一され，グレーゾーン金利は廃止になる見込みである。

2006年度　実施問題

【中高共通】

【1】次の文章は，高等学校学習指導要領　家庭編からの抜粋である。空欄に適語を入れ，文を完成させなさい。また，下の問題に答えなさい。

〈家庭基礎〉

1　目標

人の一生と(　ア　)・福祉(　イ　)，(　ウ　)などに関する(　エ　)な知識と技術を習得させ(　オ　)の充実向上を図る能力と(　カ　)な態度を育てる。

2　内容

(1)　人の一生と(　ア　)・福祉

人の一生を(　キ　)の視点でとらえ，(　ア　)や(　オ　)の在り方，(　ク　)と高齢者の生活と(　ケ　)について理解させ，(　コ　)が相互に協力して，(　サ　)としての役割を果たし家庭を築くことの重要性について認識させる。

(2)　家族の生活と(　シ　)

(3)　消費生活と(　ス　)

(4)　(　セ　)と(　ソ　)

①　上記(2)については何を中心とした指導を行うよう留意しなければならないか答えなさい。

②　「内容の取扱い」において，内容や程度について深入りしないよう規定されていることを3つ答えなさい。

(☆☆☆◎◎◎)

【2】教育課程の実施にあたっては，指導と評価の一体化を図ることが大切になってくる。高等学校家庭において評価をする際の観点としてあげられている4つの項目を答えなさい。

(☆☆☆◎◎◎)

【3】近年，食生活の重要性がいろいろな場面でクローズアップされている。食と健康について次の問題に答えなさい。

(1) 現代の食生活における問題としてあげられていることに欠食がある。その中でも朝食を抜くことによって起こる問題点を〈体温・脳〉という2つの語句を使って50字程度で説明しなさい。

(2) 以下は，2000年に文部省・厚生省・農林水産省が共同で出した「健康づくりのための食生活指針」である。空欄に適語を入れなさい。

・食事を楽しみましょう。
・1日の食事のリズムから，健やかな(　ア　)を。
・(　イ　)，(　ウ　)，(　エ　)を基本に，食事の(　オ　)を。
・ごはんなどの穀類をしっかりと。
・野菜・果物，牛乳・乳製品，豆類，魚なども組み合わせて。
・(　カ　)や脂肪は控えめに。
・(　キ　)を知り，日々の活動に見合った(　ク　)を。
・食文化や(　ケ　)を活かし，ときには新しい料理も。
・調理や保存を上手にして無駄や(　コ　)を少なく。
・自分の食生活を見直してみましょう。

(3) 次の表はビタミンとその働き及び欠乏症の関係を表している。働き・欠乏症に該当しないビタミン名を3つあげ，訂正しなさい。

ビタミン名	働き	欠乏症
ビタミンB_1	炭水化物の代謝に関係	脚気
ナイアシン	炭水化物・脂質・たんぱく質の代謝に関係	ペラグラ
ビタミンK	血液凝固	内出血(新生児)
ビタミンC	発育促進，皮膚の保護	口角炎・口内炎
ビタミンD	カルシウム・りんの吸収に関係，骨・歯の形成	骨軟化症・くる病
ビタミンE	結合組織の健全化，鉄の吸収促進，免疫機能の強化	壊血病
ビタミンA	皮膚・粘膜の健康保持，暗順応	夜盲症・角膜乾燥症
ビタミンB_2	老化防止，脂質の酸化防止	不明

(☆☆☆◎◎◎)

【4】食品は私たちの生活に欠かせないものであるが，一方でその取り扱いを誤ると，健康を損ない生命にかかわる危険性をはらんでいる。食の安全について次の問題に答えなさい。

(1) 食中毒の種類について，次表の空欄に適する語を語群から選んで記号で答えなさい。

食中毒の種類		原因となるもの
(ア)性	(イ)型	腸炎ビブリオ菌 ‥A
		(エ)
		病原性大腸菌‥B
	(ウ)型	ぶどう球菌‥C
		(オ)
自然毒	動物性	ふぐ毒‥D
	植物性性	毒きのこ
		じゃがいもの芽‥E

語群

a. ボツリヌス菌　　b. 毒素　　c. 細菌

d. サルモネラ菌　　e. 感染

(2) 次の各問いに答えなさい。

① 下線部Aについて，おもな感染源を1つ答えなさい。

② 下線部Bによる食中毒は，一般にどのような名前で呼ばれているか答えなさい。

③ 調理実習において下線部Cによる食中毒を防止するためには，児童生徒に対してどのような注意を与えるとよいか説明しなさい。

④ 下線部Dに含まれる毒素名を答えなさい。

⑤ 下線部Eに含まれる毒素名を答えなさい。

(3) 小学校における調理に用いる食品について，学習指導要領では安全・衛生面の留意点としてどのような規定が設けられているか答えなさい。

(☆☆☆◎◎◎)

【5】私たちは，生涯を通じてさまざまな法律とかかわりをもっている。家族と法律について，次の問題に答えなさい。

(1) 現行民法に関する次の文を読み，正誤を○×で( )内につけ，誤りがある場合には，訂正文を記入しなさい。

ア 結婚最低年齢は，男女とも18歳である。

イ 女性のみ，再婚禁止期間は100日とされている。

ウ 未成年の子は結婚により成年とみなされるが，民法上のことなので，選挙権は与えられない。

エ 両親の扶養義務は，直系血族と跡取りだけである。

オ 相続に関して遺言がない場合，配偶者と子は均等相続である。

カ 直系血族又は4親等内の傍系血族の間では，婚姻をすることができない。

(2) 次の語句と関係のある法律名を答えなさい。

ア 出生届　　イ 小学校入学　　ウ 育児休業　　エ 親権

オ 産前産後休暇

(3) 民法上，自分からみて次の人物は何親等にあたるか答えなさい。

ア 祖父母　　イ おじ・おば　　ウ 配偶者のおい・めい

(4) 次の語句について具体例をあげて簡単に説明しなさい。

ア 姻族　　イ 傍系血族　　ウ 卑属

(☆☆☆◎◎◎)

【6】さまざまな衣服が店頭に並べられ，衣生活の選択肢が広がっている。衣生活に関して，次の問題に答えなさい。

(1) 衣服の機能について，保健衛生上の機能を3つ，社会生活上の機能を2つあげ，それぞれ具体例を1つずつ書きなさい。

(2) 次の文の( )内に適語を入れ，文を完成させなさい。

繊維製品には，(ア)法にもとづいて，組成繊維の(イ)やその組成の重量百分率を示す(ウ)が義務づけられている。また，既製服のサイズと表し方は(エ)で定められている。

また，繊維や布の性能改善に使われる加工剤の中には，人体に健康被害や(オ)を引き起こすものもあり，それらの物質の使用は法律により規制されている。

(3)　次の意味をもつ取り扱い絵表示を記号で書きなさい。

ア　液温は40℃を限度とし，洗濯機による洗濯ができる。

イ　塩素系漂白剤による漂白ができる。

(4)　洗剤により汚れが落ちるしくみについて(　　)内に適語を入れなさい。

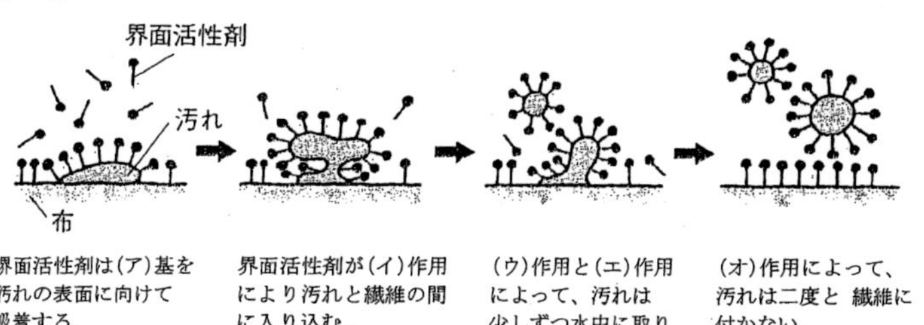

(☆☆☆◎◎◎)

【7】消費者は，事業者に比べ，情報力・交渉力などでは弱い立場にある。そのため，トラブルが起きた場合，消費者に不利益が発生する。こういった消費者問題に関して，次の問題に答えなさい。

(1)　一定期間内であれば，特定の商品・サービスに対して，契約の無条件解約ができる制度を何というか答えなさい。

(2)　問(1)の制度について，次の取引内容の場合の解約できる期間はどれだけか，それぞれ答えなさい。

ア　マルチ商法　　イ　訪問販売　　ウ　割賦販売

(3)　次の商法の概要を簡単に書きなさい。

ア　SF商法　　　　イ　さむらい(士)商法

(☆☆☆◎◎◎)

【8】保育所と幼稚園の違いについて，管轄省庁と保育者の観点から表にまとめなさい。

(☆☆☆◎◎◎)

解答・解説

【中高共通】

【1】(ア)　家族　　(イ)　衣食住　　(ウ)　消費生活　　(エ)　基礎的・基本的　　(オ)　家庭生活　　(カ)　実践的　　(キ)　生涯発達
(ク)　乳幼児　　(ケ)　福祉　　(コ)　男女　　(サ)　家族の一員
(シ)　健康　　(ス)　環境　　(セ)　ホームプロジェクト
(ソ)　学校家庭クラブ活動　　①　実験・実習　　②　児童福祉に関する法律や制度の詳細に深入りしないこと。高齢者福祉に関する法律や制度の詳細に深入りしないこと。地球環境問題に深入りしないこと。

〈解説〉高校家庭科学習指導要領　抜粋

第1　家庭基礎

1　目標

人の一生と家族・福祉，衣食住，消費生活などに関する基礎的・基本的な知識と技術を習得させ家庭生活の充実向上を図る能力と実践的な態度を育てる。

2　内容

(1)　人の一生と家族・福祉

人の一生を生涯発達の視点でとらえ，家族や家庭生活の在り方，乳幼児と高齢者の生活と福祉について理解させ，男女が相互に協力して，家族の一員としての役割を果たし家庭を築くことの重要性について認識させる。

(2)　家族の生活と健康

(3)　消費生活と環境

(4)　ホームプロジェクトと学校家庭クラブ活動　　①　高校家庭科学習指導要領　抜粋

3　内容の取扱い

(1)　内容の構成及びその取扱いに当たっては，次の事項に配慮するものとする。

イ　内容の(2)については，実験・実習を中心とした指導を行うよう留意すること。アについては，栄養，食品，調理の関連を図って扱うようにすること。②　高校家庭科学習指導要領　抜粋

(2)　内容の範囲や程度については，次の事項に配慮するものとする。

ア　内容の(1)のイについては，子どもの健全な発達を支えるための親の役割と保育に重点を置くこととし，児童福祉に関する法律や制度の詳細に深入りしないこと。ウについては，高齢者福祉に関する法律や制度の詳細に深入りしないこと。

ウ　内容の(3)のアの消費者の権利と責任については，契約，消費者信用，問題の発生しやすい販売方法などを取り上げて具体的に扱うこと。イについては，環境負荷の少ない生活の工夫に重点を置くこととし，地球環境問題に深入りしないこと。

【2】関心・意欲・態度　　思考・判断　　技能・表現　　知識・理解

〈解説〉評価基準が，小学校，中学校，高校とそれぞれ，言い方が微妙に異なるので注意して覚えておくこと。

【3】(1)　朝食は体温と血糖を上昇させ，脳と全身の集中力と代謝活性を整える役目を果たすので欠食すべきではない。　(2)　(ア)　生活リズム　(イ)　主食　(ウ)　主菜　(エ)　副菜　(オ)　バランス　(カ)　食塩　(キ)　適正体重　(ク)　食事量　(ケ)　地域の産物　(コ)　廃棄　(3)　ビタミンC　働き：コラーゲン生成・毛細血管の正常を保つ・鉄の吸収を手伝う・風邪をひきにくくする・発ガン物質を抑える・ストレスを和らげる。　欠乏症：壊血病・皮膚出血・骨形成不全・貧血　ビタミンE　働き：必須脂肪酸の過酸化を防ぐ・発ガン抑制・老化防止・生殖機能の維持。　欠乏症：老化促進・血行障害・不妊・ガンの危険が高まる。　ビタミンB_2　働き：新陳代

謝・脂肪の代謝・糖質の代謝・発育。　欠乏症：口唇炎・口角炎・角膜炎・脂漏性皮膚炎・肥満。

〈解説〉(1)　人の身体は合成，分解，代謝の繰り返しだが，その作業は24時間の基本的リズムが守られることで促進される。特に朝ごはんは，リズムの初めに体温と血糖を上昇させ，脳と全身の集中力と代謝活性を整える役目を果たす。余裕のある朝を過ごすためには，「早寝・早起き・朝の体操・朝ごはん」が必須条件。　(3)　ビタミンの種類については頻出なので頭に入れておくこと。

【4】(1)　(ア)　c　(イ)　e　(ウ)　b　(エ)　d　(オ)　a
(2)　①　生の魚介類　②　O-157　③　指などに怪我がある場合はビニール手袋を着用するなどして傷口からの感染を防ぐよう注意する。　④　テトロドトキシン　⑤　ソラニン　(3)　生の魚や肉は扱わない。

〈解説〉(1)　病原体に汚染された食物や有毒物質を含んだ食物等を誤って口にすると食中毒がおきる。食中毒には次のような種類がある。

・細菌性食中毒　感染型では腸炎ビブリオ，サルモネラなど，毒素型では黄色ブドウ球菌，ボツリヌス菌などがある。
・自然毒素型食中毒　植物性では毒きのこ，毒草など，動物性ではフグ毒，貝毒などがある。
・化学物質性食中毒　メタノール，カドミウム，水銀などがある。
・アレルギー様中毒　ヒスタミン—サバ，マグロなどがある。

(2)　①　この菌は海水中に生息しており，生の魚介類により起こる。気温が15℃以上になると活発に繁殖。例年6月に始まり，冬季には少なくなる。以前は圧倒的に多い食中毒だったが，最近はサルモネラによる食中毒がトップ。　②　通称O-157と呼ばれる。　③　ブドウ球菌はどこにでもいるが，とくに皮膚の化膿の大部分がこの菌によるもの。　④　ふぐの毒はテトロドトキシンと言い，青酸カリの約千倍の威力を持つ猛毒でその毒力は1mgあたり約5000MU(マウスユニット)という数値が報告されている。　⑤　じゃがいもの芽に含まれるソラニンという有毒成分は，食べるとめまいや腹痛，下痢などの症状を起こす。

(3) 学習指導要領より抜粋

ウ 調理に用いる食品については，生の魚や肉は扱わないなど，安全・衛生に留意すること。

【5】(1) ア ○ イ ○ ウ ○ エ ×：跡取りだけ→兄弟姉妹，場合によっては3親等内の親族 オ ○ カ ×：4親等内→3親等内 (2) ア 戸籍法 イ 学校教育法 ウ 育児・介護休業法 エ 民法 オ 労働基準法 (3) ア 2親等 イ 3親等 ウ 3親等 (4) ア 配偶者(婚姻によって成立した男女相互の間柄)の一方と他方の血族との相互の間柄。例えば，夫からみて，妻の父母や兄弟姉妹は姻族になる。自己とその兄弟姉妹の配偶者の間柄も同様。 イ ある者と共同の始祖を介して連なる血族のこと。例えば，兄弟やいとこのように，一度親や祖父母まで血統をたどってそこから下りてくる者を指す。 ウ 血族または姻族のうち，自分または配偶者の父母と同世代以上のものを尊属，子と同世代以下のものを卑属という。子・孫は直系卑属，甥・姪は傍系卑属となる。

〈解説〉(1) エ 民法は，直系血族(親子，祖父母と孫)と，兄弟姉妹はたがいに扶養義務があると規定している(民法877条 1項)。さらにそれ以外の，三親等内の親族(伯父，伯母と甥，姪)も，家庭裁判所が特別の事情があると認めた場合はその命令によって，扶養の義務を負うと規定している(民法 877条 2項)。 カ 直系血族又は三親等内の傍系血族の間では，婚姻をすることができない。ただし，養子と養方の傍系血族との間では，この限りでない。 (2) ア 出生届は戸籍法により，生まれた日を含めて，14日以内に最寄りの役場に届け出を行う。 イ 学校教育法 第二十二条 保護者(子女に対して親権を行う者，親権を行う者のないときは，未成年後見人をいう。以下同じ。)は，子女の満六歳に達した日の翌日以後における最初の学年の初めから，満十二歳に達した日の属する学年の終わりまで，これを小学校又は盲学校，聾学校若しくは養護学校の小学部に就学させる義務を負う。

ウ　育児休業，介護休業等育児又は家族介護を行う労働者の福祉に関する法律(平成3年法律第76号。以下「育児・介護休業法」という。)は，育児又は家族の介護を行う労働者の職業生活と家庭生活との両立が図られるよう支援することによって，その福祉を増進するとともに，あわせて我が国の経済及び社会の発展に資することを目的としている。

エ　民法　第四編　親族　第四章　親権　にある。

オ　「労働基準法　第六十五条」の規定により，

一，使用者は，六週間(多胎妊娠の場合にあっては，十四週間)以内に出産する予定の女性が休業を請求した場合においては，その者を就業させてはならない。

二，使用者は，産後八週間を経過しない女性を就業させてはならない。ただし，産後六週間を経過した女性が請求した場合において，その者について医師が支障がないと認めた業務に就かせることは差し支えない。

(3)　父・母・子　1親等　　祖父・祖母・孫・兄弟姉妹　2親等　おじ・おば・めい・おい他　3親等　　いとこ　他　4親等

(4)　ア　姻族とは，配偶者(婚姻によって成立した男女相互の間柄)の一方と他方の血族との相互の間柄を指す。例えば，夫からみて，妻の父母や兄弟姉妹は姻族。自己とその兄弟姉妹の配偶者の間柄も同様となる。しかし，夫の血族と妻の血族との間柄(例えば，夫の親と妻の親)や夫の姻族と妻の間柄(例えば，夫の兄弟姉妹の配偶者と妻)は相互に姻族ではない。　イ　傍系血族とは，ある者と共同の始祖を介して連なる血族のこと。兄弟やいとこのように，一度親や祖父母まで血統をたどってそこから下りてくる者を指す。　ウ　血族または姻族のうち，自分または配偶者の父母と同世代以上のものを尊属，子と同世代以下のものを卑属という。つまり，父母・祖父母は直系の尊属，おじ・おばは傍系の尊属であり，子・孫は直系卑属，甥・姪は傍系卑属ということになる。しかし，自分と同一世代にある兄弟姉妹・従兄弟などは，尊属でも卑属でもない。

【6】(1) 保健衛生上　身体を保護する：怪我から身を守る。　身体を隠す：裸では外を歩けないので身を隠す必要がある。　体温を調節する：寒い時には多めに着る。　社会生活上　コミュニケーションの機能：改まった席には正装で行く。　自己表現の機能：自分の好きな衣服を選択する。　(2) (ア) 家庭用品品質表示法　(イ) 名称　(ウ) 繊維の混用率　(エ) JIS(日本工業規格)　(オ) 環境問題　(3) ア　長方形上方に一本線を入れその上の右に小さく丸を入れ，下の四角に数字で40と書く。　イ　三角フラスコを書きその中に「エンソサラシ」と書く。　(4) (ア) 親油　(イ) 浸透　(ウ) 乳化　(エ) 分散　(オ) 再汚染防止

〈解説〉(2) 衣類は，家庭用品品質表示法にしたがって，素材を繊維名と混用の割合で表している。繊維の組成の表示については，組成繊維であるすべての繊維の名称を示す用語にそれぞれの繊維の混用率を百分率で示す数値を併記して表示される。既製服のサイズと表示のしかたは，日本人の体格調査をもとに，JIS(日本工業規格)により，決められてる。繊維や布の加工剤による健康被害が発生しており，また，それらは環境問題にも通じる。　(3) 洗い方の記号は基本的に長方形に上方一本線を引き，その小さいほうの長方形ないし右に小さく丸を入れたものとなる。塩素漂白の可否は三角フラスコを表示。　(4) 汚れが落ちるしくみは次のような段階に分けられる，界面活性剤の親油基の部分が汚れのほうへ近づき繊維の間に入り込む。そうすると，水がよく浸みやすくなる。これを，浸透作用という。　2. 界面活性剤は，汚れを取り込んで細かくし，繊維から汚れを取り除く。これを，乳化・分散作用という。　3. 一度，取り込んで取れた汚れは繊維に界面活性剤が入り込んでいるので，再び汚れが着くことはない。これを，再汚染防止作用という。

【7】(1) クーリングオフ制度　(2) ア　20日間　イ　8日間　ウ　8日間　(3) ア　日用品を無料で配布し，会場の雰囲気を盛り上げた後，最終的に高額な商品を売りつけるという販売方法。消費者

は次から次へとやりとりされる商品の中で「もらわな損，買わねば損」というような一種の催眠状態の中で冷静な判断力を失い，高額な商品を買ってしまう。比較的高齢者が狙われやすい商法。　イ「受講するだけで難関資格が簡単に取得できる」などの甘い誘い文句をエサに，高額な資格講座の受講契約を勧誘する悪質商法。

〈解説〉(1)　クーリングオフとは『消費者に与えられた契約を解除する権利』のことであり，購入した商品・サービスについて頭を冷やして良く考え直す期間を消費者に与え，この一定の期間内であれば消費者が事業者との間で締結した契約を一方的に契約解除ができるという制度。　(2)　マルチ商法：クーリングオフ期間は法定書面を受け取ってから20日間。　訪問販売：クーリングオフ期間は法定書面を受け取ってから8日間。　割賦販売：クーリングオフ制度の告知日から8日間。

【８】保育所　　管轄省庁：厚生労働省　　保育者：保育士
幼稚園　　管轄省庁：文部科学省　　保育者：幼稚園教諭

〈解説〉

【幼稚園と保育園(保育所)の比較】

	幼稚園	保育園(保育所)
根拠法	学校教育法	児童福祉法
管轄省庁	文部科学省	厚生労働省
施設名称	学校	児童福祉施設
目的	幼児を保育し,適当な環境を与えて,その心身の発達を助長する。(学校教育法第77条)	保護者の委託を受けて,保育に欠けるその乳児又は幼児を保育する。(児童福祉法第39条)
保育内容の基準	幼稚園教育要領	保育所保育指針
基本的考え方	幼児期の特性を踏まえ,環境を通して(教育を)行う。	(入所する乳幼児の)福祉を積極的に増進することに最もふさわしいものでなければならない。
対象	満3歳から小学校就学の年(満6歳)	満1歳に満たない乳児から小学校就学の年(満6歳)
保育担当者	幼稚園教諭	保育士
教育･保育時間	4時間を標準とする。	原則8時間以上

2005年度　実施問題

【中高共通】

【1】平成15年度入学生から実施された高等学校学習指導要領「家庭」において新設された科目の一つである「生活産業基礎」について，次の各問いに答えなさい。

(1)　「生活産業基礎」が新設された理由を考慮し，この科目を学ぶ目的を簡潔に述べなさい。

(2)　「生活産業基礎」では，「生活産業」を大きく4つの分野に分けてとらえているが，その4つの分野とは何か答えなさい。

(3)　次に説明する内容の職種名を答えなさい。

①西洋料理のデザートを専門につくる料理人

②デザイナーの描いたデザイン画に基づいて，服を作るための型紙をつくる専門職

③フランス料理を提供する店でワインを管理し，客の選んだ料理に合うワインをアドバイスする職

④ユーザーの要望を受けて，住まいをより美しく暮らしやすい生活の場にするために，家具や住宅設備などを選択し，総合的な提案をする職。

⑤高齢者や障害のある人など介護を必要としている人の家庭を訪問し，身体介護サービスや家事援助サービスを行い，自立に向けた支援を行う職。

(☆☆◎◎)

【2】次の文章は日本人の食生活の変遷と現状を述べたものである。後の各問いに答えなさい。

日本は四方を海に囲まれた魚の宝庫であり，四季折々の野菜，豆，いも等が収穫できる環境である。また，高温多湿な気候風土から

（　ア　）が発達し日本人の主食となった。また，海産物を中心とした副菜や微生物の繁殖を利用した（　イ　）食品も発展した。海産物の保存方法として，様々な伝統的な加工方法が用いられるようになった。干物，塩辛，燻煙しただし材料の（　ウ　）はその代表的なものである。また，ⓐ大豆の加工品は日本伝統の味を生み出し，野菜も漬物等の発展があった。こうした背景の中で日本食の基本の食膳形式（　エ　）が形成された。

第二次大戦後，日本人の生活全般は欧米の影響を受け，食生活も欧米化した。また，技術の進展に伴い，様々な加工食品が発展し，食の外部化も進んだ。食卓は豊かになり，日本人の体格も大きくなっているものの，ⓑ健康面では大きな問題を抱えるようになってきた。また，ⓒ輸入食品も増え，さらに農産物の品質改良の上で（　オ　）食品が出現し，今後の安全面での懸念が出てきた。

(1)　上の文の（　ア　）～（　オ　）の空欄に適語を入れなさい。

(2)　上記の文中，下線ⓐについて次の①～⑤の説明が示す加工品名を答えなさい。

①加熱した大豆を保温発酵させたもの

②大豆を保温・発芽させたもの

③水に浸漬した大豆を粉砕・加熱し，こしたものを加熱・凝固させたもの

④加熱した大豆を発酵醸成させたもの（2つ）

⑤炒った大豆を粉砕したもの

(3)　大豆は「畑の肉」といわれているが，このようにいわれるのは何故か。大豆のアミノ酸組成を一般の植物性食品のたんぱく質と比較し，含有量の多いものを1つあげて簡潔に説明しなさい。

(4)　上記の文中，下線ⓑについて，問題点の1つとして高血圧症，糖尿病，高脂血症等の病気の増加があげられる。これらの病気を総称して何といいますか。

(5)　上記の文中，下線ⓒについての問題点の1つとして収穫後の農薬

散布があげられるが，そのことを何というか答えなさい。また，輸入食品が増えたことによるわが国の食料自給率の現状を簡潔に述べなさい。

(☆☆◎◎)

【3】ハーフパンツを製作する場合，次の各問いに答えなさい。(但し，脇縫いがなく，すそを折り返さないシンプルなデザインとする。)

(1) 必要な採寸箇所を4つあげなさい。また，製図・裁断・仮縫い後試着したものが身体に合わない場合や選んだ型紙が合わない場合に，寸法等を調整することを何といいますか。

(2) 用布の見積もり式を答えなさい。(但し，無地の布を使用するものとし，Y幅，W幅別々に答えること。)

(3) 用布の表裏の見分け方について，観点を3つあげなさい。また，地直しの目的を2つあげなさい。

(4) 次の説明文の下線部が正しければ○をつけ，誤りがあればその箇所を正しい語句に訂正しなさい。

①型紙の地の目線は，布の耳に<u>垂直</u>に置く。

②両面用複写紙で印付けを行う場合は，布を<u>外表</u>にして折り，原則として<u>大きい</u>型紙から順に置く。

③ミシンの下糸調子が弱いとき，ボビンケースのねじで調節する場合は，ねじまわしで<u>左</u>にまわすとよい。

④合い印はできあがり線に対して<u>平行</u>につける。

⑤股上は少々<u>伸ばし気味</u>に二度縫いをする。

(5) ミシン縫いの針目がとぶ場合，原因として考えられることを書きなさい。

(6) ハーフパンツの工程表を完成させなさい。

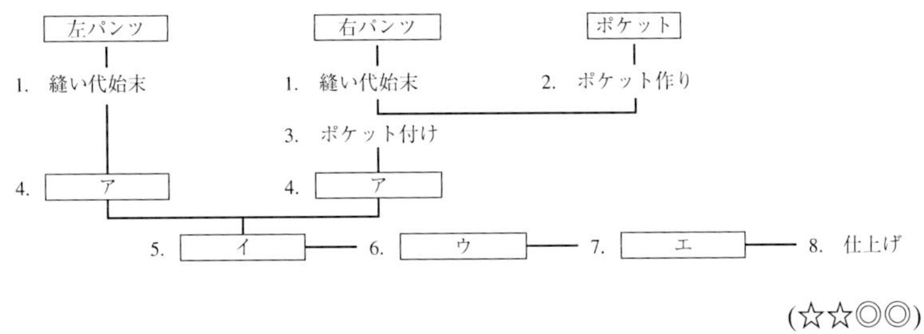

(☆☆◎◎)

【4】高齢社会を迎え，地域社会のなかで，高齢者と接する機会はますます増えていくと考えられる。高齢者とどのようにかかわり接していくかを身に付け，生活上の援助を必要とする人への介護の基本を習得することも高齢社会においては必要な生活技術である。そのことをふまえ，高齢者の生活と福祉について次の各問いに答えなさい。

(1)　次の①～③の場合において適切な介助を行う上で気を付けることや，心得ておくべきことを（　）の観点から簡潔に説明しなさい。

①障害のある人の歩行介助（介助者の立つ位置）

②まひや痛みなど障害がある場合の着脱衣の介助（着脱衣の手順）

③飲み込めない，むせるなどの傾向がある場合の食事介助（食べさせ方）

(2)　家庭科の授業で高齢者擬似体験（シニア体験）を行うことがあるが，その意義について簡潔にまとめなさい。

(☆☆◎◎)

【5】住生活の設計や住環境について次の各問いに答えなさい。

(1)　次の①～⑤は何について説明しているのか答えなさい。

①環境への負荷を少なくしながらも，住む人への健康に配慮した住まいおよびその地域環境をいう。環境と人間生活の調和を図って住むという考え方で，民間企業と行政機関などが協力し，これを実現する取組みも行われている。

②住宅の建築材料や接着剤に使われる化学物質によって呼吸器系・

免疫系・循環器系などに支障をきたしたり，ダニやかびによるかゆみなど体調の不調や健康を損なう健康障害。

③入居者が，間取りから各部屋のつくりまで計画段階から参加して設計建設した集合住宅をいう。計画段階から専門家の協力を得ながら話し合いを重ねていく。

④国土交通省が住宅建設5箇年計画で，より好ましい住生活を送るための基準として設定されているもの。2015年をめどに国民の3分の2の世帯が確保することを目標にした広さである。

⑤住まいにおいて，衛生上やプライバシー尊重の面から食事空間と就寝空間を分けること。

(2) 人の一生から住まいをみると，生活の仕方はライフステージによって大きく異なり，住居への要求も変化しする。①子どもが誕生してから児童期まで②子どもが成長して青年期を迎えたとき③高齢期にライフステージを分けた時の住居への要求の例をそれぞれ簡潔に答えなさい。

(☆☆◎◎)

【6】乳幼児期の発達について次の各問いに答えなさい。

(1) 乳児期は独立した人間としての発育・発達が始まる大切な時期である。3～4か月頃の発達段階のめやすとして特徴的なことがらを，全身運動・手指の動き・社会性に分けて答えなさい。

(2) 社会性の発達について，次の文の（　ア　）～（　カ　）に適語を入れなさい。

社会性は，身近なおとなとの接触を通して発達していく。1歳過ぎからはじまる（　ア　）は，自我の芽生えを意味する。2歳を過ぎると自我がさらに発達し，（　イ　）が強くなり，拒絶のことばを多く発するようになる。これは，親から（　ウ　）する過渡期にみられ，（　エ　）といわれる。

3歳頃から交友関係の輪が広がり，子ども同士の（　オ　）を通して，自己表現，（　カ　）や思いやり，生活のマナーやルールを身につけ，社会性は一層発達していく。

(☆☆◎◎)

解答・解説

【中高共通】

【1】(1)　家庭に関するより専門的な学習への動機付けや卒業後の進路についての生徒の意識を深めるため　(2)　食生活関連分野　衣生活関連分野　住生活関連分野　ヒューマンサービス関連分野

(3)　①　パティシエ　②　パタンナー　③　ソムリエ

④　インテリアコーディネーター　⑤　ホームヘルパー

〈解説〉(1)　高等学校学習指導要領解説　家庭編　P120参照

(2)　高等学校学習指導要領　(3)　生活産業と職業　ア　食生活関連分野　イ　衣生活関連分野　ウ　住生活関連分野

エ　ヒューマンサービス関連分野　(3)　①　パティシエとは，フランス語でおかし職人という意味。デザートを専門（せんもん）で作る仕事をする人のこと。　②　パタンナーとは，デザイナーが描いたデザイン画をパターン（型紙）におこす仕事　③　ワインの品種や銘柄を当てるのが，ソムリエの仕事ではない。客の食べたいものに合わせて，どんなワインを選ぶか，飲みたいワインにどんな料理をすすめるのか，客に対して「本物のサービス」を提供するのが本来の役割。

④　インテリアコーディネーターとは，各種のインテリアを組み合わせてより良い室内空間を演出する仕事。依頼主の意見や要望，予算等を聞き，様々な相談に応じて，より良いインテリア商品選びとインテリアの配置や空間の演出方法をアドバイス・提案し，時には依頼主に代わって実際にインテリアの選定等を行う。そしてインテリアを構成する商品の注文手配，購入の後，壁材，床材の工事，インテリアのセッティングを経て，実際のインテリア空間を完成させて行く。なお，

インテリアそのもののデザインは「インテリアデザイナー」が行う仕事で，「インテリアコーディネーター」はすでにあるインテリアを組み合わせて提案する仕事になる。またインテリアコーディネーターの仕事に加え，インテリアおよび室内空間に関する設計・施工までを行う仕事として「インテリアプランナー」というものもある。

⑤　ホームヘルパーの仕事としては，主に身体介護と家事援助があるが，家族への介護技術の指導や精神面のケアなども重要な仕事である。

身体介護：食事の介助，排泄の介助，衣類の着脱，入浴の介助，通院・デイサービスへの付き添い，体位交換，リハビリの介助，健康チェックなど。

家事援助：症状に合わせた食事の準備，洗濯，衣類の繕い，掃除・整理整頓，買い物など。

相談助言：生活や介護，居住環境などについての相談，精神面のケアなど。

【2】(1)　(ア)　稲作　　(イ)　発酵　　(ウ)　かつお節　　(エ)　本膳料理　(オ)　遺伝子組み換え　　(2)　①　納豆　　②　もやし　　③　豆腐　④　醤油　味噌　　⑤　きな粉　　(3)　大豆は畑の肉と言われるほどタンパク質に富み，100グラム当たり33～35グラムのタンパク質を含む。植物性タンパク質には不足しがちな，リジン，アルギニン，トリプトファンが多いのも一つの特色である。リジンは米や麦に不足している必須アミノ酸。　(4)　生活習慣病　　(5)　ホストハーベスト：食料自給率が低く，食料の多くを特定の国からの輸入に依存している。

〈解説〉(1)　日本人の主食はと，尋ねられると，「米」という答えが多い。炊き立てのご飯の匂い，具たくさんの炊き込みご飯，粥など，私たちの食生活に米は重要な意味を持っている。

発酵食品：微生物のはたらきを利用して，食品の成分を分解してよい味やかおりをつくり出したもの。

かつお節はかつおを煮あげた状態で燻製したたもの

日本の食膳形式の主なものには，伝統的な「本膳料理」，茶席に出される「懐石料理」，酒宴に用いられる「会席料理」の3つの形式がある。もっとも格式が高く，和食の基礎となる「本膳料理」は，足つきの膳に料理が並べられるもので，一の膳（本膳）から五の膳まで並ぶのが正式。室町時代に武家の礼法から生まれ，江戸時代に確立した形式で，日本料理の原点とも云える料理である。料理は一度に出されるが，与(四）の膳の焼き物（鯛の姿焼きなど）と五の膳のかまぼこなどの料理には箸をつけず，お土産として持って帰る。近ごろでは，ほとんど見ることができない。

近頃は，細菌などの遺伝子の一部を切り取って，別の生物の遺伝子に組み入れた，遺伝子組み換え技術で作り出した作物や，その作物を原料として使った食品を遺伝子組み換え食品と呼ぶ。例えば，特定の除草剤を分解する性質を持った細菌から，その性質を発現させる遺伝子を，大豆の細胞に挿入することで，その除草剤に強い大豆が作り出されている。遺伝子組み換え技術を応用した食品は，除草剤耐性の大豆や殺虫性のトウモロコシなどの農作物と，遺伝子組み換え大腸菌に作らせた牛成長ホルモンのように，組み換え体そのものを食べない食品添加物のようなものに分けられる。

(2)

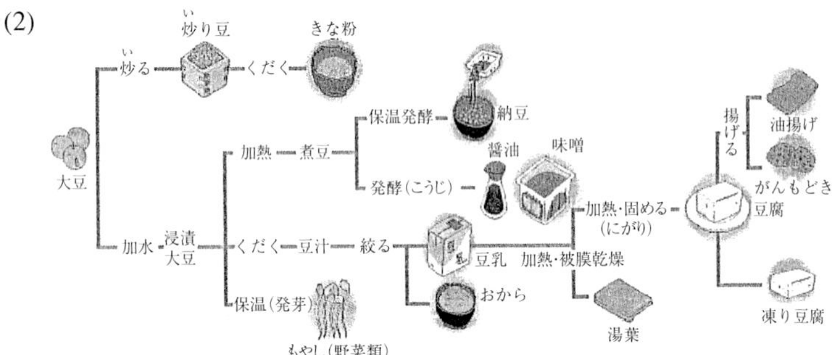

(3)　大豆は畑の肉と言われるほどタンパク質に富み，100グラム当たり33～35グラムのタンパク質を含む。これに対して，精白米タンパク質は6.8グラム，小麦粉（中力2等粉）で9.7グラムである。また，全卵（生）で12.3グラム，牛肉で18～21グラムと並べてみれば，大豆のタンパク質の豊富さが一層良くわかる。肉食の習慣がなかった昔，大豆は

日本人の重要なタンパク源であった。大豆のタンパク質含有量は卵や牛肉より多い。

大豆は食用油としての価値も高いが，この脂肪の大部分は不飽和脂肪酸で，その内の半分程度はリノール酸と呼ばれる必須脂肪酸である。不飽和脂肪酸はコレステロールの沈着を防いで動脈硬化を予防することで知られている。まさに大豆は血管の掃除役，動脈硬化から私達を守ってくれる。

また最近は，大豆に含まれる制ガン物質が話題となり，「毎日みそ汁を飲む人はガンになり難い」と言う報告も出ている。その上，ビタミン類や鉄分，カムシウムなどの無機質成分も多く，他にレシチンを多く含むなど，食品として非常に優れた特性をもっている。

さらには，植物性タンパク質には不足しがちな，リジン，アルギニン，トリプトファンが多いのも一つの特色である。リジンは米や麦に不足している必須アミノ酸で，トリプトファンも魚や豚肉に少ない必須アミノ酸である。従って，米を主食とし，魚や肉を副食としている日本人にとって大豆は非常に価値の高い食品と言える。

(4)　糖尿病，高脂血症，高血圧症。この3疾患を総称して，生活習慣病という。

(5)　「ホストハーベスト」とは収穫後に農薬を掛けた農産物の事

食料自給率とは，国民に供給される食料のうち，国内生産で賄うことのできた割合を示す指標。

現在，食料自給率として主に使われている指標として次の3つがある。

①　品目別自給率（重量ベースの自給率）

国民に供給された食料について，それぞれの品目ごとの量のうち，該当する品目の国内で生産された割合。

（平成10年度　米：95%，小麦：9%，肉類：55%など）

②　穀物自給率（重量ベースの自給率）

国民に供給された穀物（米，麦など食用の穀物の他，とうもろこしなど飼料用の穀物も含む）の量のうち，国内で生産された量の割合。

（平成10年度27%）

③　供給熱量自給率（カロリーベースの自給率）
国民に供給された食料の総熱量のうち，国内で生産された食料の熱量の割合。畜産物については，飼料の大部分を輸入穀物に依存しているので，供給熱量自給率を算出する際に，飼料自給率をかけて輸入飼料による供給熱量部分を除いている。
（平成10年度40％）

これらの自給率のうち供給熱量自給率は，多種多様な個々の品目をカロリーに置き換えることにより一つのものとして総合的にみることができる。

平成10年度の日本の供給熱量自給率は40％だったことから，総合的にみてこの年の日本は6割の食料を輸入に頼っていたということがいえる。

日本の食料自給率は，供給熱量自給率で昭和35年度の79％から平成10年度の40％までに，穀物自給率で昭和35年度の82％から平成10年度の27％までに一貫して下がり続け，先進国の中でも極めて低い水準になっている。

自給率が低下したのは，自給品目である米の消費が減少したこと，飼料穀物や油糧種子など大量の輸入農産物を必要とする畜産物や油脂の消費が増大したことなど，わが国の食生活の変化が大きく影響している。

平成10年度に日本が輸入した食料で最も量が多かったのは，とうもろこし（主に飼料用1,600万トン）で，次いで，小麦（約600万トン），大豆（主に油脂原料用約500万トン）の順でした。

これらの品目の輸入相手国は，米国など特定の国に偏る傾向にあります。米国からの輸入シェアは，とうもろこし約9割，小麦約5割，大豆約8割となっている。

とうもろこしや大豆の輸入量と，同年度の日本の米の生産量約900万トンとを比較すると，とうもろこしや大豆の輸入量の多さが実感できる。

このように食料自給率が低く，食料の多くを特定の国からの輸入に依存している現状から，どのように食料の安定供給を確保していくのかが，課題になっている。

昨年制定された「食料・農業・農村基本法」では，世界の食料の需給や貿易が不安定な要素を有していることから，食料の安定的な供給のため，「国内の農業生産の増大を図ることを基本とし，これと輸入及び備蓄とを適切に組み合わせて行われなければならない」とされています。

【3】(1)　腹囲　尻囲　股下　大腿最大囲　手直し　(2)　Y幅：（はき丈＋縫い代）×2　W幅：はき丈＋縫い代（はき丈はパンツ丈）
(3)　見分け方：滑らかで光沢があるか。プリント柄，織り柄の布では模様がはっきり見えるか。布の耳に文字が書いてあるか。
地直しの目的：正しい織り目，布目の状態に直す。縫い狂い，着くずれのないようにする。　(4)　①　平行　②　○　③　右
④　垂直　⑤　○　(5)　針が正しくセットされていない
(6)　ア　すそ始末　イ　股下縫い　ウ　股上縫い　エ　ウエスト縫い

〈解説〉(1)　■採寸箇所一覧表

番号	採寸箇所	計り方
1	身長	正確に
2	体重	正確に
3	総丈	頸椎点(A点）～内果点（内くるぶしの中心）
4	ウエスト丈	A点～ウエスト点まで一気に計測
5	股下	股の付け根にメジャーの0位置を確実に当てるのが肝要
6	股上	股の付け根点～ウエスト点まで
7	背丈	股の付け根点～A点まで一気に計測
8	首回	最小部
9	上胸囲	ごく自然体で，上肢を下垂した状態で脇の下回り
10	胸囲	ごく自然体で，肢を下垂した状態で乳頭位胸囲

11	腹囲	ヘソの少し上の最も細い部位
12	下腹囲	腹部の最突出部（下腹回り）
13	尻囲	尻部の最も太い部位（尻回り）
14	大腿最大囲	太モモ付け根の最大回り
15	太モモ中間囲	太モモ中間の回り
16	膝上囲	ひざの上周り
17	膝下囲	皿の下に細い部位
18	フクラハギ囲	下腿最大回り
19	足首囲	内くるぶし直上の最も細い部位
20	スネ長	脛骨点の内側～内果点（内くるぶしの中心）
21	肩幅	左右の肩先点間。：椎点を通過して体表に沿った長さ
22	裄丈	腕を45°開いた状態でA点～肩先点～手首点
23	袖丈	腕を45°開いた状態で肩先点～手首点
24	腕付根囲	腕を45°開いた状態で脇下～肩先点の回り
25	上大腕囲	腕を45°開いた状態で最上大腕の回り
26	大腕囲	上腕二頭筋の最もふくらんでいる部位
27	肘囲	肘関節の上の最も細い部位
28	肘下囲	肘関節の下の最も細い部位
29	手首囲	手くるぶしの先または手前の最も細い部位
30	頭囲	一番大きい部位
31	足長	足のサイズ

(3)　表地には，表面加工がしてあるため，滑らかで光沢がある。プリント柄，織り柄の布では模様がはっきり見えるほうが表。二つ折りになって巻いてある布は，柄物は外表，無地は中表になっていることが多い。布の耳に文字が書いてある場合は，普通は表に書いてある。

地直しの目的：織物（布地）の織り方，染め方，その他，きものに仕上げるまでの加工のため，横糸と縦糸のバランスがくずれているもの，織る時に糸を張って織るので，伸びすぎているもの，縮むものなどの狂いを調べ，正しい織り目，布目の状態に直す。これにより縫い狂い，着くずれのないようにするのが，最も大切な行程である。

(4) ①②型紙の置き方 ★まず，布を外側が表になるように縦に二つ折りにしておく。 ★型紙に書いてある布目（矢印）を縦方向にキッチリ合わせて型紙を置きピンで止める。 ★大きい物から順に配置してゆき，小さい物は隙間に入れ込む様にすると経済的。場所に余裕があるなら1パーツづつ裁っていくより，布を広げて一度に全部型入れしてしまった方が失敗が少ない。 ③ 下糸は，ボビンケースの調節ねじを右にまわすと強く，左にまわすと弱くなる。 ⑤ 筒状になった左右のパンツを合わせて，股上にしつけ糸2本どりで並縫いをする。少しのばし気味に縫い，丈夫にするために二度縫いをする。

(5)

縫い目が飛ぶ	針が正しくセットされていない	針を正しく奥の正しい位置まで差込み固定する
	針が適合していない	生地と針に合った糸を使う 相関表を参照
	針板の下にごみがたまっている	ボビンを取り出し，内釜（黒のプラスチック製）を取り出して，釜をブラシなどで掃除してごみを取り除く
	糸のかけ方が間違っている	上糸かけをやり直す

(6)

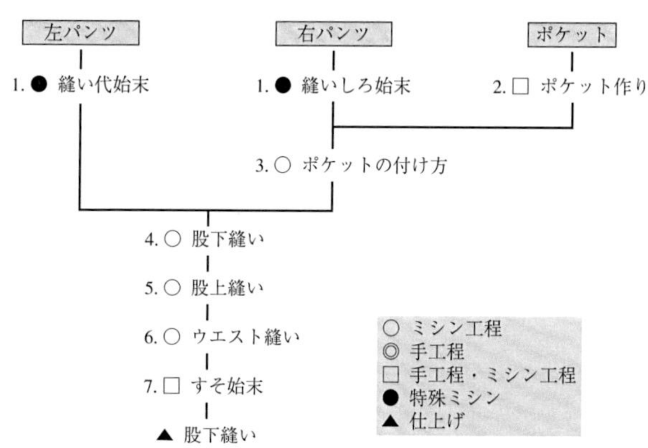

【4】(1)　①　介助者は，要介助者のまひのある側に立って支える。　②　患側から着衣し，健側から脱衣する。　③　始めにお茶や水を少量含ませ，口をしめらせると誤嚥の防止になる。　(2)　高齢者の心身の特徴について理解し，高齢者を支える家族のあり方，地域・社会制度などについて考えを深める。

〈解説〉(1)　①　歩行介助の支え方の基本：介助者は，要介助者のまひのある側に立って支える。支える時は，要介助者の後ろから肩と腰を支える。腕をつかんで支えるのは，要介助者が倒れそうになった時，腕をひっぱってしまうことになり，脱臼の原因になるので避けるようにする。　②　介助する際の基本としては，「患側から着衣し，健側から脱衣する」

③　食事介助のポイント：・しっかり目覚めてから，食事を始める。

・座位がとれる場合は，車椅子や椅子に移動してもらう。

・寝たままの場合は，ベッドであれば上半身を30度ほどギャッジアップする。布団であれば背中，首にクッションなどをあて，同じく30度ほど上体を起こす。

・身体が不自由な場合，自助具を使ったり，こぼしても良い工夫（エプロン，タオルなどを使用する）をして，自分で食べる楽しみが見いだせるよう励まし，自立性の拡大を図る。

・介助するときは，利用者のペースに合わせて，飲み込んでから次の物を入れる。

・始めにお茶や水を少量含ませ，口をしめらせると誤嚥の防止になる。

・献立を見せたり，説明しながら介助する。

・片麻痺のある場合は，口の中に食べ物がたまりやすいので一度に入れる量を少なくする。また，食べ物は麻痺のない側の口の端から入れる。

(2)　高齢になると起こりやすい視覚・聴力の低下や，動きの低下，及び心理的変化などを擬似的に体験（インスタントシニア体験）することで，高齢者等に対するこれまでの認識を変え，高齢者の問題を自らの問題として考える。

【5】(1) ① 環境共生　② シックハウス症候群　③ コーポラティブハウス　④ 誘導居住水準　⑤ 寝食分離

(2) ① 安全と衛生　② 個室空間　③ バリアフリー

〈解説〉(1) ① 環境共生とは，快適な生活を営みながら，自然環境を自然のままで維持する事　② 「シックハウス」とは「家に入ると症状が悪くなり，出ると改善する様々な原因でおきる住環境由来の様々な症状」のこと。家に入ると眼が沁みる，気分が悪くなるといった軽度なものから，アトピー性皮膚炎，喘息の悪化などのアレルギー疾患悪化，さらに進行して微量な化学物質にまで反応する化学物質過敏症まで様々な病態を含む。これらの原因が住環境由来であればその場合は全てシックハウス症候群に当てはまる。従来のカビ，ダニ，ホコリ，などの医学的に注目されているような原因によるもの，ビル管理で言うような換気関連なども当然含む。このようなシックハウス症候群を引き起こす家のことをシックハウスと定義している。　③ コーポラティブハウスとは，住宅の購入を考えている人々が集まり，共同で土地の取得・企画・設計・工事発注・共同管理をしてつくりあげる集合住宅のこと。

④ 21世紀の住宅・宅地政策を検討していた住宅宅地審議会（建設相の諮問機関，会長・大賀典雄ソニー会長）は21日，最終提言をまとめ，中山正暉建設相に答申した。

(1) てすりの設置や段差解消のバリアフリー住宅の比率を全体の40％に高める。

(2) 全住宅の3分の2を望ましい広さである「誘導居住水準」を満たすものにする。

――との目標を盛り込み，行政が政策面から支援するよう求めた。

⑤ 「寝食分離」（寝る所と食事するところを分離するという欧米流の合理主義的考え）のDKスタイル。

(2) ① 誕生～児童期：成長段階においては色々なものへの好奇心が高いので，移動の際の安全面，また，衛生上にもよい状態にしておくことが大切である。　② 青年期：反抗期などがあり，個の空間を欲する。　③　高齢期：身体能力の低下による住空間の利便性が要求される。

【6】(1)　全身運動：首がすわる　　手指の動き：おもちゃなどに手を伸ばす　　社会性：笑いかけると笑う　　(2)　(ア)　自己主張　(イ)　我　　(ウ)　自律　　(エ)　第一次反抗期　　(オ)　対人関係　(カ)　助け合い

〈解説〉(1)

背臣人位

3ヶ月・・首が正中線に対称位にあり，正面を見る。手足はゆるやかに伸び，機能的対称をしめす運動をする。

5ヶ月・・絶えず足をあげ，口もとにもってこようとする。寝返り始まる，「向きかえ」から始まり，左右に寝返りをするようになる。

腹臣人位

3ヶ月・・顔を床から45°～90°ぐらいにあげる。背中は凹型になり，足はゆるやかに屈曲し，手指はゆるやかに開いている。

5ヶ月・・肘をのばし，手のひらで身体を支え，顔をまっすぐに上げて正面を見るようになる。

水平抱き

3ヶ月・・頭を体と水平にあげることができ，体がやや伸びてきている。

5ヶ月・・体のバランスが安定してきて，頭も十分に持ち上がり，足の指が開いている。

引き起こし

3ヶ月・・首が少し後に残すもかなりついてくる。

5ヶ月・・頭が後に下がらずについてくる。起き上がる時に両足が上にあがる。

支え坐り

3ヶ月・・座らせておくと背中を真っ直ぐに伸ばし，頭をあげる。

充分な補助が必要。

5ヶ月・・支えなしで座っていられる。

立ち直り，体を左右に傾けて倒れずに起き上がろうとする動作で首もしっかえついてくる。

手指の機能

3ヶ月・・把握反射はなくなる。手におかれたガラガラをしばらく手で持っている。

5ヶ月・・物を自発的に握る。物を口に持っていく。

対人関係

3ヶ月・・ほほえみ返しができる。何に対しても微笑むような普通的な微笑み返しをする。

5ヶ月・・親しい人には自分方からも喜びを声を上げていくような社会的笑顔が見られる。

視覚

3ヶ月・・自分の手を見つめる。ぶらぶらした玩具を180度で追うことができる。

5ヶ月・・目で物を追うことができ，又みたものへ手をのばすという協応動作が始まる。

(2) 1歳を過ぎ2歳ごろになると，自我が芽生え，自己主張が盛んになる。3歳頃から他の子どもと協調して遊べるようになる。4～5歳になると友達が多くなり，集団で行動することができるようになります。人間は2歳を過ぎると鏡を使った身体像の認知ができるようになる，と考えられている。自己の認知は他者の認知よりも遅れて発達するので，人間にとっては他者を客観的に見るほうが，自分を客観的に見ることよりも簡単，ということがいえる。

この2歳頃というのは，自分の要求を自分の名前でできるようになる時期であり，そして，その欲求と社会の要求の間に対立があることも知り始める時期である。そこで自分の要求を押し通すか，社会の要求を受け入れるか，それを状況によって選ぶことをはじめる。

エリクソンがこの時期の発達課題を「自律性対恥，疑惑」としたのも，あるときには自己主張・自己実現ができ，あるときには自己を抑えることを獲得する，という意味でのことである。

肛門期；心理・性的発達段階における第二段階（一歳半から3～4歳位までの時期），この段階の幼児は肛門領域に快感を得るとされる。この時期の幼児は，トイレ・トレーニングを経験し，親の叱咤と賞賛を通じ，自分で自分をコントロールできるという自身＝自律性を身に付ける。こうして，外界に対する主張的で能動的姿勢，すなわち自我が芽生える。ゆえにこの時期は，子どもが独自性を主張し，何でも自分でやりたがる第一次反抗期でもある。

2004年度　実施問題

【中高共通】

【1】和服は，日本の伝統衣装の一つである。単衣の着物は，盛夏用の絽，紗のような薄地のものからウールの着物まで，それぞれの季節に合わせた布地を選んで四季を通して着用されている。すっかり洋服が定着している昨今だが，最近，若者の間ではゆかたなどの着用が見直されており，海外との交流の際も活用されている。次の各問いに答えなさい。

(1) 大人用のゆかたはどのようなもので構成されていますか。それぞれの名称を答えなさい。(ただし，裏に付ける布は含まない。)

(2) 大人用のゆかたの肩と腰の部分に，裏側から当てる布の名称をそれぞれ答えなさい。また，その布を付ける目的を二つあげなさい。

(3) 新学習指導要領中学校「技術・家庭科」の家庭分野でも，ゆかたを扱うことができるが，どこで扱うことができるか答えなさい。〔解答例　B　○○○○　(1)　○○○○○〕また，今回の改訂でゆかたを扱うことができるようになった趣旨を簡潔に答えなさい。

(4) 簡単な和服等の製作として，生徒が意欲的に取り組むことができ，また，生活で活用できるものとして，ゆかたの他にどのようなものが考えられるか，二つ例をあげなさい。

(5) 大人用のゆかたを手縫いで製作する場合，次にあげる箇所はどのような縫い方をするのが適当か，それぞれ縫い方を答えなさい。

①　すそ　　②　脇縫い始末　　③　えりつけ始末

④　ふりの始末　　⑤　背縫い

(☆☆☆☆◎◎◎)

【2】次の特徴に当てはまる繊維名を後から選び，番号で答えなさい。

(1) 耐熱性，熱可塑性大。用途はトレーニングウェア等。

(2) 優雅な光沢があり，しなやかな感触をもつ天然繊維。

(3)　吸湿・吸水性，湿強度大の天然繊維。用途は肌着等。
(4)　保温性が大。虫害を受けやすい天然繊維。
(5)　かさ高性が大きく感触が柔らかい合成繊維。
(6)　伸び率，弾力性大の合成繊維。

①　綿	⑥　ポリエステル
②　ポリウレタン	⑦　麻
③　アクリル	⑧　絹
④　毛	⑨　ナイロン
⑤　レーヨン	⑩　キュプラ

(☆☆☆◎◎◎)

【3】20世紀の後半から環境問題が世界的に注目され，今や環境問題は人類全体の存続を危うくする問題となってきている。家庭科にとっては，この環境問題を家庭「内」はもちろんのこと，家庭「外」にも目を向けて捉えさせていく必要がある。環境問題について，次の各問いに答えなさい。

今日の豊かな社会は，モノを大量につくり，それを使い捨てにし，(　ア　)を多量に消費するという(　イ　)活動と(　ウ　)行動を背景として成り立ってきた。その結果，資源は枯渇し，(　ア　)は不足し，自然環境だけでなく都市などの(　エ　)なども破壊されてきている。このような大量生産，大量消費，(　オ　)型の社会を将来にわたって続けることは，不可能であることがわかってきた。

私たちは，環境(　カ　)の少ない生活を目指して生活意識や生活(　キ　)を見直し，環境に調和した生活を工夫していく必要に迫られている。

福井県でも，ごみ減量化・(　ク　)日本一を目指していろいろな取組みがなされている。昨年は，県全体でレジ袋が年間2億枚も使われていることから，“ふくいマイバックキャンペーン2002"が実施された。

(1)　上の文の(　ア　)～(　ク　)の空欄に適語を入れなさい。

(2) 最近，ごみの分別がかなり細かくなってきているが，分別を行う目的は何か，簡潔に書きなさい。

(3) ごみを減らすための「3R」とは何か。「3R」をあげ，それぞれについて具体的な例をあげて，簡潔に説明しなさい。

(4) 次の文は何について説明したものか，答えなさい。

① 環境に配慮した行動をとる消費者

② 1947年に発足した，国際的な単位や用語など，規格の制定と普及を目的とした非政府機関

③ 1953年に企業から環境汚染(有機水銀)によって引き起こされた公害病

④ 一般家庭や事業所から排出された特定の家電製品をリサイクルして廃棄物の減量，資源の有効利用を推進するための法律

⑤ 環境保全に役立つ商品(例　リターナブル容器)につけられるシンボルマーク

(☆☆☆☆◎◎◎)

【4】食生活に関する次の各問いに答えなさい。

(1) 次の文の下線部の原因として考えられることをそれぞれ二つずつ簡潔に説明しなさい。

① 卵を別立てにして，スポンジケーキを作ろうとしたが，卵白が<u>泡立ちにくかった</u>。

② 茶碗蒸しを作ったが，<u>すだちができてしまった</u>。

③ 天ぷらを揚げたが，<u>サクッと揚がらなかった</u>。

④ 煮豆を作る際，10分程度煮た後，食塩，砂糖の順に加えたが，<u>甘みの少ない，かたい煮豆ができた</u>。

⑤ ハンバーグを焼いたが，<u>一つにまとまらずくずれてしまった</u>。

(2) 若者の朝食抜きによる弊害が問題にされているが，その弊害の一つとして肥満もあげられている。朝食抜きが，肥満につながる理由を簡潔に説明しなさい。

(3) 現代の食生活は洋風化が進み，理想的な栄養バランスである日本

型食生活が崩れつつあると言われている。日本型食生活とはどういった食生活パターンのことをいうのか，簡潔に説明しなさい。

(4)　イタリア・ピエモンテ州のブラという小さな町で，1980年代半ばに始まった，伝統的な食文化の質のよい食材を守り，伝えようという運動のことを何というか，答えなさい。

(☆☆☆◎◎◎)

【5】母体の健康や子どもの発達・保育について次の(1)～(3)の問いに答えなさい。

(1)　次の①～④は何について説明しているのか答えなさい。

①　哺乳量より排泄や皮膚呼吸による水分消失が上回るため，出生後2～5日に出生時より体重が5～10%減少すること。

②　乳児期に出す「アー」「ウー」という意味のない音声の繰り返しのこと。

③　乳幼児期に形成される食事・睡眠・排泄・着脱衣・清潔に関する行動のこと。

④　出産後数日間の母乳のことを言い，これには特に免疫物質を多く含んでおり，できる限り乳児に飲ませるとよい。

(2)　少子化対策の一環として1999年に日本で策定され，子育て支援の具体的対策が進められているが，その計画を何というか。また，その基本的視点として子育てをどのように考えているか簡潔に答えなさい。

(3)　子どもにとっての「遊び」の意義と，それに関わる親や保育者が，配慮し大切にしなければいけないことを述べなさい。

(☆☆☆☆◎◎◎)

【6】人は一生を通じて，さまざまな法律にかかわることになる。また，個々の生活や家庭生活をよりよいものにするためにも法律は必要となる。次の子育てを支援する制度が定められた法律を何というか答えなさい。

(1)　育児や家族の介護を行う労働者の職業生活と家庭生活との両立が図られるようにするため，休業に関する制度や事業主が講ずべき措置等が定められているもの。

(2)　妊娠中の女性や子どもの健康支援，配偶者の理解促進に関するもので，母子健康手帳の交付，市区町村による妊娠・出産・育児に関する相談受付，妊産婦および配偶者に対する保健指導，妊娠中の女性や乳幼児の健康診査などについて定められているもの。

(☆☆◎◎◎)

【7】現代の消費生活の特徴の一つとして，販売方法や支払方法が複雑化・多様化していることがあげられるが，次の表の空欄に適当な語句を入れなさい。また，(　イ　)の販売方法の短所およびクレジットカード使用の留意点について簡潔にまとめなさい。

販売方法	例
(　ア　) 販売	デパート・専門店・スーパーマーケット・小売店など
(　イ　) 販売	(　ウ　)・訪問販売など

支払い方法	例
即時決済払い	現金・(　エ　) カードなど
後払い	クレジットカードなど
前払い	(　オ　) カード・テレホンカード・回数券など

(☆☆☆◎◎◎)

解答・解説

【中高共通】

【1】(1)　前身ごろ，後身ごろ，おくみ，衿，共衿，袖　　(2)　肩あて，いしきあて　　目的：補強および型くずれを防ぐ　　(3)　A．生活の自立と衣食住　(b)　簡単な被服の製作　我が国の文化・地域の産業を考慮し，生徒の実態に応じて，和服等の理解ができる題材を扱うことができる。　(4)　じんべえ，ちゃんちゃんこ　　(5)　①　三つ折りぐけ　②　耳ぐけ　　③　本ぐけ　　④　肩ぐけ　　⑤　二度縫い

【2】(1)　⑥　　(2)　⑧　　(3)　①　　(4)　④　　(5)　③　　(6)　②

【3】(1)　ア　エネルギー　　イ　生産　　ウ　消費　　エ　住宅環境　オ　大量廃棄　　カ　負荷　　キ　態度　　ク　リサイクル
(2)　ゴミの再資源化を進めるため。　(3)　Reduce：ゴミの減量，例：店頭で過剰包装を断る。　Reuse：再利用，例：フリーマーケットで古着を購入して着用する。　Recycle：廃棄物質の再生利用，例：回収した牛乳パックを再生紙にする。　(4)　①　グリーンコンシューマー　②　国際標準化機構(ISO)　　③　水俣病　　④　特定家庭用機器再商品化法(家電リサイクル法)　　⑤　エコマーク

【4】(1)　①　水分・油分が器具等についていた。はじめに砂糖を全量加えた。　②　高温で急激に加熱した。強火で長時間加熱した。
③　衣を揚げる直前に作らなかった。衣を作る時，まぜすぎた。(他に，衣を作る時，冷水を用いなかった。)　　④　食塩を砂糖より前に加えた。加熱時間が短かった。　⑤　空気抜きをしないで焼いた。練り方が足りなかった。　(2)　朝食を抜いた後の食事の栄養の吸収率が高くなる。また，空腹感から間食をとってしまう。　(3)　米(穀類)を中心として，色々な野菜類・海藻，魚類を摂る伝統的食生活に，肉類・牛

乳・果物などが加わって多様性のある栄養バランスの取れた食生活。
(4) スローフード運動

【5】(1) ① 生理的体重減少 ② 喃語 ③ 基本的生活習慣 ④ 初乳 (2) 新エンゼルプラン：子育てを社会全体の取組みとして，国民的な理解と広がりをもって子育て家庭を支援する考え。
(3) 遊ぶことにより，運動能力・知的能力・情緒・ことば・社会性の発達がうながされる。親や保育者は子どもが自由かつ安全に遊べる環境の整備や友達と遊ぶ機会を設ける等に配慮する。

【6】(1) 育児・介護休業法 (2) 母子保健法

【7】ア 店舗 イ 無店舗 ウ 通信販売(電子商取引，自動販売機etc エ デビット オ プリペイド
無店舗販売の短所：購入前に実物を確かめられない場合が多い。また，悪質な業者である場合もある。
クレジットカード使用の留意点：現金と商品を直接交換するのではないのでお金を支払う感覚がなくなり，買いすぎてしまうことに注意する。また，キャッシング機能つきのカードによる借金の増大や高利子の負担には注意する。

第3部

チェックテスト

過去の全国各県の教員採用試験において出題された問題を分析し作成しています。実力診断のためのチェックテストとしてご使用ください。

家庭科

／100点

【1】次の(1)～(5)の文は，それぞれ繊維の特徴を述べたものである。繊維の名称をそれぞれ答えよ。

（各2点　計10点）

(1)　紫外線で黄変・劣化し，しなやかで，光沢がある。

(2)　吸湿性が小さく，静電気をおびやすい。紫外線で黄変する。

(3)　ゴムのように，伸縮性が大きい。塩素系漂白剤に弱い。

(4)　半合成繊維で，熱で変形を固定することができる。

(5)　吸湿性・吸水性が大きく，水にぬれても弱くならない。肌着やタオルに用いられる。

【2】洗剤について，文中の各空欄に適する語句を答えよ。

（各1点　計7点）

・　家庭用洗剤は，(　①　)の種類と配合割合により，石けん，複合石けん，(　②　)に分けられる。そして，(　②　)には，弱アルカリ性洗剤と(　③　)がある。

・　洗剤の主要成分である(　①　)は，親水基と(　④　)からなり，2つの物質の境界面に吸着し，表面張力を減少させる。そして，浸透，(　⑤　)・分散，(　⑥　)防止作用により，洗浄効果をもたらす。

・　洗剤には洗浄効果を高めたり，仕上がりをよくしたりするために，水軟化剤やアルカリ剤，(　⑦　)増白剤，酵素などが配合されている。

【3】被服に関する次の(1)～(5)の語句の説明文として正しいものはどれか。あとのア～カから1つずつ選び，記号で答えよ。

（各1点　計5点）

(1)　カットソー　　(2)　オートクチュール　　(3)　ボトム

(4) プルオーバー　(5) プレタポルテ

ア　高級既製服のこと。

イ　高級注文服のこと。

ウ　前後にボタンなどの開きがなく，頭からかぶって着る上衣のこと。

エ　丸えりのセーターやTシャツのこと。

オ　トップに対して，パンツなど下半身に身につけるもののこと。

カ　綿ジャージー生地を型紙に合わせて裁断し，縫製した衣類の総称。

【4】ミシンについて，次の各問いに答えよ。

（(2) 各2点，他 各1点　計12点）

(1) 次の図の①～⑤の名称を答えよ。

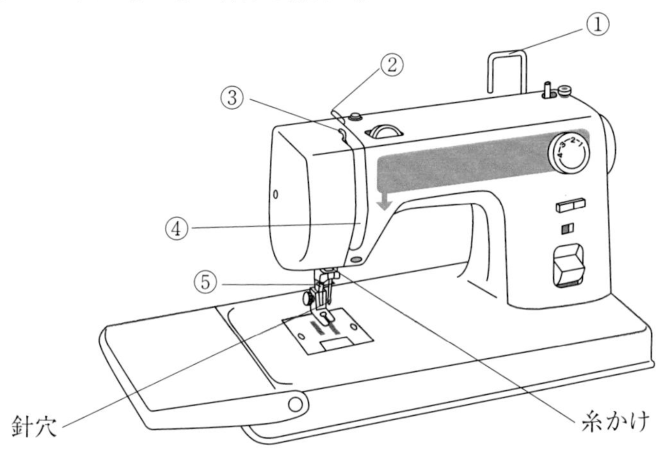

(2) ミシンで縫っていたら，針が折れてしまった。原因として考えられることを，3つ簡潔に答えよ。

(3) サテンなど薄い布地を縫うのに，最も適したミシン針と縫い糸の組合せを，次のア～エから1つ選び，記号で答えよ。

ア　ミシン針9番，縫い糸80番　　イ　ミシン針11番，縫い糸60番

ウ　ミシン針14番，縫い糸50番　　エ　ミシン針16番，縫い糸30番

【5】料理に関する次の(1)〜(5)の用語の説明として適切なものを，下のア〜ケから1つずつ選び，記号で答えよ。

（各1点　計5点）

(1) 吸い口　(2) 天じめ　(3) テリーヌ　(4) 呼び塩

(5) 登り串

ア　吸い物や味噌汁などの汁物に添える香りのもの。

イ　吸い物や椀盛りの主体となる材料のこと。

ウ　寒天で寄せた料理，あるいは，材料を寒天でまとめたり固めたりすること。

エ　本来はふたつきの焼き物用の器のことだが，これに詰め物を入れて焼いたもの。

オ　鯛・鮎などの魚を姿のまま塩焼きにする際，焼き上がりを美しく見せるためにふる塩のこと。

カ　緑色の野菜をゆでる際，美しく鮮やかな色にゆであがるように入れる少量の塩のこと。

キ　塩分の多い塩魚をうすい塩水につけて塩ぬきすること。

ク　鮎などの川魚を生きた姿のように美しく焼き上げる場合に使われる串の打ち方。

ケ　エビをまっすぐな形に仕上げたいときに用いる串の打ち方。

【6】ビタミンと無機質に関する次の文を読んで，あとの各問いに答えよ。

（各1点　計13点）

ビタミンは，現在約25種知られているが，人が必要とするのは(　①　)種である。ビタミンB_1は，豚肉に多く含まれており，欠乏すると(　②　)になる。貝やえび・かに・山菜などには，$_A$ビタミンB_1を分解する酵素が含まれているが，(　③　)して食べれば分解する酵素ははたらかなくなる。

(　④　)は体内で合成されないので，食べ物から摂取しなければならない。日本人が不足しやすい(　④　)はカルシウムと鉄である。$_B$りんやマグネシウムの過剰摂取はカルシウムの吸収を妨げるので，食品添加物としてりんを多く使用している加工食品の多用は注意しなければならない。鉄の機能としては，赤血球中に含まれる(　⑤　)として，体内の各組織へ(　⑥　)を運搬する大切なはたらきがある。鉄が欠乏すると，からだへの(　⑥　)の供給量が減り，動悸や息切れがする，全身がだるくなる，皮膚や粘膜が白っぽくなるなどの，(　⑦　)になる。動物性食品に含まれている(　⑧　)鉄は，吸収がよい。

(1)　文中の(　①　)～(　⑧　)に最も適する数字または語句を答えよ。

(2)　下記のビタミンの化学物質名を答えよ。

①　ビタミンA　　②　ビタミンD

(3)　下線部Aの酵素名を答えよ。

(4)　下線部Bについて，カルシウムの吸収を妨げる物質をりん，マグネシウム以外に2つ答えよ。

【7】次の文を読んで，下線部の内容が正しいものには○を付け，誤っているものは正しく書き直せ。

（各2点　計10点）

(1)　あじとかつおの旬は<u>秋</u>である。

(2)　小麦粉に水を加えて練ると<u>グルテン</u>を形成し，粘りと弾力性を生じる。

(3)　砂糖の原料はさとうきびやさとうだいこんなどで，主成分は二糖類の<u>ショ糖</u>である。

(4)「トクホ」と呼ばれている特定保健用食品には，<u>消費者庁</u>が認可した食品であることを示すマークが付けられている。

(5)　食品の中で，アレルギーを起こしやすいため表示が義務付けられている7品目は，<u>らっかせい，大豆，卵，乳，うどん，さば，かに</u>である。

【8】食生活の管理と健康について，次の各問いに答えよ。

（各1点　計11点）

(1)　食の安全への取組として行われている生産歴の追跡ができる仕組みを何というか，答えよ。

(2)　次の10項目について，下のア・イの各問いに答えよ。

・食事を楽しみましょう
・１日の食事のリズムから，健やかな生活リズムを。
・適度な運動とバランスのよい食事で，(　①　)の維持を。
・主食，主菜，(　②　)を基本に，食事のバランスを。
・ごはんなどの(　③　)をしっかりと。
・野菜・果物，牛乳・乳製品，豆類，(　④　)なども組み合わせて。
・食塩は控えめに，(　⑤　)は質と量を考えて。
・日本の食文化や(　⑥　)を活かし，郷土の味の継承を。
・食料資源を大切に，無駄や(　⑦　)の少ない食生活を。
・「食」に関する理解を深め，食生活を見直してみましょう。

ア　この10項目は何といわれるものか答えよ。

イ　上の空欄①～⑦に入る適切な語句を答えよ。

(3)　近年の食生活について，次のア・イの各問いに答えよ。

ア　生活習慣病に影響を及ぼし，摂取量が不足しがちな難消化成分を総称して何というか答えよ。

イ　摂取した効果等について，科学的根拠が認められるものにのみ，消費者庁から表示を許可されている食品を何というか答えよ。

【9】消費生活について，次の各問いに答えよ。

（各1点　計7点）

(1)　個人の信用を担保にお金を借りる消費者信用のシステムのうち，現金・所持金がなくても商品を受け取り，代金を後払いする取引は何と呼ばれるか。その名称を答えよ。

(2)　図書カードのように代金前払いの形でカードを購入しておき，商品購入時に現金の代わりに使うカードは何と呼ばれるか。その名称を答えよ。

(3) 消費者を守るためにさまざまな法律や制度が整備されてきた。その中の一つの法律が，2004年，それまでの事業者規制による消費者保護から，消費者が権利の主体として自立できることを支援する内容に改正された。その法律は何と呼ばれるか。その名称を答えよ。

(4) 1960年に設立された世界の消費者運動団体の連合体で，世界消費者大会の開催など多岐にわたる活動を行い，国際連合の諮問機関にもなっている，現在，「CI」とも呼ばれる組織は何か，正式名称を漢字で答えよ。

(5) 問題のある販売方法によって商品を購入してしまい，クーリングオフ制度を利用して解約しようと考えている。解約可能となる条件を3つ答えよ。

【10】次の各文中の空欄に適するものを，それぞれ下のア～オから1つずつ選び，記号で答えよ。

(各1点　計5点)

(1) 1分間の呼吸数は，新生児では約(　　　)である。

ア　10～20　　イ　40～50　　ウ　60～70　　エ　80～90
オ　100～110

(2) 1分間の脈拍数は，乳児期では約(　　　)回である。

ア　20　　イ　60　　ウ　80　　エ　100　　オ　120

(3) 新生児の身長に対する頭長の割合は，約(　　　)である。

ア　2分の1　　イ　3分の1　　ウ　4分の1　　エ　5分の1
オ　6分の1

(4) 離乳開始時期は生後(　　　)頃が適当である。

ア　3～4カ月　　イ　4～5カ月　　ウ　5～6カ月
エ　6～7カ月　　オ　8～9カ月

(5) パーテンが示した乳幼児の遊びの分類には，①合同(連合)遊び，②ひとり遊び，③傍観遊び，④並行遊び，⑤協同遊びがある。これらを発達段階で出現する順に並べると(　　　)となる。

ア　③→②→④→⑤→①　　イ　②→③→④→⑤→①
ウ　②→③→④→①→⑤　　エ　③→④→②→①→⑤
オ　②→①→⑤→④→③

【11】次の文の各空欄に最も適する語句または数字を答えよ。

（各1点　計8点）

日本は，平均寿命が延び，出生率の低下により急激に高齢化が進んでいる。一般的に，全人口に対し65歳以上の人口が占める割合が(　①　)%を超えた社会を高齢化社会，(　②　)%を超えると高齢社会と呼ぶ。また寿命が延びたため65～74歳までを(　③　)と呼び，75歳以上を(　④　)と呼んで区分している。高齢者人口の増加に伴い介護や支援を必要とする家族や高齢者も増え，介護サービスを充実させるために2000年から(　⑤　)が導入され(　⑥　)歳以上の国民は保険料を支払うようになった。保険給付による介護サービスを利用したい場合には(　⑦　)に申請を行い要介護認定を受けなければならない。判定の結果，その人に適したサービスを効率的に利用できる事や家族の希望などを考慮し，介護サービス計画(ケアプラン)を作成する。ケアプランは自分で作成してもよいが(　⑧　)に作成してもらうこともできる。

【12】次の文の各空欄に当てはまる語句または数字を答えよ。

（各1点　計7点）

日照には，様々な作用があり生活に欠かすことができない。適度な(　①　)は，人体の新陳代謝やビタミンDの生成を促進し，強い殺菌作用は，細菌やバクテリアなどの(　②　)を死滅させる保健衛生上の効果がある。

1950年に制定された建築基準法では，日照や通風を確保するための(　③　)や容積率が定められていて，部屋の採光のために有効な開口部の面積は，その居室の床面積の(　④　)分の1以上となっている。

最近は，東日本大震災に端を発した原発の事故により，電力の供給が見直されており，住宅の屋根に集熱パネルを並べて自家発電を行う

(　⑤　)エネルギーが注目されている。このように，地球温暖化防止のために，資源・エネルギーの有効利用をはかり，廃棄物に対して配慮し，(　⑥　)の排出量を減らすなど，周辺の自然環境と調和し，健康で快適に生活できるよう工夫された住宅及びその地域環境のことを，(　⑦　)住宅という。

解答・解説

【1】(1)　絹　　(2)　ナイロン　　(3)　ポリウレタン　　(4)　アセテート　(5)　綿

解説 紫外線で黄変することで知られているのは，絹，ナイロン。吸湿性が少ない繊維は，アクリル，ナイロン，ポリウレタン，ポリエステルが該当する。静電気を帯びやすい繊維として ナイロンやウールなどプラスに帯電する繊維，ポリエステルやアクリルなどマイナスに帯電する繊維が該当する。以上のことから総合判断し(1)＝絹，(2)＝ナイロン。　(3) ポリウレタン　・ゴムのように伸縮性，弾力性がある　・時間経過で劣化する(約3年)　・塩素系漂白剤に弱い　(4)　半合成繊維に該当するのはアセテート・プロミックス。説明の後半の「熱で変形を固定」は熱可塑性を意味し，プリーツ加工に適する繊維である。この特徴に合致するのはアセテート。アセテートには「撥水性が高く水を弾く」性質もあり，安価であるため子供用のレインコートに使用されることも多い。の特徴である。　(5)　綿　・汗や水を吸いやすく，濡れても丈夫　・洗濯や漂白が容易にできる　・乾きにくく，シワになりやすい

【2】①　界面活性剤　　②　合成洗剤　　③　中性洗剤　　④　親油基　　⑤　乳化　　⑥　再汚染　　⑦　蛍光

解説 洗剤の主成分は界面活性剤で，水だけでは落とせない衣類や食器の油汚れなどを界面活性剤の“油になじみやすい性質(親油基)”が包

み込み，それを一方の“水になじみやすい性質(親水基)”の作用によって洗い落とす。洗剤のその他の成分を助剤と言い，次のようなものがある。炭酸塩は水軟化剤とアルカリ剤の働きがある。アルミ珪酸塩は水軟化剤，酵素は汚れなどを分解する働きがある。蛍光増白剤とは，染料の一種で，紫外線を吸収し白さが増したようにみせかけて黄ばみや黒ずみを目立たなくする働きがある。

【3】(1) カ　(2) イ　(3) オ　(4) ウ　(5) ア

解説 (1)　カットソー：ニット素材(編物)を裁断(cut)し，縫製(sew)するが語源である。Tシャツ，ポロシャツがある。これに対し，布地(織物)を縫製したものは，シャツと呼ばれる。　(2)　オートクチュール：オート(仏語で高級な)，クチュール(仏語で仕立て，縫製)が語源である。パリのクチュール組合加盟店により縫製される一点物の高級注文服をさす。　(4)　プルオーバー：セーターの代表的な形状として，プルオーバーとカーディガンがある。　(5)　プレタポルテ：プレ(仏語で用意されている)，ポルテ(仏語で着る)の意味から，プレタポルテとは，そのまま着られるという意味である。1970年以降，プレタポルテが台頭してきたことにより，オートクチュールの割合が減ってきた。

【4】(1) ①　糸立て棒　②　上糸糸案内　③　天びん　④　糸案内板　⑤　針棒糸かけ　(2)　・針止めねじがゆるんでいる。　・押さえがゆるんでいる。　・針のつけ方が浅い。　(3)　ア

解説 (1)　ミシンの各部の名称は頻出，基本なのでしっかり頭に入れておくこと。　(2)　他に，・針の太さが布の厚さに合っていない。・針が曲がっている。　など。　(3)　薄地を縫う場合は，針は9番，糸は80番がよい。ミシン針は番号が大きいほど太い。糸は番号が大きいほど細い。ブロードのような普通の厚さの生地の場合，ミシン針が11番，ミシン糸は60番の組合せがよい。フラノのような厚地の場合は，針が14番，ミシン糸は50番が適している。

【5】(1) ア　(2) ウ　(3) エ　(4) キ　(5) ク

解説 (1) 吸い口は吸い物や煮物に添えるもので，香気と風味を加える役割があり，ゆずや葉山椒がよく使用される。 (2) 天じめは，寒天で寄せたり，固める手法。寄せ固めることから「寒天寄せ」，小豆を寄せ固めた羊羹(ようかん)のように「○○羹」と呼ぶこともある。
(3) テリーヌはフランス料理。焼いたあと冷やすことが多い。
(4) 呼び塩はかずのこや塩鮭，むきえびなどの塩抜きで行われる。
(5) 登り串は口から中骨に沿って串を入れ，尾を曲げて串先を出す。

【6】(1) ① 13　② 脚気　③ 加熱　④ 無機質　⑤ ヘモグロビン　⑥ 酸素　⑦ (鉄欠乏性)貧血　⑧ ヘム
(2) ① レチノール　② カルシフェロール　(3) アノイリナーゼ　(4) フィチン酸・しゅう酸

解説 (1) 現在確認されているビタミンは，約25種類(ビタミン用作用物質を含む)あり，ヒトの食物の成分として必要なビタミンであると確認されているのは，13種類となっている。ビタミンB_1は，玄米，豆腐，納豆，たまご，豚肉，豚・牛のレバー，にんにくなどに多く含まれている。欠乏症としては脚気がある。生体においての鉄の役割として，赤血球の中に含まれるヘモグロビンは，鉄のイオンを利用して酸素を運搬している。そのため，体内の鉄分が不足すると，酸素の運搬量が十分でなくなり鉄欠乏性貧血を起こすことがあるため，鉄分を十分に補充する必要がある。一般に動物性食品の「ヘム鉄」のほうが吸収は良い。 (2) ② コレカルシフェロール，エルゴカルシフェロールでも可。 (3) 貝，鯉，鮒，山菜類にはアノイリナーゼというビタミンB_1を分解する酵素が入っている。 (4) カルシウムとリンの比が1：1～1：2の場合吸収が促進される(牛乳がこの範囲である)が，食品加工によりリンを含んだ食品を摂取していることから，結果としてリン・マグネシウムの過剰摂取となる。吸収を阻害するものには，他に，塩分，アルコール，たばこ，過剰の食物繊維がある。

【7】(1) 夏　(2) ○　(3) ○　(4) ○　(5) らっかせい，小麦，卵，乳，そば，えび，かに

解説 (1) 鯵の旬は6～8月。かつおの旬は2回あり5・6月と9～10月である。鯵とかつおの旬で共通する月は6月で「初夏」。(5) 2023年3月9日，消費者庁より，食品表示基準の一部を改正する内閣府令が公表され，食物アレルギーの義務表示対象品目に「くるみ」が追加された。従って，現時点では8品目。

【8】(1) 食品トレーサビリティ　(2) ① 適性体重　② 副菜　③ 穀類　④ 魚　⑤ 脂肪　⑥ 地域の産物　⑦ 廃棄　(3) ア 食物繊維　イ 特定保健用食品

解説 (1) 食品トレーサビリティとは，食品の生産，加工，流通について各段階で記録をとり管理することによって，食品がたどってきた過程を追跡可能にすることである。(2) ア 食生活指針とは，食料生産・流通から食卓，健康へと幅広く食生活全体を視野に入れた指針である。2000(平成12)年3月に，文部省(現文部科学省)，農林水産省，厚生省(現厚生労働省)の3省が連携して策定した。策定から16年が経過し，その間に食育基本法の制定，「健康日本21(第二次)」の開始，食育基本法に基づく第3次食育推進基本計画などが作成されるなど，幅広い分野での動きを踏まえて，平成28年6月に食生活指針を改定した。(3) ア 日本人の食生活の変化が，生活習慣病の増加の原因になっているといわれ，特に，脂肪の増加や食塩の過剰摂取に加えて食物繊維の減少も大きな原因として指摘されている。イ 特定保健用食品とは，食物繊維入り飲料など従来の機能性食品のうち，「食生活において特定の保健の目的で摂取するものに対し，その摂取により当該保健の目的が期待できる旨の表示をする」食品とされている。

【9】(1) 販売信用(クレジット)　(2) プリペイドカード　(3) 消費者基本法　(4) 国際消費者機構　(5) ①業者の営業所以外であること，②購入価格が3000円以上であること，③契約書面の受理日から

8日以内であること

解説 (1) 販売信用は，信販会社などが信用を供与した会員等の買い物代金を，立て替えて支払うことである。 (2) あらかじめお金をチャージ・入金して，その額面内の商品やサービスを購入することができるカード。先払いなので，買いすぎが少ない。 (3) 消費者基本法は，消費者の権利の尊重と自立支援を目的とした法律で，平成16(2004)年6月，消費者保護基本法の改正に伴い，現在の法律名に変更された。 (4) 世界中の消費者団体が加盟する団体。本部はロンドン。 (5) 他に，政令で指定された商品またはサービスの契約であること，消費者であること等がある。クーリングオフの出題は頻出なので，しっかり頭に入れておくこと。

【10】(1) イ (2) オ (3) ウ (4) ウ (5) ウ

解説 (1)(2) 新生児，乳児，2歳児，成人の［呼吸数…脈拍数］は，それぞれ順に［40～50…120～160］，［30～45…120～140］，［20～30…100～120］，［16～18…70～80］である。 (3) 身長と頭長の割合は，おおむね新生児では4：1，2～4歳児では5：1，15歳以上では7～8：1である。 (4) 離乳食は，生後5～6カ月頃からつぶしたおかゆを1日1サジから始め，慣れてきたらすりつぶしたカボチャなどの野菜や豆腐・白身魚などを与えていく。 (5) 遊びの分類には，ビューラーによる「感覚遊び(機能遊び)・運動遊び・模倣遊び(想像遊び・ごっこ遊び)・構成遊び(想像遊び)・受容遊び」も知られている。本問のパーテンによる遊びの分類は，子ども同士の関わり方に主眼を置いた分類である。「ビューラー」「パーテン」の名前も覚えておこう。並行遊び…何人かで同じ遊びをしているけれど，協力しあうことはない。連合遊び…コミュニケーションをとりながら同じ遊びをする。協同遊び…役割分担，ルール，テーマを共有し，組織的な遊びである。

【11】① 7 ② 14 ③ 前期高齢者 ④ 後期高齢者 ⑤ 介護保険法 ⑥ 40 ⑦ 市町村 ⑧ ケアマネージャー(介護支

援専門員)

解説 日本の高齢化の特徴は，①寿命の伸びと少子化が同時に進行し，生産年齢人口の割合が増加しない，②高齢化の進行が，他に例をみないほど急速である，③高齢者の中でも後期高齢者が増加している，の3つである。これらの特徴は，日本の高齢者福祉の方向性に大きく影響する。2016年には高齢者人口の割合が27.3％に達し，国民の2.7人に1人が高齢者になる社会の到来が予測されている。

【12】① 紫外線　② 病原体　③ 建ぺい率　④ 7
⑤ 太陽光　⑥ 二酸化炭素　⑦ 環境共生

解説 「建ぺい率(％)＝(建築面積(m^2)÷敷地面積(m^2))×100」「容積率(％)＝(延べ床面積(m^2)÷敷地面積(m^2))×100」。

第4部

五肢択一式
家庭科実践演習

Part1

【1】被服製作に関する次のa～eの記述として正しいものの組合せはどれか。下の①～⑤から1つ選べ。

a 糸の撚り方は，撚りの方向によってS撚り(右撚り)とZ撚り(左撚り)があるが，手縫い糸は上撚りをS撚り，下撚りをZ撚りとし，ミシン糸は上撚りをZ撚りにすることが多い。これは，ミシンの構造上，撚り戻りを防ぐためである。

b 布のゆがみを直したり，縮みやすい布をあらかじめ縮ませたりすることを地直しという。

c 平面構成に比べ，立体構成はゆとりが多く，体型に多少の差があっても着ることができる。

d 平面的な布地にふくらみを持たせるために，縫い目のきわを細かく縫い縮める技法を，ダーツという。

e 縫い代は，曲線部分には多めにし，変形しやすい布の場合は少なめにつけるとよい。

① a・b　② a・c　③ a・e　④ b・d　⑤ b・e

【2】次の文は，女物単衣長着の縫い方を示したものである。(　ア　)～(　オ　)に入る語句の組合せとして最も適当なものを，下の①～⑤から1つ選べ。

袖口は(　ア　)をする。背縫いは，(　イ　)をしてから，0.2cmのきせをかけて(　ウ　)へ折る。

肩当ては，背縫いをした後，前後の下端を(　エ　)にする。耳のときはそのままでよい。おくみをつけた後，襟は(　オ　)でくける。

① ア　本ぐけ　イ　二度縫い　ウ　右身ごろ側
　エ　並縫い　オ　三つ折りぐけ
② ア　三つ折りぐけ　イ　二度縫い　ウ　左身ごろ側

　　エ　伏せ縫い　　　　オ　本ぐけ
③　ア　よりぐけ　　　　イ　伏せ縫い　　　ウ　右身ごろ側
　　エ　二度縫い　　　　オ　三つ折りぐけ
④　ア　本ぐけ　　　　　イ　並縫い　　　　ウ　左身ごろ側
　　エ　伏せ縫い　　　　オ　三つ折りぐけ
⑤　ア　三つ折りぐけ　　イ　並縫い　　　　ウ　左身ごろ側
　　エ　二度縫い　　　　オ　本ぐけ

【3】次のa～eの布地とア～オの説明文の組合せとして適切なものはどれか。下の①～⑤から1つ選べ。

a　ギャバジン　　b　サージ　　c　サテン　　d　ツイード
e　ブロード

ア　横畝のある平織りの綿織物。光沢があり，ワイシャツなどに用いられる。

イ　たて糸とよこ糸が45度前後の綾角度になっている毛織物で，制服などに広く使われている。

ウ　ざっくりとした厚手の紡毛織物の総称で，ジャケットやコートによく使われる。

エ　腰のある丈夫な綾織物で，表の綾目がはっきりしており，スーツやコートに使われる。

オ　朱子織物で光沢があり，ソフトでドレープ性がある。ドレスやブラウスに使われる。

①　a…イ　　b…ウ　　c…オ　　d…ア　　e…エ
②　a…イ　　b…エ　　c…ア　　d…ウ　　e…オ
③　a…ウ　　b…エ　　c…オ　　d…イ　　e…ア
④　a…エ　　b…イ　　c…オ　　d…ア　　e…ウ
⑤　a…エ　　b…イ　　c…オ　　d…ウ　　e…ア

【4】「賞味期限」に関する記述として最も適当なものはどれか。次の①～⑤から1つ選べ。

① 加工食品は，一度開封しても，表示された期限まではおいしく食べることができる。
② 食品の特性に応じて，「賞味期限」の表示が義務づけられているが，製造年月日の表示は任意である。
③ 「賞味期限」が表示されている食品は，その期限が過ぎたら安全性に問題が生じるので食べない方がよい。
④ 年月日で表示されるが，2カ月を超える食品は年月で表示することができる。
⑤ 輸入食品等は，任意で輸入業者が期限表示をする。

【5】次のア～エは，米の加工品の製法を説明したものである。説明文とその食品名の組合せとして最も適当なものはどれか。下の①～⑤から1つ選べ。

ア うるち米を水洗いし，粉砕して乾燥したもの。
イ もち米を水にさらしたのち，細かく砕き，沈殿した乳液を乾燥させて粉末にしたもの。
ウ うるち米を水に漬け臼でひいたものを蒸し，細い穴から押し出しめん状とし，乾燥させたもの。
エ もち米を水につけてから蒸し，天日で乾燥してから粗めに挽いたもの。

① ア 上新粉　イ 道明寺粉　ウ 春雨
　エ 白玉粉
② ア 道明寺粉　イ 白玉粉　ウ ビーフン
　エ 上新粉
③ ア 白玉粉　イ 上新粉　ウ 春雨
　エ 道明寺粉
④ ア 上新粉　イ 白玉粉　ウ ビーフン
　エ 道明寺粉
⑤ ア 白玉粉　イ 道明寺粉　ウ 葛きり
　エ 上新粉

【6】水溶性ビタミンはどれか。次の①～⑤から1つ選べ。

① ビタミンA　② ビタミンB_2　③ ビタミンD
④ ビタミンE　⑤ ビタミンK

【7】次の文中の(　　)にあてはまる語句を，下の①～⑤から1つ選べ。

平成21年4月，国民生活センターに消費者トラブル解決のために紛争解決委員会が設置され，(　　)といわれる「裁判外紛争解決手続」の機能が導入された。

これは，消費者と事業者の間に起こった紛争のうち，重要消費者紛争について，紛争解決委員会が「和解の仲介」や「仲裁」を実施するものである。

① ASH　② ADR　③ CPA　④ BRC　⑤ AED

【8】次の文は，児童福祉法(昭和22年12月12日法律第164号)の第1条～第3条である。(　ア　)～(　オ　)に入る語句の組合せとして最も適当なものを，下の①～⑤から1つ選べ。

第1条　全て児童は，児童の権利に関する条約の精神にのっとり，適切に(　ア　)されること，その生活を保障されること，愛され，保護されること，その心身の健やかな成長及び発達並びにその(　イ　)が図られることその他の福祉を等しく保障される権利を有する。

第2条　(　ウ　)は，児童の保護者とともに，児童を心身ともに健やかに育成する(　エ　)を負う。

第3条　前2条に規定するところは，児童の(　オ　)を保障するための原理であり，この原理は，すべて児童に関する法令の施行にあたつて，常に尊重されなければならない。

① ア　養育　イ　独立　ウ　国及び地方公共団体
　エ　義務　オ　福祉
② ア　愛護　イ　自立　ウ　国　エ　責任　オ　安全
③ ア　養育　イ　独立　ウ　国　エ　使命　オ　生活
④ ア　養育　イ　自立　ウ　国及び地方公共団体

エ　責任　　オ　福祉

⑤　ア　教育　　イ　育成　　ウ　地方公共団体

エ　使命　　オ　生活

【9】高齢者福祉に関する次のa～eのできごとを，古い順に正しく並べたものを，下の①～⑤から1つ選べ。

a　老人保健法制定

b　介護保険法施行

c　老人福祉法制定

d　高齢者虐待防止法施行

e　ゴールドプラン策定

①　c→a→e→d→b

②　a→e→c→b→d

③　d→c→e→a→b

④　c→a→e→b→d

⑤　a→c→d→e→b

【10】次のア～オの文は，住まいの通風と換気について述べたものである。正しく述べている文の組合せを，あとの①～⑤から1つ選べ。

ア　日本の伝統的な木造家屋は，気密性が高くすきま風がほとんどない。

イ　室内環境の快適性は，湿度，気温，気流の3つの条件に左右される。

ウ　居住者の健康を維持するという観点から，問題のある住宅においてみられる健康障害の総称をシックハウス症候群という。

エ　燃焼器具が不完全燃焼を起こしたときに発生する二酸化炭素によって，中毒や死に至ることがある。

オ　結露を防ぐためには，洗濯物を室内で干すとよい。

①　ア・オ　　②　ウ・エ　　③　ア・エ　　④　イ・ウ

⑤　イ・オ

解答・解説

【1】①

解説 c　平面構成についての文章であり，立体構成と平面構成の言葉が逆である。　d　ダーツではなくギャザーである。　e　曲線部分を多くすることはなく，変形しやすい布の場合は多めにとるとよい。

【2】②

解説 基本的な作業順序は，①そで縫い　②背縫い　③くりこし揚げ　④肩当てつけ　⑤いしき当てつけ　⑥おくみつけ　⑦えりつけ　⑧かけえりかけ　⑨わき縫い　⑩すそくけ　⑪そでつけ　⑫仕上げ　である。

【3】⑤

解説 a　ギャバジンはスペイン語のガバルディナが語源。素材は毛，綿，ステープルファイバーを用いる。丈夫でしわになりにくいのが特徴。　b　サージは最も一般的な梳毛織物の1つ。耐久性に富み，ひだづけしやすいが，着ずれにより光ってくる欠点がある。　c　サテンは日本では繻子とよばれる。用途は帯，和服，ネクタイなど様々で，光沢があり柔軟で滑りがよいが，摩擦に弱い。　d　ツイードはスコットランドの農家が副業として，手織りでつくったのが始まり。本来は紡毛織物だが，梳毛糸を使用した梳毛ツイードもある。　e　ブロードは元々，双糸を用いた平織綿織物を指していたが，ポプリンと呼ばれる単糸を用いた平織綿織物もブロードと呼ばれるようになっている。素材は木綿，化繊など。

【4】②

解説 賞味期限とは定められた方法により保存した場合において，期待されるすべての品質の保持が十分に可能であると認められる期限を示す年月日。3カ月を超す場合は年月。食品衛生法やJAS法等に規定される。

【5】④

解説 もち米製品の代表としては「もち」がある。もち米を蒸してねばりけがでるまでついたもので，板状，だんご状，四角，丸など，さまざまな形のものがある。日本では昔から祝い事や行事に食べられることが多い。うるち米製品としては，秋田県の「きりたんぽ」などもある。

【6】②

解説 ビタミンには水溶性と脂溶性があり，水溶性ビタミンには，ビタミンB_1，B_2，B_6，B_{12}，B_3，B_5，H，C，葉酸が，脂溶性ビタミンには，ビタミンA，D，E，Kがある。ビタミンについては働きや欠乏による症状も出題されているので，表などにまとめて学習するとよいだろう。

【7】②

解説 消費者トラブルが生じ，消費生活センター等や国民生活センター相談部へ寄せられた相談のうち，そこでの助言やあっせん等の相談処理のみでは解決が見込めないときなどには，消費者は紛争解決委員会へ和解の仲介や仲裁を申請することができる。また，消費生活センター等を経ずに，当事者が直接，紛争解決委員会に申請をすることもできる。

【8】④

解説 第二次世界大戦後，日本国憲法のもとに次々に子どもにかかわる法律が整備された。児童福祉法は，その中で最初に制定されたものであり，児童の福祉面に関する基本法であり，基本理念を示したものとされている。

【9】④

解説 老人保健法制定…1982年，介護保険法施行…1997年，老人福祉法制定…1963年，高齢者虐待防止法施行…2006年，ゴールドプラン策定…1989年

【10】④

解説 ア　日本の伝統的木造家屋は気密性が低く，隙間風がある。エ　不完全燃焼により，一酸化炭素が発生する。 オ　結露を防ぐには換気を行い，外部との温度差を少なくする。

Part2

【1】次の図は，ハーフパンツの製作途中の図である。前後のまた下を合わせてまち針を打つときに，最初に打つ正しい位置を，図中の①～⑤から1つ選べ。

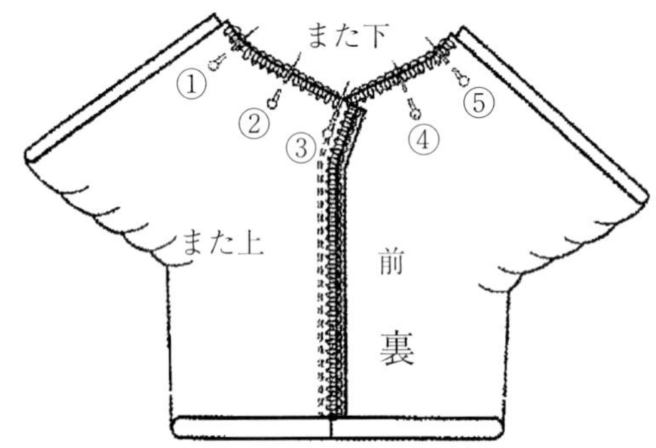

【2】繊維の種類と特徴に関する次のa～eの記述として正しいものの組合せを，下の①～⑤から1つ選べ。

a　麻と綿とで比較すると，公定水分率が高いのは，麻の方である。

b　絹の側面はうろこ状になっており，断面は丸みのある三角形である。

c　絹に似た光沢があり，熱可塑性があるのは，再生繊維のアセテートである。

d　ナイロンは，石油を原料に作られており，紫外線で黄変するという特徴がある。

e　ポリウレタンの側面には繊維方向にすじがあり，湿気をよく吸い，しわになりやすい。

①　a・b　②　a・c　③　a・d　④　b・d　⑤　c・e

【3】次の文章で正しいものを○，誤っているものを×とし，正しい組合せのものを，下の①～⑤から1つ選べ。

ア　洗剤の主成分は界面活性剤で，親水基と親油基をもつ。

イ　界面活性剤の働きのうち，汚れを布から離し洗液中に分散させる作用を「再汚染防止作用」という。

ウ　クリーニング店から戻ってきた衣服は，ビニル袋に入れたまま保管するのがよい。

エ　アイロン仕上げをするときは，衣服材料によって適正温度がある。

①　ア－×　イ－×　ウ－×　エ－○

②　ア－×　イ－○　ウ－○　エ－○

③　ア－○　イ－×　ウ－×　エ－○

④　ア－○　イ－×　ウ－○　エ－×

⑤　ア－○　イ－○　ウ－×　エ－○

【4】次は作物とその加工品の例を示したものである。現在，日本で流通・販売が許可されている「遺伝子組み換え食品」として<u>適当でないもの</u>はどれか。①～⑤から1つ選べ。

①　大豆(豆腐，納豆，油揚げ，みそ，しょうゆなど)

②　じゃがいも(ポテトスナック菓子，マッシュポテトなど)

③　とうもろこし(コーンスナック菓子，ポップコーン，コーンスターチ，コーン油など)

④　てんさい(てんさい糖など)

⑤　落花生(ピーナッツバター，ピーナッツクリームなど)

【5】食生活に関連する消毒及び殺菌に関して，内容として最も適当なものはどれか。次の①～⑤から1つ選べ。

①　消毒とは，感染症や食中毒を予防するために，すべての微生物を死滅させることをいう。

②　アルコール消毒には，消毒力が強いメチルアルコールが最適である。

③　次亜塩素酸ナトリウムは希釈し，野菜などの消毒に用いることができる。

④　次亜塩素酸ナトリウムによる殺菌後は，効果を維持するために水洗いは避ける。

⑤　殺菌灯による人体への照射は，影響がない。

【6】たんぱく質に関する記述として<u>誤っているもの</u>はどれか。次の①～⑤から1つ選べ。

①　一般に動物性たんぱく質は，植物性たんぱく質よりも栄養価が高い。

②　良質のたんぱく質とは，必須アミノ酸を比較的多く，しかもバランスよく含んでいる食品のたんぱく質をいう。

③　青少年期は，たんぱく質の摂取基準の45％以上を動物性食品から摂ることが望ましい。

④　たんぱく質は30種あまりのアミノ酸が多数結合したもので，血液，臓器，筋肉などを構成する重要な成分である。

⑤　大豆は，植物性食品に不足しがちなリジンや含硫アミノ酸(メチオニンやシスチン)を豊富に含有しているため，重要なたんぱく質給源となっている。

【7】次のア～ウの金利で，消費者ローンから10万円を1年間(365日)単利で借り入れを行った場合の利息について，最も適当なものを，下の①～⑤から1つ選べ。

ア　日歩5銭4厘　　イ　月利1.6％　　ウ　年利18％

①　アが一番高い。　　②　イが一番高い。

③　ウが一番高い。　　④　アとイは同額である。

⑤　アとウは同額である。

【8】新生児の特徴として<u>正しくないもの</u>はどれか。次の①～⑤から1つ選べ。

①　体温は37℃前後で，大人より少し高めである。

② 生後2～4日頃から2週間ほどは，身体が黄味を帯びる。
③ 生後1～2日は，黒っぽく粘りのある胎便が出る。
④ 頭蓋には，すき間が開いている。
⑤ 脈拍は，1分間に70回くらいである。

【9】高齢者の病気や事故に関する記述として<u>正しくないもの</u>はどれか。次の①～⑤から1つ選べ。

① 人間のからだは，まったく使わないでいると機能低下をおこしたり，衰えたりする。筋肉や関節への影響，骨量の減少，肺機能の低下などをおこしやすくなり，この症状を廃用症候群という。
② 寝たきりになる原因の中で，最も多いのは老衰・転倒・骨折，次いで脳血管疾患である。
③ 転倒や転落，窒息などの家庭内の事故で亡くなる高齢者のほうが，交通事故で亡くなる高齢者より多い。
④ 高齢者がかかりやすい病気は，血圧や心臓などの循環器系，慢性関節リュウマチや腰痛などの筋骨格系および結合組織の疾患，神経系や感覚器の疾患である。
⑤ 病気は慢性のものが多く，一度かかると回復に時間を要し，合併症など他の病気もおこしやすい。

【10】次のア～オは，住居に関する法律について説明したものである。ア～オのうち住生活基本法(平成18年6月8日法律第61号)について説明したものをすべて含む組合せとして最も適当なものを，あとの①～⑤から1つ選べ。

ア この法律は，住生活の安定の確保及び向上の促進に関する施策を総合的かつ計画的に推進し，もって国民生活の安定向上と社会福祉の増進を図るとともに，国民経済の健全な発展に寄与することを目的とする。
イ この法律は，建築物の敷地，構造，設備及び用途に関する最低の基準を定めて，国民の生命，健康及び財産の保護を図り，もって公共の福祉の増進に資することを目的とする。

ウ　第3条には，現在及び将来における国民の住生活の基盤となる良質な住宅の供給等について書かれている。

エ　この法律は，国及び地方公共団体が協力して，健康で文化的な生活を営むに足りる住宅を整備し，これを住宅に困窮する低額所得者に対して低廉な家賃で賃貸し，又は転貸することにより，国民生活の安定と社会福祉の増進に寄与することを目的とする。

オ　第7条には，国及び地方公共団体の責務について書かれている。

①　ア・イ・ウ　　②　ア・エ・オ　　③　ア・ウ・オ
④　イ・オ　　⑤　ウ・エ

解答・解説

【1】③

解説 正しい順序は③→①・⑤→②・④。

【2】③

解説 b　絹の側面は凹凸がなくツルツルで，断面はくさび形をしている。　c　アセテートではなく，ポリエステルである。　e　ポリウレタンではなく，レーヨンである。

【3】③

解説 イの作用は「乳化・分散作用」である。ウのビニル袋の主な役割は運搬中の埃よけであり，ビニル袋に入れたまま保管すると，カビの原因等になる。したがって，ビニル袋を外し，一晩程度陰干しするとよい。

【4】⑤

解説 現在日本で許可されているのは，①～④に加えて菜種，わた，アルファルファの7種である。

【5】③

解説 ①　説明に該当するのは殺菌。　②　メチルアルコールでなくエチルアルコール(エタノール)。　③　0.02%の溶液に5分間，あるいは0.01%に10分間ひたす。その後流水で十分すすぐ。　④　その後，水拭きする。　⑤　人体(目や皮膚)に悪影響を及ぼすので取り扱いには細心の注意が必要。

【6】④

解説 たんぱく質は臓器や筋肉を構成しているが，血液中では低分子の栄養分やホルモンを結合しているにすぎない。

【7】①

解説 利子の計算方法には大きく分けて単利と複利の2つの方法がある。単利は元本を変化させずに利子を決める。複利は元本に利子を加えて次回の利子を決める。日歩(ひぶ)とは，元金100円に対する1日あたりの利息で金利を表したもの。単位は，銭(1/100円)，厘(1/10銭)，毛(1/10厘)である。

【8】⑤

解説 新生児の脈拍は1分間に120回前後である。新生児は新陳代謝が活発であり，1回に送り出せる血液の量が少ないため，脈拍数は成人の約2倍となる。

【9】②

解説 寝たきりの原因となる疾患の第一位は脳卒中(約38%)で，第二位が老衰(約15%)，第三位は骨折(約12%)となっている。

【10】③

解説 イに該当するのは建築基準法。エについて，低所得者のみならず被災者，高齢者，子どもを育成する家庭，その他住宅の確保に特に配慮を有する者を対象としている。

Part3

【1】次の織物のうち斜文織はどれか。①～⑤から1つ選べ。

① モスリン　② ギンガム　③ ドスキン　④ サージ
⑤ サテン

【2】次の各文は，着用しなくなった被服の利用について述べたものである。ア～エの文と語句の組合せとして最も適するものを，下の①～⑤から1つ選べ。

ア　綿製品などを，工場の機械の油をふきとる布として利用する。
イ　古着をほぐして綿状にし，ぬいぐるみの中わたなどに利用する。
ウ　まだ着用できるものは，海外などに輸出される。
エ　ごみとなったものを燃やして熱エネルギーに変える。

① ア　カレット　イ　ウエス　ウ　中古衣料
　エ　サーマル・リサイクル
② ア　ウエス　イ　反毛　ウ　中古衣料
　エ　サーマル・リサイクル
③ ア　ウエス　イ　反毛　ウ　フリース
　エ　ケミカルリサイクル
④ ア　カレット　イ　ウエス　ウ　フリース
　エ　ケミカルリサイクル
⑤ ア　カレット　イ　反毛　ウ　中古衣料
　エ　ケミカルリサイクル

【3】次の図はまち針のとめ方の図である。2枚の布がずれないためのまち針のとめ方として最も適するものを，①～⑤から1つ選べ。

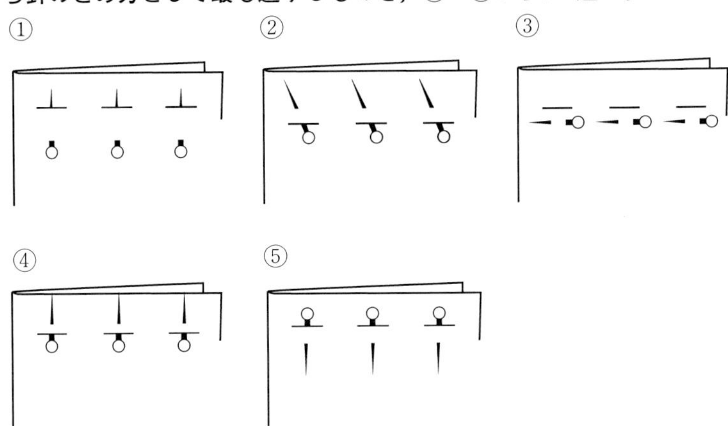

【4】精白米200gを炊飯したい。そのときに加える標準的な水の分量として適当なものはどれか。次の①～⑤から1つ選べ。

① 200m*l*　② 240m*l*　③ 300m*l*　④ 350m*l*　⑤ 400m*l*

【5】次の文は，食中毒について述べたものである。(　ア　)～(　オ　)に入る語句の組合せとして最も適するものを，①～⑤から1つ選べ。

サルモネラ菌は細菌性の(　ア　)型の食中毒で，主な原因食品は鶏卵である。ボツリヌス菌は細菌性の(　イ　)型の食中毒である。腸炎ビブリオ菌は細菌性の感染型の食中毒で主な原因食品は(　ウ　)である。カンピロバクターは食肉で多く発生し，潜伏期間は一般的に(　エ　)である。自然毒の食中毒であるふぐ毒の毒素は(　オ　)である。

① ア　感染　イ　毒素　ウ　海産魚介類
　 エ　1～5時間　オ　アフラトキシン
② ア　感染　イ　毒素　ウ　海産魚介類
　 エ　2～5日　オ　テトロドトキシン
③ ア　感染　イ　毒素　ウ　ハム

　エ　2～5日　　　オ　アフラトキシン
④　ア　毒素　　　イ　感染　　　ウ　海産魚介類
　エ　1～5時間　　オ　テトロドトキシン
⑤　ア　毒素　　　イ　感染　　　ウ　ハム
　エ　1～5時間　　オ　アフラトキシン

【6】家族・家庭について述べたものとして誤っているものはどれか。次の①～⑤から1つ選べ。

① 家族は，人間社会におけるもっとも基礎的な最小の集団であり，他のどの集団よりも密接に影響を与えるものである。

② 家族の定義としては，そのおかれている社会の構造によって，形態や内容がそれぞれ異なるが，一般的には夫婦を中核とし，親子・きょうだいなどの近親者を構成員として成り立っている。

③ 家族には，夫婦とその間に生まれた未婚の子どもで構成される核家族と呼ばれるものと，それ以外の者が加わっている直系家族と呼ばれるものがある。

④ 家族に対する家庭の基本的な機能には，精神的機能，生産・労働機能，養育・教育機能，扶助機能などがある。

⑤ 1994年の国連国際家族年では，各国に対し，1つの理想的な家庭像を追求することをさけるべきと宣言された。

【7】次のア～エの文について，児童福祉法に掲げられている児童相談所の業務として正しいものを全て含むものの組合せを，あとの①～⑤から1つ選べ。

ア　児童に関する家庭その他からの相談のうち，専門的な知識及び技術を必要とするものに応ずること。

イ　児童及びその家庭につき，必要な調査並びに医学的，心理学的，教育学的，社会学的及び精神保健上の判定を行うこと。

ウ　児童の一時保護を行うこと。

エ　児童の保健について，正しい衛生知識の普及を図ること。

① ア・イ・ウ・エ　② ア・イ・ウ　③ ア・イ
④ ウ・エ　⑤ イ・ウ

【8】次のア～オとA～Eの説明文の組合せとして正しいものはどれか。下の①～⑤から1つ選べ。

ア　訪問介護　イ　介護老人福祉施設　ウ　訪問看護
エ　介護老人保健施設　オ　小規模多機能型居宅介護

A　かかりつけの医師の指示に基づき，在宅の寝たきりの高齢者等へ看護サービスを提供する。

B　家庭での生活が困難で，常時介護が必要な高齢者のための福祉施設。

C　機能訓練が必要な高齢者に，看護・医学的管理の下で介護を行う施設。

D　日常生活に支障のある高齢者のいる家庭を訪問して，介護・家事サービスを提供する。

E　在宅生活を継続できるように，通いを中心に利用する人の状態に応じて訪問や泊まりを組合せたサービスを提供する。

① アーA　イーC　ウーD　エーB　オーE
② アーC　イーD　ウーB　エーA　オーE
③ アーE　イーA　ウーB　エーD　オーC
④ アーD　イーB　ウーA　エーC　オーE
⑤ アーD　イーB　ウーA　エーE　オーC

【9】次の文は，住まい方について述べたものである。(　ア　)～(　オ　)に入る語句の組合せとして最も適するものを，下の①～⑤から1つ選べ。

生活の一部を(　ア　)化している集合住宅を(　イ　)という。入居者が(　ウ　)をつくり，(　エ　)から参加し，管理もおこなう方式の集合住宅を(　オ　)という。

① ア　画一　イ　コーポラティブハウス　ウ　まち

	エ	地域	オ	コレクティブハウス		
②	ア	共同	イ	コレクティブハウス	ウ	組合
	エ	計画	オ	コーポラティブハウス		
③	ア	画一	イ	シェアードハウス	ウ	まち
	エ	地域	オ	コーポラティブハウス		
④	ア	共同	イ	コーポラティブハウス	ウ	組合
	エ	計画	オ	グループハウス		
⑤	ア	自由	イ	シェアードハウス	ウ	組合
	エ	計画	オ	コレクティブハウス		

【10】家族に関する次のa～eの法律の記述として誤ってるものの組合せを，下の①～⑤から1つ選べ。

a　親族とは四親等内の血族と配偶者，三親等内の姻族をいう。

b　直系血族又は三親等内の傍系血族の間や直系姻族の間では，婚姻をすることができない。

c　死亡の届出は，届出義務者が死亡の事実を知った日から7日以内にしなければならない。

d　被相続人に配偶者と二人の子(嫡出子)がいた場合，子ども一人あたりの相続分は3分の1である。

e　国内での出生の場合，届出は14日以内にこれをしなければならない。

①　a・b　②　a・d　③　b・c　④　b・e　⑤　d・e

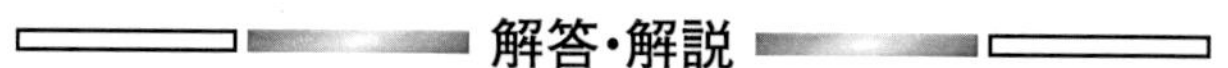

解答・解説

【1】④

解説　斜文織(綾織)は，タテ・ヨコ3本以上から完全組織がつくられ，平織のように交互に浮沈せず，連続的に浮沈した組織点は斜めに稜線を表す。斜文織は平織に比べて交錯点が少なく，糸の密度を増すことができ，地厚の織物をつくることができる。代表的な布地は，デニム，サージ，ツイードなどである。

【2】②

解説 古い衣服の材料を生かして利用することをマテリアルリサイクルという。ほぐして綿状にしたものは，反毛(はんもう)といい，フェルト，中綿，軍手などにして利用される。ケミカルリサイクルとは，回収されたポリエステル繊維製品やペットボトルを分子レベルまで細かくし，ポリエステル原料に再生して利用することをいう。スポーツウェア素材，下着などに使用されている。品質が劣化してくる再々利用以後は最終的に焼却処分しその熱を利用するが，これをサーマル・リサイクルという。

【3】④

解説 まち針は，2枚の布の印をあわせて打つ。順番は，布がずれないように両端を先に打ち，次にその真ん中を打つ。打つ方向は，印から縫い代に向けて打つ。

【4】③

解説 米に対する水の量は重量で1.5倍である。

【5】②

解説 加熱調理で大方は防げるカンピロバクター食中毒が，飲食店や調理実習等で多く発生している。カンピロバクターは，ニワトリ，ウシなどの家きんや家畜をはじめ，ペット，野鳥，野生動物などさまざまな動物が保菌している。主な感染源は，牛肉や鶏肉などを使用した料理の中で，半生の食品，加熱不十分な調理品などである。潜伏期間は2～5日で他の食中毒菌に比べて長い。

【6】③

解説 直系家族とは，直接的に親子関係でつながっている家族のこと。

【7】②

解説 児童相談所は，児童福祉法第12条に基づき，各都道府県に設けられた児童福祉の専門機関で，18歳未満の子どもたちが健やかに育つような支援として次のような業務を行う。 ・各市町村の区域を超えた広域的な見地から，実情の把握に努めること。 ・児童に関する家庭その他からの相談のうち，専門的な知識及び技術を必要とするものに応ずること。 ・児童及びその家庭につき，必要な調査並びに医学的，心理学的，教育学的，社会学的及び精神保健上の判定を行う。 ・児童及びその保護者につき，前号の調査又は判定に基づいて必要な指導を行うこと。 ・児童の一時保護を行う。 ・里親につき，その相談に応じ，必要な情報の提供，助言，研修その他の援助を行うこと。

【8】④

解説 それぞれの文章をよく読めば答えが出てくる。オの小規模多機能型居宅介護とは，平成18年4月の介護保険制度改正により創設された，地域密着型サービスのひとつで，介護が必要となった高齢者(主に認知症高齢者)が，今までの人間関係や生活環境をできるだけ維持できるよう，「通い」を中心に「訪問」「泊まり」の3つのサービス形態が一体となり，24時間切れ間なくサービスを提供できるのがその大きな特徴である。

【9】②

解説 コレクティブハウスとは，血縁にこだわらない新たな人間関係の中で暮らす住まいの形と暮らし方である。それぞれが独立した専有のスペースを持ちながら，いくつかの共有スペースを持ち，生活の一部を共同化する住まいである。コーポラティブ(Cooperative)とは，「協力的な」の意味である。コーポラティブハウスは入居希望者が組合を作り共同で自由な設計で住宅を建てる集合住宅である。

【10】②

解説 a　親族は，日本の法律上，民法において定義がなされ，6親等内の血族(養子縁組により親族となった法定血族，つまり養親の5親等以内の血族と直系尊属の養親の血族のうち範囲内に該当する者及び5親等以内の血族の養子とその子孫のうち範囲内に該当する者も含む)，配偶者及び3親等内の姻族(養子縁組をしている場合は6親等内)を指している(第725条)。　d　子の一人あたりの相続分は，4分の1である。

●書籍内容の訂正等について

弊社では教員採用試験対策シリーズ（参考書，過去問，全国まるごと過去問題集），公務員試験対策シリーズ，公立幼稚園・保育士試験対策シリーズ，会社別就職試験対策シリーズについて，正誤表をホームページ（https://www.kyodo-s.jp）に掲載いたします。内容に訂正等，疑問点がございましたら，まずホームページをご確認ください。もし，正誤表に掲載されていない訂正等，疑問点がございましたら，下記項目をご記入の上，以下の送付先までお送りいただくようお願いいたします。

① **書籍名，都道府県（学校）名，年度**
（例：教員採用試験過去問シリーズ　小学校教諭 過去問　2025 年度版）
② **ページ数**（書籍に記載されているページ数をご記入ください。）
③ **訂正等，疑問点**（内容は具体的にご記入ください。）
（例：問題文では“ア～オの中から選べ”とあるが，選択肢はエまでしかない）

〔ご注意〕

○ 電話での質問や相談等につきましては，受付けておりません。ご注意ください。

○ 正誤表の更新は適宜行います。

○ いただいた疑問点につきましては，当社編集制作部で検討の上，正誤表への反映を決定させていただきます（個別回答は，原則行いませんのであしからずご了承ください）。

●情報提供のお願い

協同教育研究会では，これから教員採用試験を受験される方々に，より正確な問題を，より多くご提供できるよう情報の収集を行っております。つきましては，教員採用試験に関する次の項目の情報を，以下の送付先までお送りいただけますと幸いでございます。お送りいただきました方には謝礼を差し上げます。

（情報量があまりに少ない場合は，謝礼をご用意できかねる場合があります）。

◆あなたの受験された面接試験，論作文試験の実施方法や質問内容

◆教員採用試験の受験体験記

送付先		
	○電子メール：edit@kyodo-s.jp ○FAX：03-3233-1233（協同出版株式会社　編集制作部 行） ○郵送：〒101-0054　東京都千代田区神田錦町2-5 協同出版株式会社　編集制作部 行 ○HP：https://kyodo-s.jp/provision（右記のQRコードからもアクセスできます）	

※謝礼をお送りする関係から，いずれの方法でお送りいただく際にも，「お名前」「ご住所」は，必ず明記いただきますよう，よろしくお願い申し上げます。

教員採用試験「過去問」シリーズ

福井県の
家庭科 過去問

編　集　© 協同教育研究会
発　行　令和6年2月25日
発行者　小貫　輝雄
発行所　協同出版株式会社
〒101-0054　東京都千代田区神田錦町2 - 5
電話　03－3295－1341
振替　東京00190－4－94061
印刷所　協同出版・POD工場

落丁・乱丁はお取り替えいたします。